表情の感受性

日常生活の現象学への誘い

中田基昭——［著］

東京大学出版会

On Sensitivity of Physiognomy
An Invitation to Phenomenology of Daily Life
Motoaki NAKADA
University of Tokyo Press, 2011
ISBN 978-4-13-051319-7

はじめに

日常生活の豊かさと現象学　最近はとくにそうであるが、人間関係におけるさまざまな問題が社会的な関心事となり、かつてなかったほど、人間のあり方についての関心が高まってきている。こうした関心の高まりは、いわゆる教育の荒廃や現代における人間関係の希薄さといった、かなりネガティヴな事態として、たんにマスコミの関心をあおっているだけではなく、人間に関わる学問領域においても無視しえない状況とまでなっている。

こうした状況に接して筆者がいつも感じるのは、人間に関するネガティヴな側面があまりにも強調されすぎているため、いわゆる〈なま〉の人間関係や、我々のささいな日常生活にひそんでいる豊かな人間の営みがとらえそこなわれているのではないか、ということである。筆者はこれまで、いわゆる知的にも身体的にも非常に重度の障害をかかえている子ども（以下、重障児と省略）との実践活動に関わってきた。さらには、教育研究者にはさほど注目されることのない、どの小学校でもおこなわれているような授業にも関わってきた。筆者自身のこうした経験から、だれでもがいつでも身をもって経験しているため、当の人間にとってだけではなく、教育研究者や、他の、たとえば心理学や哲学などの専門家にとっては、ことさらとりあげる必要のないと思われている出来事にも、人間の豊かな営みが隠されているのではないか、という想いがしだいに強くなってきた。

筆者は、これまで、哲学の一領域である現象学を理論的な背景として、重障児をふくめた子どもとおとなとのあいだで営まれる人間関係を研究してきた。こうした研究をこれまでつづけてきたのは、筆者自身が、教育実践の現場と現象学から多くのことを学べるからである。教育の現場では、現実の人間関係が具体的に営まれており、現象学は、こうした人間関係を豊かに深くとらえることを可能にしてくれるからである。

教育の現場や現象学が、人間関係を豊かに深くとらえることを可能にしてくれるのは、そのどちらもが、だれにとっても経験することができるため、むしろ注目されることのなかった出来事をあえてとりあげることによって、豊かで深みのある人間のあり方が浮かびあがってくるからである。日常のなんでもない出来事は、それがあたりまえになっているからこそ、我々が日々の生活を大きな支障なく送っていくことを可能にしている、なんらかの根源的で普遍的な根拠に基づいているはずである。現象学は、哲学の一領域であり、学問のひとつの分野であるため、こうした根拠を哲学に独特の仕方で明らかにしている。現象学は、使われている言葉や論の流れが、一見すると非常に難解であるように思われても、我々のだれもが営んでいる日常生活を、あたりまえでささいであるために通常は見逃されている深い次元で、豊かに描いている。

他方、たとえば重障児は、自分ひとりでは、食事をとることができなかったり、自分の力で姿勢を維持することができなかったり、排泄をコントロールできなかったり、自分で着替えをすることなどができない。そのため、おとなの介助がなければひとりで生きていけないような子どもでしかない、とみなされがちである。少なくとも第三者からみれば、彼らはこうしたあり方をしているように思われてしまうであろう。しかし、だからこそ、彼らは、おとなには気づかれなくなってしまった、我々の日常生活がどのような根拠に基づいているかを、我々に教えてくれるだけではない。彼らは、自分ひとりでは生きていけないため、他者と共に生きていくにはどうしたらいいのかを、言葉にならない仕方で、十分に感じとっているはずである。たとえば、彼らは、自分を抱いているおとなには気づかれないような、抱かれ方の違いをかなり敏感な感受性をもって、身体的に感知している。彼らは、泣き叫ぶという仕方で、おとなの抱き方の不適切さを、おとなに教えてくれる。微笑《ほほえ》みでもって、おとなの抱き方の適切さをおとなに教えてくれる。現象学は、我々の身体が、本来こうした感受性をそなえていることを、哲学の立場から我々に教えてくれるのである。

重障児でなくとも、いまだ〈首のすわっていない〉乳児を抱いている母親は、乳児にとっての抱かれ方の違いをかなり敏感な感受性をもってとらえているからこそ、泣き叫んでいる乳児を〈あやす〉ことができるのである。

本書では、重障児や乳児を抱いている母親の場合とは異なり、だれでもが日々の生活で感じており、そのおかげで日常生活を大きな支障なく送っているさいの感受性をとりあげ、こうした感受性がどのようにして発揮されているかを描きたい。あたりまえのように思われ、ささいな出来事であると思われているため、言葉で表現されることなく過ぎ去ってしまう、そのつどの現在における感受性のあり方を、なんとかして言葉にしたい。言葉にすることによって、我々の感受性をより深い次元で豊かに育《はぐく》めるようになることをめざしたい。

こうしたことから、本書では、我々がことさら意識することなく、日常生活を送っているさいの我々自身のあり方と、それを支えている豊かで深い根拠を、現象学の立場にたちながらも、哲学としての現象学とは異なり、哲学的な論を展開することなく、明らかにすることを試みたい。

こうした試みが可能なのは、現象学が、その他の学問や現象学以外の哲学とは異なり、我々の生を根底で支えているのがどのようなことであるかを、現象学に特有の方法論と言葉でもって、明らかにしているからである。

現象学の創始者であるエトムント・フッサール（1850–1938）は、学問的な成果にとらわれることのない我々の日常生活へともどり、従来はあたりまえとされていることの背後にある意識や生のあり方に、哲学的な厳密さでもってせまろうとする。このことにより、従来は注目されさえしなかった我々の意識の根底にあるあり方を明らかにしている。そのため、現象学を導きとしながらも、現実の人間のあり方を深くとらえる方向で現象学をこえることによって、合理性や功利性や因果関係や、ましてや論理的な思考方法にはおさまらない、我々人間の感情や気分にとらわれたあり方や、矛盾にみちた行動や、当人にさえ気づかれていない意識の奥底にあるものを、明らかにすることができる。マルティン・ハイデガー（1889–1976）は、気分こそが、認識によってとらえられるものよりもはるかに豊かで深さをともなった仕方で、自分のあり方や世界の現われ方を我々自身に気づかせてくれることを、明らかにしている。

たとえば、不安におちいることにより、自分にはどのような可能性が本来そなわっていたのかだけではなく、自分がこれまでどのような生き方をしてきたのかが、自分自身に実感されるようになる。モーリス・メルロ＝ポンティ（1908–1961）は、我々の身体が、医学や生理学によってとらえられないだけではなく、やはり従来の学問観ではとらえそこなわれていた、認識や思考にまさる優れた能力をそなえていることを、明らかにしている。身体は、たとえば、自分がどのような可能性へと向かっているかを意識的にとらえる前に、可能性を実現するようにと、すでに適切に活動しているのである。ジャン＝ポール・サルトル（1905–1980）は、因果論的な決定論によっては説明できない、一見すると矛盾に満ちているだけではなく、さらには、自分のことを自分でとらえようとすると変化してしまう、意識の微妙なあり方を、実存主義の小説家でもある彼の筆力でもって、生々しく描いている。たとえば、自分は誠実な人間であると思った瞬間に、じつは誠実な人間ではなくなってしまう、といった微妙なあり方が、サルトルに即して豊かにとらえられるようになる。

こうしたことからうかがわれるのは、現象学が、我々自身の生き方をその根底において奥行のあるものとし、より豊かで人間味あふれたあり方を実現するさいの貴重な導きを与えてくれる、ということである。また、そのさいの我々の生き方やあり方を、言葉で豊かに記述することを可能にしてくれる、ということである。

それぞれの現象学者が明らかにしていることが、以上で素描したように、そして本書で具体的に探られるように、我々人間の根底にある微妙なあり方であるかぎり、接近の仕方によっては、現象学によって明らかにされたことを、自分自身のあり方に即してとらえなおし、これまでの学問では隠されていた我々人間の多様で豊かなあり方にせまれるはずである。それどころか、学問上のさまざまな先入見にとらわれていたこれまでの観点を変えさえすれば、従来の学問よりも、実感をともなって現象学の世界に入ることができるはずである。

感受性を探ることの意義　以上のことから、本書では、それぞれの現象学者の哲学的な方法論にはできるだけふれないことにする。むしろ、我々自身に隠されている人間のあり方を具体的にありありと記述している、彼らの言葉や文章を手がかりとする。そのうえで、従来の人間研究においてだけではなく、暗黙のうちにそれらにとらわれている我々の先入見から解放され、感受性という事柄に即して、我々自身の日常的なあり方を探っていくことにしたい。

感受性という観点から、我々の日常生活を根底で支えている豊かで深い人間のあり方をとらえるのは、感受性こそが、日常生活を営んでいるさいに、こうした根底にあるものについてそれとなく気づいているときのあり方だからである。

そのさい、〈考察する〉のではなく、〈探る〉ことを本書で試みるのは、現象学者の哲学的な論の展開を追ったり、我々人間のあり方を理論的に解明するのではなく、あくまでも自分自身のあり方に引きつけつつ、人間の多様で豊かな感受性に、実感をもって感覚的に触れることをめざしたいからである。それぞれのいわゆる〈なま〉の感覚でもって、感受性という事柄に触れることをめざしたいからである。

しかしだからといって、本書では、いわゆる人間の恥部をさらしだすようなことはしない。感受性という事柄にせまるためには、人間の多様で豊かなあり方を具体的に明らかにすることが、あるがままの我々人間のいわゆる〈裸の自分自身へ〉とせまることを、可能にしてくれるはずである。

そのさい、表情に着目するのは、人間の表情はだれにとっても見ることができるが、そうした表情をとおして透けてみえてくる人間の感受性は、また、そうした表情をとらえる人間の感受性は、我々の目の前には直接現われてこないため、それぞれの感覚によって探し求められるしかないからである。

ただし、本書では、表情に関わる感受性を、人間の顔に対してだけには限定せず、人間の身体的振舞いにも広げることにする。さらに、第3章では、自然界の出来事や物についても、それらが表情をそなえているという観点から、感受性について探ることにする。というのは、自然界の出来事や物の世界を、従来の学問観に従って人間の世界と分けるよりも、従来の観点を変え、世界のそのつどの現われを表情としてとらえることによって、その世界内で活動している人間と世界との密接な関係が、より深い次元で明らかになるからである。しかも、世界の表情を明らかにすることは、最近若い人たちが、彼らなりの感性でもってとらえていることを伝えたいためであろう、〈まわりの空気を読む〉といった言葉で表現されていることを、その場を支配している暗黙の了解を察するといったことではなく、より感受性豊かにとらえなおすことにもなる。

以上のことをめざすことになる本書は、現象学に関する知識を前提とはしない。本書を介して、上述したような学問である現象学に対していくらかでも興味が深まり、現象学に基づく人間研究や現象学自体に関心をもてるようになることをめざしたい。

こうしたことをめざすため、本書では、やはり感受性について探ることを試みた『感受性を育む』（二〇〇八、東京大学出版会）とは、次の点で異なる観点をとることにする。『感受性を育む』では、それぞれの章ごとに、個々の現象学者に即しながら、哲学としての現象学とは異なる観点から、感受性へとせまることを試みた。こうしたのは、それぞれの現象学者に独特の思索を容易にとらえられるような事柄を選びだし、それらの事柄に対する感受性を探りたかったからである。また、このことにより、現象学の奥深さにせまりたかったからである。

他方、本書では、『感受性を育む』とほぼ同じ現象学者を手がかりとしながらも、本書のめざすことに沿えるよう、彼らの言葉や記述をさらに具体的に展開する。そうするのは、本書では、身体的振る舞いや表情に焦点をあて、日常生活における具体的な営みに即して、感受性にせまることを試みたいからである。本書では、身体的振る舞いや表情をめぐって、さまざまな現象学者の言葉や記述が使われることになる。『感受性を育む』では、それぞれの現象学者の思索が軸となっていたのに対し、本書では、あくまでも事柄を軸とし、この軸をめぐって、感受性へとせまることになる。

そのさい、感受性へとせまることを言葉のうえでも容易にするため、外国語原典からの引用にさいし、必ずしも邦訳書には従わない。同じ理由から、とくに感情や気分や情動について探るさいには、かなり多くの言葉を、各章の初出時に、ルビをそえた漢字の熟語で表現することにしたい。そうするのは、日本語の熟語は、熟語を構成している個々の漢字が、本来、豊かな意味を含意しているからである。また、現象学で多用される「在る」を意味する「ある」と区別するため、〈なんらかの〉を意味する〈ある〉は〈或る〉と表示する。

しかし、表現上のこうした工夫をふくめ、上述した本書の試みが実現されているかどうかは、読者の感受性に委ねるしかないであろう。

なお、本書では以下の記号などを使う。

・〔　〕は、筆者による補足を示す。
・原語を挿入したり、言葉をいいかえたり、本書内の参照箇所の頁数を指示するさいには、（　）を使う。
・〈　〉は、本書に独特の言葉・常套句《じょうとうく》・思考内容・発言・比喩的表現・単語の意味などを示す。
・邦訳書のある著作からの引用にさいしては、外国語原典と邦訳書の頁数を併記する。
・引用箇所を指示するさいの、a.a.O. は同書を、ebd. は同所を、ibid. は同書か同所を、f. はその頁以下を、vgl. と cf. は参照を意味する。
・……は、引用文中の省略箇所を示す。
・引用文中の強調体やイタリック体やその他の記号は、原典の文脈において意味をもつため、引用にさいしては、原則として無視し、それらをいかす場合は、その旨を付記する。

最後になったが、『感受性を育む』にひきつづき、編集の労をとってくださった、東京大学出版会の後藤健介さんと、折にふれて問題点を指摘してくださった、笹形佑子さんには、この場をお借りして、感謝の言葉を述べさせていただきたい。特に後藤さんからは、読者の立場からの鋭い指摘を、細かい点に至るまで具体的に示してくださり、編集段階で何度も書きなおしの機会を与えてくださった。本書が読者にとっていくらかでも読みやすいものとなったとしたら、そのための修正の作業に根気よくつき合ってくださった後藤さんの尽力のおかげであることに、心から感謝したい。

さらに後藤さんは、本書で再掲載することになった図版の著作権交渉をひきうけてくださった。それらの図版が、本書の内容をより具体的にとらえるさいの手がかりとなったならば、このことも、ひとえに後藤さんのおかげである。

二〇一一年六月

筆　者

表情の感受性——日常生活の現象学への誘い

第4章　共同性の反映としての豊かな表情

第1章　現実の生への豊かな感受性を求めて

日常生活を素朴に送っているとき、我々はそのつどのような表情をしているのであろうか。こうした問いを改めてたてなければならないのは、自分の表情が、じつは自分自身にとっては非常にとらえにくいからである。そこで、本章第1節では、自分の表情だけではなく、自分自身をとらえることの困難さについて探ることにしたい[1]。というのは、通常は自分のことは自分がもっともよく知っているという、素朴な自己理解がじつは支えのないことを明らかにすることによって、むしろ日常生活における人間の生の豊かさと深さを明らかにすることができるからである。第2節では、表情の感受性と密接に関わってくる気分について探りたい。というのも、我々の表情や身体的振る舞いは、気分に応じて微妙に変化するからである。そこで、ハイデガー哲学の後継者として、さまざまな気分について思索しているオットー・フリートリッヒ・ボルノウ（1903–1991）による、具体的で豊かな記述を主として引用しながら、日常的には言葉にされにくい気分の内実を、具体的に明らかにしたい。このことにより、日常生活で我々が味わっている気分が、豊かな内実をそなえており、気分に敏感になることが感受性を豊かに育《はぐく》むうえで重要な役割をはたしている、ということを明らかにしたい。

第1節　現在の根源性

1　自分自身のとらえ難さ

i　〈今現在〉のとらえ難さ

自分自身へとふりかえる反省の限界　まずは、自分の表情について探ってみたい。というのも、本章の冒頭でふれたように、自分の表情は、そのつどのあるがままのあり方としては、自分自身では直接とらえることができないからである。そして、このことに、表情に関するさまざまな問題のすべてが密接に関わってきている、といってもけっして過言ではないのである。

たとえば、自分が写っている写真やヴィデオの映像などを見ることによって、自分の表情をとらえることができるように思われる。しかし、このときに見えている自分の表情は、〈今現在〉の〈今いるここ〉での私の表情ではない。写真の表情から、かつてその表情をしていたときの自分の想いや気分や感情などを思いだすことができても、思いだされたものは、すでに過ぎ去ってしまっている私の気分や感情などでしかない。役者やスポーツ選手などとは異なり、こうした媒体を使って自分の過去の姿を見ることに慣れていない者にとっては、そこに映しだされている自分は、なにか別人のような、あるいは自分でありながらも、どことなく違和感を覚えたり、気恥ずかしさを覚えるような自分でしかない。

他方、自分の写っている写真やヴィデオの映像を見ているのが、〈今現在〉の私自身である。そのため、写真やヴィデオの映像を見ている〈今現在〉の私をとらえようと、それらを見ている私へとふりかえって反省するならば、今度は、反省している私が〈今現在〉の私となってしまい、〈今現在〉の私は、やはりとらえられなくなってしまう。(2) あるいは、鏡に映った私の表情を見ようと試みるならば、鏡を見ている私は、私の表情と向き合っている表情となってしまい、私の表情は、なにについてどのようなあり方をしている表情であるかが、曖昧になってしまう。これらのことから導かれるのは、自分についてては、だれにもまして自分自身がもっともよく知っている、自分のことは自分自身がもっともよく自覚しているということが、じつはさほど確かではない、ということである。自分自身をとらえるためには、とらえられる自分を、〈今現在〉の私から切り離し、〈今いるここ〉での私にとっての対象としなければならない。しかし、〈今現在〉の〈今いるここ〉での私は、対象としての私へと向かっている主体として、私の眼差しからは絶えず逃れてしまうのである。

たとえば、怒《いか》っている私自身をとらえようと、私の怒りへとふりかえりながら反省するならば、それだけで、私の怒りは多少おさまってしまい、怒りのただなかにあった私自身は、もはやとらえられなくなってしまう。むしろ、反省している私は、〈なぜ私はあんなに怒ったのだろう〉といった仕方で、たった今の私の怒りに対してなんらかの態度をとることになり、私は怒りそのものをもはや生きていないことになる。同じことは、悲しみの感情など、どのような私の感情についてもいえるだけではない。思考作用や認識作用においても、私が私自身のそうした作用へとふりかえって反省するならば、反省によってとらえられた思考作用や認識作用は、それがたった今作用していたときの、たとえば論理的一貫性をなんとか保とうとして苦闘していた私のあり方そのものではなくなってしまう。反省している私は、たった今なされた思考作用や認識作用をもはや生きていないのである。

現象学からみた私のとらえ難さ

理論的態度よりも実践的態度の方を重んじ、現象学を具体的な人間の生き方に引きつけて思索しているベルンハルト・ヴァルデンフェルス（1934–　）は、反省のこうした限界を、次のように記述している。「私は、特別な仕方で私自身に馴染《なじ》んでいる」が、しかし同時にまた、「特別な仕方で私にとって疎遠《そえん》なのである」（Waldenfels, S. 130）。さまざまな経験の主体であり、他者や他の物から区別されている〈私〉ということを明確にするため、こうした私を哲学にならい自我と呼ぶならば、私の「自我は、自分自身にとっては根源的近さのうちに、つかめるほど近くにいるが、直接つかもうとすることからは身を引いている」（a.a.O., S. 125）。一方で、「私は、隔《へだ》たりなく私である」が、しかし他方で同時に、こうした「私は、私の生を絶対的な内面性においては所有していない」（ebd.）のである。

こうした事態におちいらざるをえないのは、やはり現象学者であり、反省作用についてフッサールをこえてさらに深く思索している、クラウス・ヘルト（1936–　）によると、次のようなことからである。そもそも、なにかを「見ることは、いわば隔たりという明るさを頼りにしている」（Held, 1966, S. 119f.; 一六九頁）が、こうした隔たりが、見ている者から見られているものを遠ざけているからである。日常生活でも、なにかを正確に見ようとするためには、見られるものから適切な距離をとらねばならないことは、我々自身がよく知っている。学問においても、研究対象にあまりにも強く引きつけられると冷静な判断ができなくなるので、物理的な距離だけではなく、心理的にも研究対象から距離をとることが必要である、ということは初学者に対する警句ともなっている。とくに、人間に関わる研究領域では、たとえば臨床心理学では、クライエントがおかれている状況や想いに巻きこまれないため、セラピストはクライエントから適度な距離をおくように、ということはある程度常識となっているようである。

人間の微妙なあり方　こうした警句や学問的構えの妥当性については、本書でこれから探っていくことになる。しかし、〈今現在〉の自分自身のあり方が、つまり、その時々自分がなにをどのように経験しており、どのような行動を起こしており、そのさい、どのような気分や感情状態にあるのか、といったことが自分自身にとらえ難いことは、次のような場合に、我々自身にもしばしば自覚されている。たとえば、我を忘れて仕事に没頭しているときには、自分のことが自分ではわからなくなっている。あまりにも激しく恋におちいることによってまわりが見えなくなると、それだけではなく、自分の人生をも犠牲にしてしまう、ということもいわば警句とさえなっている。しかし他方では、こうした例で典型的となるが、自分を忘れてなにかに没頭しているときこそが、純粋な、あるいは本来的な自分のあり方である、ともいわれている。

こうした相矛盾する事態からは、〈今現在〉での自分のあり方のとらえ難さが、我々人間の、微妙でありながらも、豊かで深みのあるあり方と密接に関わり合っているのではないか、という問いが浮かびあがってくる。そもそも、そのつどの今は、絶えず流れつづけることにより、とりかえすこともくりかえすこともできない、一回かぎりのものである。そのため、〈今現在〉の私は、時間的な一回性をそなえた唯一無比のかけがえのないあり方をしていることになる。しかし、こうした唯一無比のかけがえのない私が私自身にとってとらえ難いため、私は、自分の存在において、確かな基盤に支えられていないことになる。こうした支えのなさは、思春期におけるアイデンティティーの問題や、いわゆる〈自分探し〉といった言葉によって典型的に表わされているように、本来の自分はどのような人間なのか、という問いにつながっている。そして、自分のアイデンティティーを確立したり、本当の自分を探すことにともなう困難さが、自分を見つめなおし、自分をより高め、豊かにし、深さをそなえた人間へと成長するためにのりこえなければならない壁となっているのであろう。そうであるならば、〈今現在〉の私のとらえ難さは、ひいては私自身の支えのなさは、否定的な事態ではなく、むしろ人生を豊かで深みのあるものへと導いてくれるはずである。さらには、〈人間はひとりでは生きていけない〉という言葉も、個々の私の支えのなさに由来しているのであろう。また、そうであるからこそ、我々人間は、困難な状況に遭遇《そうぐう》し、精神的にも大きな悩みをいだくことになり、ときとして、自分ひとりでは対処できないほどの事態に、たとえば臨床心理学のいうところの、カウンセリングが必要な事態におちいるのであろう。

一方では、私にとってもっとも確かであるはずの絶対的な事実でありながらも、他方で同時に、〈今現在〉に関連する我々人間の微妙なあり方は、日常生活でも、また、教育学だけではなく、現象学をふくめた哲学や、臨床心理学をふくめた心理学でも、それどころか文学でも、無視できない大きな問題となっている。たとえば、日常的にしばしばなされる道徳的な反省をふくめ、自分がおこなったことを、つまり過ぎ去った自分の体験を自分自身でふりかえるという、反省によってとらえられた自分自身や自分の体験の妥当性や豊かさが問題となったり、自分にはとらえられなかった自分のあり方や性格などが、他者によって的確にとらえられる、といったこともしばしばある。あるいは、〈あんなことをしたのは、そのときの自分が本来の自分ではなかったからだ〉、といった後悔をともなう反省をすることもある。それどころか、自分が自分であることにたえられなくなるほど、自分に自信がもてなくなり、自分の存在を自分自身で消してしまう人間もいる。そこまで追いつめられることがなくても、思春期を通過した人間ならだれでも、もっとも信頼している人にさえ気づかれたくないいやな側面を、心のどこかに隠しているはずである。こうしたことは、日常生活では、自分らしさや他者関係の問題として、学問の領域では、自我や他者経験の問題として、我々の関心を強く引きつけていることには、だれでもがうなずけるであろう。

〈今現在〉の根源性　〈今現在〉の自分自身のあり方をとらえるさいに、さらに探らなければならないのは、それが一回的な出来事でしかなく、つねに過ぎ去ってしまい、とりかえしがつかない、ということである。このことが、そのつどの〈今現在〉が、個々の人間にとってかけがえのない瞬間でありながらも、特定の現在にとどまりつづけることができないという、儚《はかな》さをともなう我々人間に負わされた、現実的な生の一回性という、重い事実となっている。

そうであるにもかかわらず、たとえば反省によって、我々は、かつての〈今現在〉の自分へとふりかえろうとする。人間に関する学問も、〈今現在〉の人間の行動や思考や感情などを出発点とする。というのも、我々人間のおこなうすべての生の営みは、〈今現在〉のあり方によってなりたっているからである。このあり方が人間のまぎれもない現実をつくりあげているからである。〈今現在〉のあり方こそが、もっとも根源的であり、また、だれにとってもまぎれもない現実の姿となっているという意味で、顕在的であるからである。しかし、根源的で顕在的であるにもかかわらず、〈今現在〉の人間のあり方がとらえ難いため、〈今現在〉のあり方は、我々の日常生活に対してだけではなく、人間に関する学問に対しても、大きな影を投げかけている。そうでありながらも、陰《かげ》を、つまり光があてられていない側面をそなえていることが、我々人間の生を深みのあるものにしているのではないだろうか。

たしかに、〈今現在〉の自分自身のあり方をとらえようと、我々は、日常生活のなかで、道徳的な反省をふくめ、自分の体験をふりかえり、かつての体験を意識の対象とし、それについてなんらかの判断をしたり、想いにふけったりする。しかし、〈今現在〉の私へとふりかえるという仕方で反省された体験は、もはやかつての生き生きと活動していたままの体験ではない。そのため、その当時の意識によってめざされていた対象や出来事やそのときの自分のあり方などが、それらがそうであったとおりのものかどうかは、多くの場合、その細部にわたっては、もはや正確に確認することができない。たとえば、昨日聞いたメロディーは、そのとき実際に知覚していたとおりに、音の大きさや、音質や、微妙な間のとり方などを反省によってとらえようと私がいくら努力しても、当時の知覚のさいほどには、正確にそれらを思いだせない。こうしたことからも、〈今現在〉という現実の重みや厚みや充実感などが、反省によってはけっしてとりもどせない、ということが導かれる。

反省と反省以前の触発

しかし、反省は、かつての体験にひそんでいたこと、たとえば、当時の私が時間に追われていたため、熟慮すべきであったにもかかわらず、状況の切迫さにいわば押し切られるような仕方で、なんらかの行為をしてしまったこと、などをとらえることができる。しかも、道徳的な反省の場合だけではなく、ふりかえるという仕方での反省の多くが、なんらかの想いや気分や感情をともなってなされる、ということも我々が日常的に経験することである。というのも、反省されることなく、そのつどの意識が向かっている事柄に直接関わっているときにも、自分の〈今現在〉の意識は、私自身にそれとなく感知されており、反省は、こうして感知されていたかつての私のあり方へとふりかえって、それを改めて明確にとらえようとするからである。このことについて、反省することがどのようにして可能となるのかを探っているフッサールは、次のように述べている。「自我としての私は触発されている、〔なんらかの対象に〕自分をさし向けつつ、あれこれの能動性において〔その対象に〕従事しながら、私は或る仕方で、あれこれと能動的であった私と関わり合っている」（Husserl, 1933, Ms. AV5, S. 8）のである。

この引用文中の「触発」という言葉は、フッサールの術語であり、たとえば、〈私は彼の発言に触発された〉、といういい方で日常的に理解されている事態を、現象学の立場からさらに深めるための言葉である。私がなんらかの対象や出来事に関わっているときには、それらの対象や出来事の側からみれば、他の対象や出来事をさしおいて、それが私の意識を引きつけているると、つまり私を触発している、といえる。フッサールの上述の引用文は、私がなんらかの対象へと能動的に向かっているときには、その対象に触発されているだけではなく、対象に関わっている私自身の活動によっても、私は受動的に触発されている、ということを意味している。たとえば、私が美しい景色を見て感動しているとき、私は、その風景の美しさによって触発されているだけではない。さらに同時に、風景を見ている私自身の視覚的な知覚作用によっても、つまり自分の活動によっても、触発されている。いわば、感動している私が、感動すること自体によってもさらに触発されることにより、感動はいっそう強められることになる。たしかに、自分による自分自身へのこうした触発は、風景からの触発ほどには、私にとって明確でもなければ、反省によってもとらえられない。しかし、風景に感動しているのは私であることは、ことさら反省しなくても、私自身にそれとなく感知されている。こうした仕方でしか知られることのない、自分自身との関わりこそが、以下でそれぞれの事柄に即して探られるように、我々人間の微妙でありながらも、豊かで奥行のある生を育んでいるのである。

自分の活動自体によって自分自身が触発されていることは、つまり自己触発は、たとえば、次のような場合に明らかとなる。突然大きな音がしたので、まわりを見まわしたり、不思議に思って、そばにいる人と目を合わせたりするといった、思わずしてしまう行為は、大きな音に刺激されて反射的に身体が、たとえば一瞬ビクッとけいれんすることとは異なっている。反射的行動の後に思わずしてしまう行為は、大きな音を聞いた自分の意識を後からふりかえって反省し、その反省に基づいておこなわれたのではない。そうではなく、大きな音に驚いた意識が、驚いたことによって触発され、不思議さなどの感情と一体となって、より正確に述べれば、そうした感情の身体的発露として、ごく自然に生じた意識の活動なのである。

あるいは、ころんで、わずかなすり傷を負った幼児は、多くの場合、その痛みによってすぐに泣きだすことがない。親が、〈だいじょうぶ?〉といった声をかけたり、彼にあわててかけよったりすると、幼児が泣きはじめるのも、自己触発による、と考えられる。というのは、ころんですぐに泣きださないことからすれば、傷の痛みによって幼児が泣きはじめるのではないことは、明らかだからである。また、泣くことによって親に慰めてほしいからでもないであろう。そうではなく、自分のことを心配してくれている親との関わりが、幼児自身に自己触発され、この自己触発によって、幼児は、しだいに〈しゃくりはじめ〉、この〈しゃくりはじめ〉によってさらに自己触発され、ついには大泣きしてしまう、ということが生じるのである。

こうした自己触発は、自分自身にも明確には知られておらず、隠されているという意味で、匿名的であっても、内容の欠けている意識の機能ではなく、上述したような、反省にともなうなんらかの想いや気分や感情に対して、反省している者に特有の微妙な綾《あや》を授けている。しかも、なにがどのように反省されたり思いだされるかは、〈今現在〉反省している意識のあり方に依存している。というのは、なにをどのようにふりかえって反省するかは、〈今現在〉の私によってある程度方向づけられているからである。たとえ〈今現在〉の意識は、反省によってとらえられないとしても、こうした綾を介して、間接的に私に感知されているはずである。たとえば、自分のかつての無様《ぶざま》な振る舞いを思いだすことによって、その当時よりもいっそう恥かしさの感情におそわれる、といったことも、反省している〈今現在〉の意識が、反省作用によって自己触発されていることの証《あかし》である。

以上のことからは、反省作用にともなう自己触発が、〈今現在〉の意識のあり方に、つまり反省することがないため、自分のあり方へとふりかえることなく、日常生活に埋没している素朴な意識に、多様な色彩をおびさせる、ということが導かれる。事実、道徳的な反省をふくめ、自分のかつての意識や行為や体験や想いなどを反省によってふりかえることは、たとえそれらが当時のままに再現されなくても、反省する者のあり方をより豊かにするということは、我々自身が日々経験している。たとえば、自分のおこなった行為を反省することによって後悔することにより、私は、以後の生き方に注意深くなったり、他者に対する気遣いの仕方などを、よりいっそう気にかけるようになる。反省は、反省することなく外界と関わっているだけでしかない、いわば直線的で連続的な生の流れを、意識のなかで逆行させたり、その連続性をいったん断ち切ることによって、日常的な人間の生の営みに新たな観点を刻みこむ、ということを可能にしてくれるのである。

他方、子どもの場合は、おとなと比べ、自分の行為を反省することがさほどないようである。そのため、自己触発のされ方は、子どもの場合にはより強くなる。子どもの表情が一瞬一瞬大きく変化するのも、子どもは、反省以前に、自分の行為によって自己触発されるだけではなく、自己触発されている自分を直接敏感に感知しているからである。たとえば機嫌《きげん》をそこねた子どもが、ささいなきっかけによって笑顔をみせるのも、過ぎ去った自分のあり方へとふりかえることがないため、ささいなきっかけから一時的に切り離されることなく、そのささいなきっかけが、子どもの気分を直接変えるからである。〈子どもは直感的に物事をとらえる〉とよくいわれているが、そうであるのも、子どもが他のだれでもない自分自身の行為にかなり敏感だから、つまり、自分が自分の行為によって自己触発されていることに敏感だからである。ときとして、おとながいくら説得しても、子どもが頑《かたく》なに自分の行為の正当性を主張するのも、自分の行為によって自分自身が自己触発されていることによる、自分のあり方を大事にしたいからであろう。

ii 〈今いるここ〉のとらえ難さ

絶対的な〈ここ〉としての身体　私の〈今現在〉のあり方がとらえ難いにもかかわらず、自己触発といった仕方で、私のあり方が私自身に感知されていることと同じことは、私の〈今いるここ〉の場合にもいえる。

私が今どこにいるかは、私自身にとって確かであろう。たとえば、私は今書斎にいて、机の上で書きものをしていることは、私にとって疑いようもなく確かである。しかし私は、書きものに集中しているあいだ、私が座っている椅子の位置や私の姿勢などについては、なんらかの明確な意識をもっているわけではない。こうしたことを明確に意識するためには、私は、書きものへの注意をいったん中断し、反省する場合と同じ仕方で、私の身体の空間的な位置や姿勢を私の意識の対象としなければならなくなる。そうするために、私は、それまでは私の意識と一体となっていた自分の身体を、私の意識からいわば切り離し、私の身体の一部である目でもって、それ以外の私の身体部分を視覚的に知覚しなければならない。しかし、たとえこのことを試みたとしても、たとえば私の表情をふくめた私の顔を、私は自分の目でもって知覚することができない。私にできることは、書きものをしていたときの私にとっての〈今いるここ〉ではなく、私の目の位置からとらえられる私の姿勢や私が座っている椅子などを眺めることだけである。それどころか、私がどこにいるかを改めて本当に実感しようとするならば、私は、私の書斎を私の座っている〈今いるここ〉から眺めなければならない。すると私は、再び、私自身の姿勢などから目をそらすことになってしまう。

こうしたことになってしまうのは、私のまわりの世界内のすべての物は、私の身体に対する方向づけをそなえて私に現われてくるからである。このことをフッサールの言葉を使って身体の側からいえば、私の「身体は、これらすべての方向づけの零点（＝原点）を自分のうちにたずさえている」（Husserl, 1952, S. 158, 一八七頁）からである。私にとっての〈今いるここ〉は、物の現われの場として、たとえ私がどこに移動しようとも、つねに〈今いるここ〉にとどまりつづけ、私は、〈今いるここ〉自体を対象としてとらえることができない。〈今現在〉と同様、私の〈今いるここ〉は、私の世界内の物が私に対する方向づけと距離をそなえて現われてくるさいに、対象的にではなく、匿名的な仕方で、つまり、「注目されてはいないが、つねに共に意識されている絶対的なここ」（Husserl, 1950, S. 78, 八〇頁）となっているのである。

〈今いるここ〉の遠ざかり

私の〈今いるここ〉は、さまざまな物への距離や方向がそれを基点として現われてくるさいの、いわゆる三次元的な空間の原点として、私にとってもっとも身近にある、というわけではない。ハイデガーは、いわゆる客観的であるため、自分のなかで生じていることがとらえられなくなるような思考方法を徹底的に否定し、自分のまわりの世界や世界内の物が私にとってどのように現われてくるかを探求している。このことをハイデガーは、具体的に、次のように述べている。「たとえば眼鏡をかけている者にとっては、彼の鼻の上にあるほど、〔客観的に〕距離をはかれば近くにあるのに、使用されているときのこの道具は、彼のまわりの世界内では、向かい側の壁にかかっている絵よりもはるかに遠ざかっている」のであり、「さしあたって、眼鏡は、しばしばまったく気づかれないほどであるため、〔私の〕近くにあるのではない」ことになる（Heidegger, 1927, S. 107, I 二七七頁）。同じことは、ハイデガーのあげている、話し中の者にとっての電話の受話器についてもいえるし（vgl., ebd., 同所参照）、さらには、歩行している人間にとっての道路についてもいえる。「歩行しているとき、道路は、歩みごとに触知されており、一見すると、……もっとも近くにある物であり、もっともリアルな物であるように思われ、足の裏という身体の一部に沿ってずれていく」（ebd., 同所）。しかし、「それにもかかわらず、道路は、こうした歩行にさいし、道路上の二〇歩のところに遠ざかって出会う知人よりも、はるかに遠ざかっている」（ebd., 同所）のである。

ハイデガー自身は考察していないが、私の〈今いるここ〉のこうした遠ざかりは、たとえば録音した自分の声を自分で聞くときの自分の声の現われの馴染みのなさとして、つまり、自分の自分自身にとっての遠ざかりという意味での疎遠さとして、我々にもよく知られたことである。すると、私の〈今いるここ〉についても、〈今現在〉と同様、私は私自身に馴染んでいながらも、しかし同時に、私にとって疎遠であることになるのである。

〈そこ〉から〈今いるここ〉へ　では、私の〈今いるここ〉は、どのようにして私にとらえられるのであろうか。

自分の身体の自分自身にとっての現われ方を探求しているサルトルは、ハイデガーの上述した思索をおそらく出発点としながらも、ハイデガーをこえて、この問いに次のように具体的に答えている。たとえば、お茶を飲むために「急須《きゅうす》に手が届くためには、一歩踏みだすだけでいいし、ペンにインクをつけるためには、腕を伸ばすだけでいいし、目を疲れさせないように読書したければ、窓に背を向けなければならない」(Sartre, 1943, pp. 573–574, Ⅲ一四四頁以下)。そして、急須に対する一歩の踏みだしや、インクへの腕の伸ばしや、窓に対する背の向け方から、私は、私の〈今いるここ〉をとらえることになる。このように、〈今いるここ〉という私の場所は、私が関わろうとする〈そこ〉にある物から私へといわば引きかえすことによって、とらえられるしかないのである。たとえば、私の〈今いるここ〉をとらえようとして、私が自分の足もとを見つめたとしても、見つめられた足もとは、それを見ている私にとっては、もはや私の〈今いるここ〉ではなく、それを見つめている私の目の位置が、〈今いるここ〉になる。そして、このときの目がどこにあるかは、私の足もとからいわば視線を引きもどす、といった仕方でしかとらえられないのである。

こうしたことからサルトルは、「私が私の場所を存在する」のは、「ここではなく、そこでである」(ibid., p.572, 同書、一四〇頁)、という。〈そこ〉から引きかえすことによって、それまでは外界のすべての物の現われの中心である〈今いるここ〉が、間接的に指示されるだけでしかないため、サルトルは、〈今いるここ〉を次のように術語化している。鳥が、どれほど遠くへと飛びたとうとも、最後にはそこから自分の巣にもどってくるという帰巣性とほぼ同様の意味で、私の〈今いるここ〉を「帰趨《きすう》中心」(ibid., p. 427, Ⅱ三〇九頁)と呼んでいる。つまり、「人間は、世界の他の側(＝そこ)から自分を自分自身に知らせ、自分自身へと向かって自分を内面化するため、再び〔〈今いるここ〉に〕もどってくる」(ibid., p. 53, Ⅰ九二頁)しかないのである。

私の〈今現在〉や〈今いるここ〉は、思考作用や認識作用によってなんらかの対象を時間や空間内の或る位置におき入れるという意味で、対象措定的にとらえようとすると、とらえようとする作用自体が〈今現在〉の私の〈今いるここ〉となってしまう。そのため、この作用が発するそのつどの〈今現在〉の〈今いるここ〉での私は、それをとらえようとする眼差しからは絶えず逃れてしまうのである。

以上で探ったように、現象学は、思考作用や認識作用といったいわゆる自分の内面に閉じこめられたあり方ではなく、世界内で自分の身体をもって具体的に活動しているときの我々の生の営みを、豊かに記述してくれるのである。

帰趨中心として自分の身体をとらえることに関し、おとなと比べ、子どもは非常に高い感受性をそなえている。たとえば、テーブルの上においてある子どもの好物のお菓子をつかもうとする子どもの手の動きをとめようと、おとながどれほど努力しても、多くの子どもは、おとなの手の動きをいわば〈かいくぐって〉、すばやくそのお菓子をつかんでしまう。こうしたことが生じるのも、おとなは、お菓子と子どもの手の動きをおとなの〈今いるここ〉からの距離でもってとらえるのに対し、子どもにとってのお菓子は、そこから子ども自身へと向かって自分を内面化することを可能にしているからである。子どもは、実際にお菓子へと向かって手を伸ばす前に、そのお菓子を見ただけで、それを手でつかもうとしている子どもの身体が、おとなの制止の動きに先立って、そのお菓子をすでにつかんでいる身体として、子ども自身に感知されているのである。

たしかに同じことは、おとなが自分でそのお菓子を手でつかもうとしているときにも生じるはずである。しかし、我々おとなは、いわゆる客観的思考方法を身につけており、自分の〈今いるここ〉を、帰趨中心としてではなく、三次元的空間内の原点としてとらえてしまいがちである。そのため、子どもとは異なり、おとなは、お菓子を見ただけでは、それを見ている〈今いるここ〉での自分を自分自身へと向かって内面化することが、子どもよりもできにくい。こうしたことから、おとなは、子どものいわゆる〈敏捷《びんしょう》さ〉に追いつけないのである。

では、〈今現在〉の〈今いるここ〉での私のあり方は、到達しえない未知のものにとどまるしかないのであろうか。

2　私の私自身への豊かな現われ

未来の光に照らされている〈今いるここ〉

〈今現在〉の〈今いるここ〉での私のあり方がどのようにして私自身に現われてくるのかを探るため、日常生活におけるあり方を手がかりとしたい。たとえば、手紙を書きそこなったために修正液のある場所へと腕を伸ばそうとするときや、通勤や通学のためののりかえ駅では、次のようなことが生じているはずである。

いつもの場所に修正液があれば、私は、書きそこねた箇所をそれを使って修正し、なんの支障もなく手紙を書きつづけることができる。ところが、いつもの場所に修正液がなければ、私は、手紙を書くことを中断し、苛々《いらいら》しながら修正液を探さなければならなくなる。すると、手紙を書いていたときの〈今現在〉の私がどのようなあり方をしていたかは、反省によってとらえられるときとは異なり、手紙を書きそこなうことによって、たとえば、苛々しながら修正液を探すことをふくめ、私がそもそもどのような可能性をそなえていたかに応じて、つまり未来の目的を介して、私に現われてくる。

同様にして、たとえば、のりかえ駅におりた私の〈今いるここ〉は、そこから会社や学校へ行くのか、それとも帰宅するのかに応じて、私には異なる仕方で現われてくる。私の〈今いるここ〉であるのりかえ駅は、たとえば、のりかえる予定の電車がかなり遅れることによって、前者の場合であれば、私の出社や登校を阻害し、私には、いつもとは異なる交通手段の可能性が開かれてくる。他方、後者の場合には、直接帰宅するのをやめて、その駅のそばの居酒屋で〈一杯やっていく〉可能性へと私を誘《いざな》ってくれる。すると、私の〈今いるここ〉が、私にとってどのようなあり方をしているかは、私の周囲を眺めることを介してではなく、未来の目的を介して、私に現われてくることになる。

こうした例からも明らかなように、〈今現在〉の私の〈今いるここ〉である「私の位置が〈どのようなものであるかが〉実際にとらえられるのは、……未来の光に照らされてである」（Sartre, 1943, p. 573. Ⅲ一四四頁）。上述の例でいえば、修正液がいつもの場所にないことが、手紙を書きつつある私にどのような可能性が開かれているかを、あるいは、電車の遅れが、いまだ会社や学校に、あるいは自宅に到着していない私がのりかえ駅でどのようなあり方をしているかを、未来の目的の方から照らしだしているのである。自分へとふりかえる反省の場合とは異なり、自分の未来は、いまだ実現されていないかぎりにおいて、私の〈今現在〉の〈今いるここ〉のあり方を私に開き示す、つまり開示するのである。そして現象学は、こうした仕方で、私の世界が開示されてくるさいの私自身のあり方をとらえようとするため、世界の現われと人間のそのつどのあり方との密接な関係を、豊かに描きだすことになるのである。

〈今現在〉の儚さ　以上で探ったように、未来がいまだ決定していないため、未来の光に照らされて、〈今現在〉の〈今いるここ〉での私がどのようなあり方をしているかが私に開示されるのは、そもそも、我々人間が次のような時間のなかで存在しているからである。

古代ギリシアの哲学者から大きな影響を受けたフリートリッヒ・ヴィルヘルム・ニーチェ（1844–1900）は、一般的には、神の死を主張したことによって、キリスト教の批判者として有名である。しかし、本書の観点からすると、ニーチェは、ハイデガーにも大きな影響を与えており、人間の生の絶えざる生成と流転《るてん》という観点から、理性を重んじる当時のヨーロッパ文明の精神的廃退を批判し、人間の生が絶えず変化していることから、彼独自の哲学を展開している。そうしたニーチェの思索を典型的に具体化しているのは、人間の時間意識に関する次のようなとらえ方である。

動物は、「快と不快によって瞬間という杭にかろうじてつなぎとめられていて、そのため憂鬱《ゆううつ》でもなければ飽き飽きもしない」のとは異なり、人間は瞬間のみに生きることができない（Nietzsche, S. 248, 一一八頁）。人間にとっての「瞬間は、〈息つく間もなく〉たちどころに現われ、たちまち過ぎ去ってしまい、その前は無であり、その後も無でありながらも、しかし、幽霊のように再来し、その後の瞬間の落ち着きをかき乱す」（ebd., 同所）。このことは、人間にとっての〈今現在〉が、そのとらえ難さからだけではなく、古代ギリシアの哲学者であるヘラクレイトスがいうところの、その絶えざる生成流転（＝万物は流れる）によって、我々を憂鬱にしたり、飽き飽きさせるだけではなく、人生の儚さと悲哀《ひあい》を我々に感じさせる、ということをうかがわせてくれる。

ニーチェにいわせれば、過去も未来もなく、そのつどの瞬間における快と不快しか知らない動物とは異なり、人間である我々は、瞬間である〈今現在〉だけを生きることができないため、しかも現在の移ろいやすさゆえ、さまざまな不幸せを背負わされている。そして、日常生活では、上述したような例においても典型的なように、たしかにそれ自体としてはささいな出来事でしかないとしても、修正液がいつもの場所になかったり、電車が遅れて来るといったことによって、その後の瞬間の落ち着きをかき乱され、現在の移ろいやすさにさらされている〈今現在〉の〈今いるここ〉での私のあり方が、私の可能性に即して、私自身に開示されるのである。

このことは、それぞれの今は、一見すると時間の連続性を保障されているため、まとまりをそなえた安定した生を我々に可能にしているように思われても、じつは、時間の流れが我々の自由にはならないことを示している。このことを、フッサールの時間論を気分と関わらせて思索しているヘルトは、次のように述べている。そのつどの〈今現在〉で我々に出会われるすべてのものは、それが過去へと過ぎ去ることによる「制御し難さへと退去してしまうこと」（Held, 1981, S. 206, 二一頁）と、「予期されることのない絶えざる到来」という「未来の不意討ち的性格」（a.a.O., S. 208, 同書、二二頁）をそなえている。そのため、我々は、自分がおこなってしまったことについては、もはやそれを自由に処理できなくなる。また、私の〈今現在〉には、予想のできない出来事が到来するのである。

〈今現在〉の気分　以上のことからすると、そのつどの〈今現在〉でのすべてのものの現われは、制御し難さと不意討ち的性格にともなうなんらかの情感と共に体験されることになる。つまり、そのつどの〈今現在〉は、私にとって制御し難い過去へと沈みこむことによって、「衰退、重圧、意気消沈《しょうちん》、陰《いん》鬱《うつ》」といった気分をおびさせられる（a.a.O., S.214, 同書、二七頁）。たとえどれほど幸せに満ちた充足感を享受できる出来事を体験しても、その体験は過去へと過ぎ去ってしまい、私は、その体験を享受し続けることができなくなる、といった気分におちいる。しかし、他方で同時に、そのつどの〈今現在〉は、それが絶えざる到来であることによって、「昂揚《こうよう》、軽やかさ、更新、旅立ち、爽快《そうかい》」（a.a.O., S. 213, 同所）といった気分をおびさせられる。どれほどの不幸せに見舞われつづけても、これから到来する未来が開かれていることに対する期待をいだけるようになり、いわゆる〈夜明けが来ない夜はない〉。このように、〈今現在〉が、一方における衰退などと、他方における昂揚などといった両極性をそなえて気分づけられているため、そのつどどちらの極が優勢になろうとも、どの〈今現在〉の気分もその反対の気分へと移行する可能性をつねにそなえているのである。

そのため、たとえば爽快な気分にひたっていながらも、それが陰鬱な気分へと移行するのではないか、という予感をそれとなくいだいている人間は、そうではない人間よりも、気分の移ろいやすさと儚さに対する敏感な感受性をそなえていることになる。こうした人間は、日常生活においても、陰鬱な気分へと移行するまでの爽快な気分の〈ありがたさ〉を、陰鬱な気分と対比しつつ、より強く感じられるであろう。あるいは逆に、そうした人間が陰鬱な気分に支配されているときには、爽快な気分へと移行したさいの〈ありがたさ〉が陰鬱な気分を糧《かて》として育まれるであろうことを、十分に感じられるはずである。こうした人間にとっては、陰鬱な気分をたんに否定されるべき気分としてとらえている人間よりも、気分に対する感受性がより豊かであることになるはずである。というのは、こうした人間にとっては、どちらの気分もそれと対立する気分を同時にふくんでいるため、一方が、他方の気分を背景として、そこから際立ってくるからである。

たしかに、〈今現在〉の気分の移ろいやすさのため、ニーチェによって描かれている動物とは異なり、我々人間は、憂鬱になったり飽き飽きし、そのつどの〈今現在〉の落ち着きをかき乱される。しかし、そうであるからこそ、我々には、新たな更新が可能となる。また、〈今現在〉のこうした移ろいやすさに敏感になることによって、たとえ単調に思われる日常生活においてさえも、気分に綾どられた生活を豊かに生きることが可能となるのである。

〈今現在〉と同様、私の〈今いるここ〉が私に現われてくるのは〈そこ〉からであることを、帰趨中心という言葉を使って思索しているサルトルは、この事態を、おそらくはハイデガーにおける道具のあり方に本質的にそなわっている〈適切さ〉をサルトルなりの仕方でとり入れた、と考えられる。そこで、本書の課題をさらに探るための新たな観点をえるためにも、ハイデガーにおける道具の適切さという事柄をとりあげたい。このことにより、私の〈今いるここ〉が私に現われてきて、私に指し示されることについて、つまりその開示性について、本書なりの仕方で探ってみたい。

道具の現われ　ハイデガーによれば、我々にとっての世界内のさまざまな物は、まずなによりも道具として現われてくる。道具は、他の道具を指し示すという仕方で、多くの道具と関連し合っていることを、ハイデガーは、次のようにして明らかにしている。

個々の道具は、それ自体で独立して存在しているのではない。道具は、それがそなえている特性により、私によっていつでも使用されるようにと、私の手もとに存在している。道具が私の手もとに存在しているということは、たとえば、道具としての金槌は、釘を打つという、「それが使用される物のもとで、その金槌という存在物の適切さが発揮される」（Heidegger, 1927, S. 84, I 二一六頁）、ということである。こうした仕方でそれが使用されるさいの、この〈～することのもとで〉道具のいわゆる適材適所が際立てられる。このことから、ハイデガーは、手もとにある道具のあり方を、それがおかれているところの「適切さ」（ebd., 同所）と呼んでいる。こうした適切さは、さらに他の道具の適切さへと次々に展開していき、最終的には、そのつどの私が存在しつづける可能性へと行きつくことになる。

以上のことをハイデガーのあげている例で具体化すれば、次のようにいえる。「我々が、槌で打つから金槌と呼んでいる、この手もとにある物でもって、〔釘を〕打つことのもとで金槌の適切さが発揮され、この打つことでもって、〔屋根を〕とりつけることのもとで釘を打つことの適切さが発揮され、このとりつけでもって、悪天候から身を守ることのもとで〔屋根を〕とりつけることの適切さが発揮される」（ebd., 同所）。このように、金槌で釘を打って屋根をとりつけ風雨から自分の身を守る、ということをしているときに個々の道具と共に生じているのが、道具の適切さという事態である。また、私の身を守ることは、私がこれからも存在しつづける可能性を目的としている。我々の身のまわりにあるどのような物も、道具として、我々個々の人間がこれから生きつづける可能性を実現させてくれるようにと、適切な場所で適切な仕方で使用されることを、その物の存在の本領としているのである。

ハイデガーによれば、広い意味での道具のこうした適切さが相互に関連し合っていることによって、私のまわりの世界が構成されることから、こうした相互連関を「適切さの全体性」（ebd., 同書、二一七頁）と呼んでいる。そして、適切さの全体性が、最終的には、私の存在の可能性を指し示しているため、道具がどのように現われているかに応じて、〈今いるここ〉での私のあり方が、私自身に開示されている。たとえば、料理をまったくしたことのない人間にとって、包丁は食材を切る道具としてしか現われてこないであろう。それを使って毎日料理をしている者にとって、或る包丁は、肉を切る道具としてはもっとも使いやすいため、調理が容易になる可能性を、しかし野菜を切る道具としてはかなり使いにくいため、その調理に多少てこずる可能性を指し示すであろう。和食の職人にとって、家庭用の包丁は、そもそもそれを使って刺身を切るための道具としては現われてこずに、いつも使っている手慣れた刺身包丁だけが、これからそれを使って調理する可能性を指し示してくれるだけであろう。それどころか、実際にそれを使って調理する以前に、その刃先が少しでもすり減っていれば、調理することではなく、それを研《と》ぐ可能性を指し示すはずである。

包丁の以上のような現われ方は、その包丁を使っている人間の〈今いるここ〉でのその人間の可能性を開示している。本書の言葉を使えば、それぞれの包丁は、それを使う者のあり方に応じて異なる表情をともなって現われてくるのであり、同時にその者の可能性を指し示すことになる。

道具のこうした現われ方からは、現象学が、我々人間のそのつどの現実的なあり方ではなく、個々の人間がどのような可能性をそなえて日常生活を営んでいるかを、また、個々の人間にとって世界の現われ方が異なってくることを、具体的に明らかにしてくれる。上述の例でいえば、同じ包丁がそれを使う人間に応じて異なった仕方で現われてくることを明らかにすることによって、一般的な人間ではなく、個々の人間に即した解明を可能にしてくれるのである。

そこで次に、反省を介した自分自身のとらえ方と、日常生活における自分自身のあり方のとらえ方との違いと、両者の関係を探ってみたい。

反省と日常生活　自分の行為をふりかえるという仕方で反省したり、道徳的な観点から自分の過ちを反省することは、すでに探ったように、かつての自分のあり方を、〈今現在〉の私がとらえることでしかないのであった。いずれの場合にも、反省によっては反省している自分自身をとらえることができないのは、反省が、過ぎ去った自分へとふりかえることによって生じてしまう、時間的な距離という意味での、自分自身との隔たりを生みだすことになってしまうからである。他方、ハイデガーと共に探ったような道具の現われは、その道具を使っている人間のそのつどの〈今いるここ〉ではどのような可能性がその人間にそなわっているのかを、開示してくれるのであった。

しかし、日常生活において反省することなく何事かに従事しているときだけではなく、反省しているときでさえ、自分の同一性についての実感が失われてしまうような、精神病理学がいうところの離人症などにおちいっていないかぎり、我々は、しかじかのことをしているのは自分自身であることを、自己触発を介してそれとなく感知しているのであった。それどころか、我々は、しかじかの行為や反省をしているのは、まぎれもない自分自身であることを、目覚めているかぎり、日常生活のすべての場面で確信しているだけではなく、たとえ明確にではなくても、そのつどの自分のあり方を基盤としてなんらかの活動を能動的におこなっている。

たとえば、毎日くりかえされる食事の場面をとりあげても、ひとりで食事をしているときや、家族となごやかに食事をしているとき、我々は、自分の精神状態や気分や感情をことさら反省することなしに、たとえば、侘《わび》しさや寂しさや空《むな》しさに、あるいは、楽しさや幸せや充実感などにひたっていることを、それとなく感知している。より正確に述べれば、こうしたことをそれとなく感知しながら食事をしていることが、〈今現在〉の〈今いるここ〉での自分自身のあり方そのものである、といえる。すると、一方では、〈今現在〉の〈今いるここ〉での自分自身のあり方がとらえ難いことと、日常生活においてそのつどの自分のあり方が気分や感情をともなう多彩な色合いをおびて自分自身にそれとなく感知されていること、あるいは、道具の現われを介して自分の可能性が開示されていることとは、自分の自分自身との関わり方のふたつの対極的なあり方でしかない、ということが明らかになる。と同時に、このふたつのあり方のあいだで揺り動かされることが、矛盾に満ちながらもそのつどの微妙で多様な我々人間のあり方の根拠でありながらも、自分自身では明確にとらえられないため、根拠のない深淵《しんえん》でもあると同時に、ひとりひとりの人間の奥深さともなっているのであろう。

奥行の生　しかし、〈今現在〉の〈今いるここ〉での私のあり方は、私自身にとっては深淵としてつねに匿名的なままにとどまりながらも、以上で探ったように、道具の適切さを介して、しかもなんらかの気分や感情をともないつつ、それらに応じた振る舞いや表情として、しかも、他者からも気づかれうるような身体上の変化として、顕在化されている。というのも、私の表情や身体的振る舞いは、私自身には直接見えないのに対し、他者は、私がどのような気分や感情をともないながら道具を使っているのかを、ひいては、〈今現在〉の〈今いるここ〉での私のあり方を、直接感性的に知覚することができるからである。そのつどの私のあり方が他者にも明確にとらえられるような仕方で身体上に現われることを、内面的な私の生の営みの外在化と呼ぶならば、内面が外在化されている身体は、〈今現在〉の〈今いるここ〉での私のあり方の他者への顕在化ともなっている、といえる。すると、他者こそが私にはとらえ難い私のあり方をとらえることができることになる。

しかも、内面が外在化されている身体は、そのつど道具を使いながら日常生活を営んでいる人間の知覚作用と運動の主体でもある。そうすると、〈今現在〉の〈今いるここ〉での私の身体は、私には直接とらえられないままにとどまりながらも、身体を中心として現われてくるところの、他者をふくんだ世界内のさまざまな物や出来事と直接関わりながら、さまざまな活動を展開していくことになる。私のまわりの世界で生起している人間をふくめた森羅万象《しんらばんしょう》は、〈今現在〉の〈今いるここ〉からの私にとっての「奥行」（Merleau-Ponty, 1964b, p. 272, 三一六頁）からとらえられていることになる。つまり、それら森羅万象は、それらへの物理的な距離によってではなく、身体を介して直接それらと関わっている帰趨中心としての私にとっての近さや遠さを介して、私に現われてくることになる。

帰趨中心としてのこうした〈今いるここ〉のまわりで私の世界は私の目の前で展開していくのに対し、私の〈今現在〉の〈今いるここ〉は、私自身にとっては、私の眼差しからは身を引いている。そうであるかぎり、私の世界内の出来事は、私の身体の奥行のうちに隠されているという意味で、匿名的な私の前で展開している、といえる。それどころか、フッサールによれば、「人間にとって、そして……学問をする者にとっても、経験したり、認識したり、実践的に計画をたてたり、行為しながら、その人間の自然な世界生活において意識できるすべてのもの」は、「たとえ〔当人には〕気づかれていなくても、無限に豊かな奥行の次元の表面でしかない」（Husserl, 1976, S. 121f., 一六七頁）。「理論的で学問的な経験や思考」も、さらには、客観性を重んじる「実証的学問」でさえ、「こうした表面の上にしか現われえなかった」（a.a.O., S. 122, 同所）ことになる。

どのような学問も、その学問領域で認められるために必要な条件を満たせば、学問上の特権を与えられることになる。しかし、これまでの研究業績や学会などからの評価や、そのときの流行などだけではなく、初学者のころからだれに師事したのかによっても、自分の学問観は、大きな影響を受けているはずである。それどころか、その学問とのいわゆる個人的な〈相性〉によっても、その学問に打ちこむさいのあり方が異なってくるはずである。こうしたことが複雑にからみ合って奥行の生をなしているかぎり、学問上の特権を与えられるために必要な研究者としてのあり方は、そのつど明確にはとらえられない奥行の生によって支えられているはずである。それどころか、自分の研究成果が長年にわたって評価されないため、学問上の特権を与えられなくても研究を続けられるとしたら、奥行の生こそが、研究生活の拠りどころとなっているはずである。こうしたことは、なにも実証的学問の場合にいえることではなく、本書が拠りどころとしている現象学の場合についてもいえることである。しかし、現象学こそが、個々の研究者のこうしたあり方を、哲学的に明らかにしているのである。

このように、学問によって「特権を与えられている表面の生と隠れた奥行の生」とのあいだには、つねに「拮抗作用《きっこう》」がある（ebd.同書、一六八頁）。これらふたつの生は、お互いにしのぎを削っている。そして、これらふたつの生の拮抗作用が、我々の生を生き生きとしたものにしてくれている。すると、この拮抗作用の程度に応じて、比喩的にも、また文字どおりの意味でも、「私に向かって来ることのできるもののすべてが、機能の中心である私にとって、より近くにあったり、より遠くにあったりする」（Waldenfels, S. 136）ことになる。

当然のことであるが、私にとってのこの近さや遠さは、物理的な距離に応じてはかられるのではない。私にとっての近さや遠さは、私がそこへとおもむき、あたかもそのうちにとりこまれるかのような近さや、観察者の立場から、他者をふくんだ世界の展開をただ眺めるような遠さとしてはかられる。また、この近さと遠さに応じて、自分では直接とらえられない奥行の生が、実践的生活や理論的生活において、私に向かってくるものに意味や意義や確からしさや価値などを与えたり、それらにさまざまなニュアンスの違いを生みださせたり、そのつどの気分や感情をともなって、私にとっての必然性や逼迫《ひっぱく》度やかけがえのなさなどの色合いをおびさせている。そして、表面の生と奥行の生とのあいだのこうした拮抗作用が、学問におけるいわゆる冷《さ》めた客観性と日常生活における情熱をかけた主観性といった、あるいは学問と芸術といった二分法では割り切れず、それら両方が入りまじった、我々人間の微妙なあり方を可能にしているのである。たとえば、自分の担任する子どもが社会的に認められないことをしたときには、教師として冷静に対処できるのに、自分の子どもが同様のことをしたときには、かなり動揺してしまい、適切な対処ができなくなるのも、こうした拮抗作用の典型であろう。

日常生活においても、いわゆる〈理屈に合わない〉ことをなんらかの信念をもって貫くさいには、同じような拮抗作用が生じているはずである。理屈に合うことならば、多くの他者によって、あるいは少なくとも自分にとって、当然のこと、と容易にみなされる。しかし、理屈に合わないためにきちんとした説明のつかないことをあえて貫くためには、言葉にはならないなんらかの秘めたる深い想いとの、つまり奥行の生とのあいだでのせめぎ合いに打ち勝つことが、必要なはずである。

そして現象学は、こうした奥行の生を明らかにすることによって、個々の人間の生にせまろうとするかぎり、上述した例におけるような当事者の内面の葛藤を描きだすことによって、その人間に寄り添った観点を我々に開示してくれるのである。

日常生活でも、ふたつの極端なとらえ方の一方を頑なに主張する人間よりも、たとえば、人に対する好き嫌いの激しい人間よりも、その時々の状況に応じて或る人の言動が自分やその他の多くの人にとってどのような影響を与えているかに応じて、その人への関わり方を変えられる人間の方を、我々は〈ふところの深い人〉と、つまり奥行のある人間と呼んでいる。たしかに、こうした人間のあり方は、一見すると、いわゆる〈陰ひなた〉のある人間のあり方とかなり似たような側面をそなえている。しかし、前者のあり方は、ふたつのとらえ方のあいだでの拮抗作用を実感しているかぎり、後者のあり方とは区別されうるはずである。そして、こうした区別を明確にしてくれるのが、現象学なのである。

奥行の生の外在化としての身体的振る舞い　表面の生と奥行の生とのあいだの拮抗作用は、〈今いるここ〉についてのみいえることではなく、〈今現在〉についてもいえる。たとえば、たとえそのつどの現在においてなんらかの活動をしていても、〈心はすでに明日を生きている〉といった仕方で、未来の自分のあり方が強い関心事となっているとき。かなり過去の出来事が今でも私の心だけではなく、身体までをも虜《とりこ》にしているほど生き生きとしているとき。あるいは、ＰＴＳＤ（＝心的外傷後ストレス障害）で典型的なように、過去の体験が現在の出来事よりも私の心身をとらえて離さないとき。こうしたとき、私の未来や過去は、現在の私よりも私の奥行の生となり、このことによって、私の表面の生は、異なる様相をおびてくることになる。たとえばフラッシュバック現象とは、日常生活の不安定さや、ささいなことをきっかけにおちいってしまう不安の根底にあった奥行の生が、いわば表面の生として顕在化されたものなのであろう。

こうした近さと遠さの根源である〈今現在〉の〈今いるここ〉での私は、匿名的なまま奥行にとどまりながら、上述したように、絶えずなんらかの気分や感情をともなって、私の身体的振る舞いや表情として外在化されている。そうであるかぎり、こうした私の〈今現在〉の〈今いるここ〉は、世界の展開にも反映されているはずである。メルロ－ポンティも、自己触発を彼なりの言葉で、「自分への隔たりによる自分との接触」（Merleau-Ponty, 1964b, p. 246, 二七四頁）と呼び、自分自身とのこうした接触において、直接には見えないものが、「見える物のうちに（透かし模様となって）刻みこまれている」（ibid., p. 269, 同書、三一一頁、（　）は原文のママ）、という。同じことが、私には見えない〈今現在〉の〈今いるここ〉での私と、見える物である世界や他者との関係についてもいえる。身体的振る舞いや表情は、自分自身にはとらえられない〈今いるここ〉での隠れた奥行の生の外在化であるかぎり、日常的にそう思われているよりもはるかに深い奥行をそなえているはずである。

そこで、表情の感受性についてさらに深く探る前に、次節では、奥行の生の外在化のひとつの現われである、表情と密接に関係している気分について、ハイデガー哲学を継承している現象学者であると同時に、教育学者でもあるボルノウと共にまず探っておきたい。

第2節　気分をともなう豊かな表情

〈今現在〉の〈今いるここ〉での私のあり方とそのあり方への感受性について探るさいに、気分や感情と関わらせることが重要な視座を与えてくれるのは、次のことからである。

思考や認識や意欲は、過去や未来や他の場所へと向かってその活動範囲を自由に伸び広げ、そのつどの〈今現在〉の〈今いるここ〉にとどまらない。他方、気分や感情は、原則として、〈今現在〉の〈今いるここ〉での私のあり方である。たとえかつての感情が現在生々しく再現されても、再現にともなって生じてくる感情は、〈今現在〉の〈今いるここ〉での私の感情である。明日の出来事に想いをはせることによって楽しい気分になっているのも、やはり〈今現在〉の私である。他方、たとえば、これから旅行に行く先で出会うであろう出来事をありありと思い描いているとき、私は、すでに旅行先へとおもむいており、小説を読んでいるときには、その世界を生きていることになる。他方、旅行先での出来事を考えながらすでに楽しい気分や感情になっていたり、小説の世界を生きることによって、たとえばわくわくした気分や感情にひたっているのが、〈今現在〉の〈今いるここ〉での私なのである。

1 気分と感情との違い

気分や感情が以上で素描したような特質をそなえているのは、〈今現在〉の気分や感情がそのつどの意識のあり方そのものとなっており、こうした気分や感情をともなって、意識は、なんらかの事柄や対象や他者へと向かったり、なんらかの活動をしているからである。

しかし、少なくとも日本語とドイツ語では、気分（Stimmung）と感情（Gefühl）という言葉のあいだには、日常的な使われ方においても、微妙な違いが感じられる。日本語では、気分という言葉は、たしかに恒常的ではないが或る期間持続し、そのため、そのつどのあり方としては、私自身にはさほど強く感じられず、そこはかとなく感じられる場合に使われることが多いようである。他方、感情は、たとえば、〈感情にかられて〉とか、〈相手に感情を叩《たた》きつける〉といった表現からもうかがわれるように、私にかなり強く感じられるだけではなく、なんらかの原因やきっかけによって突然生じたり、なんらかの対象へと向けられる。ドイツ語でも、ボルノウと共に以下で探られるように、ほぼ同様の違いがある。たしかに日常的には、気分と感情という言葉は、その違いが明確に区分されずに使われることも多い。しかし、ボルノウも述べているように、これらふたつを区分することが必要である。というのは、この区分によって、これらふたつの言葉の微妙な違いに敏感になることに、ひいては、表情を感受性豊かにとらえることにもつながるからである。

だが、この区分をする前に、いわゆる知・情・意という分け方にしたがい、気分や感情もそこにふくまれる人間のあり方を、本書では、情感と呼ぶことにする。そのうえで、ボルノウと共に、なんらかの対象へと向かっている情感を、感情と呼ぶことにする。たとえば、歓びや悲しみや愛や嫌悪《けんお》などは、それぞれなにかに対する歓びや悲しみや、だれかに対する愛や嫌悪の感情である。他方、たとえば、「人間を憂《うれ》いに満ちた気分に引きおろしたり、幸せな気分においては人間が解放されていると感じる」（S. 34. 二一頁）、といった言葉で表現されるときの気分は、感情とは異なり、なんらかの対象へと向けられることがない(3)。こうした気分では、人間は、そのつどの〈今現在〉の〈今いるここ〉で或る情感をおびた状態にひたっていて、その人間自身がこの状態の色調を感じている。そこで、本書では、その情感が感情とみなせる場合は、〈歓び〉と〈悲しみ〉と、他方、気分とみなせる場合は、〈喜び〉と〈哀《かな》しみ〉、と表記することにしたい。

たとえば、入学試験に合格したときの歓びは、合格に対する感情であるが、その後の生活や他者関係においていわゆる〈バラ色の人生〉が展開していくように感じられているときには、その喜びは気分と呼ばれることになる。ボルノウも、「気分のみが、〔下から〕支えている生の基底層に属しており、他方、感情は、そこから展開し、その上にきずかれるより高次の成果に属している」(S. 36, 二三頁)、という。たとえば、「悲嘆《ひたん》」は気分であるが、「苦痛はなにかへと向けられている」(S. 37, 二四頁) ため、感情と呼ばれることになる。

しかし、ボルノウ自身も留保しているように、個々の場合には、両者の区分がつきにくかったり、一方から他方への移行が非常に曖昧な場合があることも否定できない。たとえば満足は、自分の生活の基調として、生活に生き生きとした生気《せいき》を与えてくれる場合は、気分であり、食事を終えた後の満足感は感情と呼ばれうる。しかし、食後の満足感を感情として味わえるのも、日々の生活が満足した気分に満たされているからであろう。この場合は、食後の満足感は、満足した気分が感情として実感されていることになる。さらには、たとえ気分が感情を下から支えているとしても、感情により気分が変えられる、ということもしばしば生じる。たとえば「特定のひとりの人間に対する愛〔の感情〕は、同時にまた、全体的な気分の基底の色合いを塗り変え、その気分の基底と共に、すべての他の感情や人間関係の色合いをも塗り変えてしまう」(S. 107, 八三頁) ことは、我々自身によってもしばしば経験されるであろう。

さらには、ハイデガーやサルトルも、同様の観点から、なんらかの脅威《きょうい》を及ぼすものに対する情感を恐怖とし、他方、なにがそうした情感にさせたのかがわからず、またその情感が特定の対象へと向かっていないときの、自分の存在において漠然と感じられるだけの不気味《ぶきみ》さを不安とし、両者を区分している。本書でも、恐怖と不安をこのように区分して使うことにする。すると、恐怖は感情と、不安は気分と呼ばれることになる。

2 さまざまな気分と表情

気分と感情とを以上のように区分したうえで、ボルノウは、さまざまな気分と、それらの気分における我々人間の振る舞いや表情がどのようなものであるかについて、かなり丁寧に記述している。こうした記述に接すること自体が、気分に対する感受性を豊かに育んでくれるはずなので、それらのなかで日常生活において重要な役割をはたしているものを、表情の感受性という観点から再解釈しつつ、時間の観点をまじえながら以下で探ってみたい。そして、情感にそなわる空間性については、第3章第1節「身体と世界との豊かな関係」（一三六頁以下）で世界の表情について探るさいに、とりあげることにしたい。

i 昂揚した気分

無思慮と放埒 ボルノウは、気分をまず、「昂揚した気分と消沈した気分」（S. 44, 二九頁）とに区分し、人間は、このふたつの気分のあいだを揺れ動いている、という。昂揚した気分を皮相なものからみていくと、まず、「無思慮と放埒《ほうらつ》」がある（S. 44, 二九頁）。これらは、「人間を表面的に満足させるだけ」でしかないため、「たいていはつまらない後味を残す」（S. 44, 二九頁）。たとえば「くすくす笑い」が典型的にそうであるように、これらの気分をともなう振る舞いは、多くの場合、不安を消すためや、緊張をやわらげるためになされたりする（S. 44f. 二九頁以下）。

そのため、人間関係を表面的なものにとどめておきたいとき、我々は、意図的に無思慮な気分にひたろうとするのであろう。あるいは、他人から顰蹙《ひんしゅく》をかうような放埒（＝馬場をかこってある柵から解き放された荒馬のように振る舞うこと）は、一見すると、他者を無視するような振る舞いに思えても、じつは、対人関係にともなうなんらかの不安や緊張をやわらげるための、いわゆる〈虚勢〉なのかもしれない。

幸せ　次の相に位置する昂揚した気分は、「生をとりまく外的な状況についての満足としての幸せ」（S. 45. 三〇頁）である。しかし、ここにおいても次のような微妙な違いが認められる。

目的を達したため、〈それでよし〉としてしまうような、「満ち足りた気楽な満喫《まんきつ》」で終わってしまう幸せと、外界の自然と結びついた、たとえば〈自然に癒《いや》される〉といった言葉で表わされるような、「静かで落ち着いた幸せ」（S. 46. 三〇頁以下）がある。後者の静かで落ち着いた幸せな気分にひたっているとき、過去は、こうした気分にとって、締めつけるような仕方でせまってくることがない。また、現在の状態に心から満足しているため、未来になにかをたくし、その実現に心をくだく必要もない。そのため、こうした幸せの気分にひたっている人間の「現在は、それ自身ですでに安心と安全という性格をそなえている」（S. 177. 一四〇頁）。こうした仕方で現在が満ち足りていて安全であるかぎり、「その人の生きている瞬間自体が伸び広げられているように思われる」ため、「時間をこえた独特の解き放ち」によって、その人は、時間的にも開かれていることになる（S. 177, 一四〇頁）。

こうしたことから、現在において居心地《いごこち》が良いだけではなく、「未来」は、「現在の幸せな状態が時間的に無限に持続することから生じる、際限なく広げられた地平」（S. 170, 一三四頁）のようなものとなり、心未来においても居心地良くありつづけることができる。こうした幸せの気分にひたっている人間は、心の動揺をもたらすような状況が生じても、まったく落ち着いていて、そのつどの現在が充実し安全であるため、華《はな》やかさはないが、静かな風情をそなえることになる。こうした気分にひたっている人間は、日常生活を安心して送れるため、たとえば食事の準備をしたり掃除をしたりといった、日常的な家事をこなすさいにも、〈そこはかとない〉満足を覚えることができるのであろう。

没頭における時間感覚　静かで落ち着いた幸せにおけるこうした時間のあり方から明らかとなるのは、このときの時間感覚と、遊びに没頭しているときに典型的となる、表面的な昂揚した気分における時間感覚との違いである。たしかに、遊びに没頭しているときには、あたかも時間を忘れたかのように、時間は非常に早く過ぎ去る。しかし、その時間が過ぎ去った後で、〈こんなに時間がたっていたとは！〉と驚き、そのあいだの自分の没頭の程度が自覚させられる。この自覚自体が、そこで経過した時間のなかでは空虚な過ごし方しかなされていなかったことを、間接的に証言している。つまり、このような自覚が、そのときには充実していたように思われる、気晴らしにおける生の貧しいあり方の証となる。同様のことは、仕事に没頭しているときにも生じる。というのは、次に簡単にふれることになる、幸せな気分で仕事に精《せい》をだしているときとは異なり、[4]たとえば深い哀しみをまぎらわせるため、必要以上に仕事の予定を入れて、休む間もなく働き続ける場合に典型的となるように、仕事に没頭しているときには、自分の本当のあり方からいわば気をそらすことが生じていたり、仕事の成果に至る個々の手続きに対する注意が欠けたりするからである。そのため、仕事への没頭から自分をとりもどしたときに時間の経過の早さに驚くことによって、仕事の結果のいかんにかかわらず、そのあいだのあり方が自分にとって充実したものではなかったことが、自覚させられてしまうのである。たとえば、最愛の人を喪《うしな》った人間が仕事に没頭するのは、仕事の成果をめざしているのではなく、哀しみの気分から意図的に逃れることを目的としているからなのであろう。

他方、幸せな気分にひたりながら仕事に精をだしていたり、なにかについて真剣に学んだり、作品を創作しているとき、私は、没頭という、いわゆる自分を忘却したあり方をしているのでもなく、時間の流れを忘れてしまうのでもない。むしろ、そのつどの瞬間は、ここまでの仕事の成果をもたらしてくれた過去の幸せな気分と、これからもたらされるであろうさらなる成果にたくした期待感とによって、伸び広げられている。[5]

ガラスのような幸せ　幸せのさらに深い相には、「ガラスのような幸せ」（S. 46, 三一頁）がある。この幸せは、たとえば、〈幸せすぎるためにこの幸せがいつまでつづくかわからない〉といった言葉で表現されるように、「心の秘かな慄《おのの》きのなかで共に感受される幸せ」（S. 46, 三一頁）であるため、上述の静かで落ち着いた幸せとは区別される。この違いは、ガラスのような幸せには、幸せのうちにそれがいつ終わるかもしれない、という儚さの予感が忍びこんでいることによる。こうした予感が忍びこんでいる場合には、時間は無限に開かれておらず、また、時間をこえて解放されることもないため、時間の流れは現在に凝縮し、幸せの濃度もかなりますことになる。そのため、静かで落ち着いた幸せはほのぼのとした色合いをそなえ、それとなく感知されるのに対し、ガラスのような幸せは、かなり色濃く際立ってくることになり、この幸せがつづくあいだは、自分の生き方をいっそう充実したものにしようとする、緻密で健気《けなげ》な努力が試みられることになる。

たとえば、シェークスピアの『ロメオとジュリエット』で描かれている、いわゆる〈めぐり合せの悪い〉運命に最後まで翻弄《ほんろう》されつづけた恋人たちの逢瀬《おうせ》において、この二人がおちいっているのが、ガラスのような幸せなのであろう。

至福と忘我　喜びの気分のもっとも深い相には、こうした慄きさえない、宗教において典型的に生じる至福《しふく》がある。「至福」では、「その身振りとしての表現は、ほとんど知覚できないような静かな微笑《ほほえ》みを本質としている」（S. 46, 三一頁）。このときの時間は、神の永遠性に対応した「永久《とわ》の現在」と、つまり始めもなければ終わりもないため、西欧的な感覚では、つねに現在に「とどまる今」となるのであろう（S. 177, 一四〇頁）。

他方、或る種の宗教的儀式においで典型的となるいわゆる忘我（＝エクスタシー）の状態においては、そこに参加している全員が、なにかに憑《よ》りつかれて、同じような呆《ほう》けた表情でもって、あるいは逆に、すさまじい形相《ぎょうそう》と振る舞いでもって、一心不乱にその儀式に参加しつづけるための業《ぎょう》に没頭することになる。そのため、このときの時間は、忘却されているだけとなるのである。

以上でボルノウと共に探ってきた昂揚した気分に共通しているのは、これからの人生に対してだけではなく、「他の人間との触れ合いに対しても、……自分を開く」（S. 101, 七八頁）ということがあるが、この点に関しては、第４章「共同性の反映としての豊かな表情」（二一七頁以下）でさらに詳しく探ることにする。

ii　消沈した気分

哀しみ（無気力・憂い・不愉快）　以上の昂揚した気分の対極にある、消沈した気分としての哀しみには、「押しつぶされた状態や無気力や、さらには気おくれ」があり、これらは、「一般的に生命感情の弱まりを本質としており、……自分の企《くわだ》ての結果に疑いをいだかせたり、通常の仕事につくことを不可能にしたり、仕事につく気をなくさせてしまう気分」である（S. 46, 三一頁）。こうした哀しみの典型は、頭《こうべ》を垂《た》れてしょんぼり歩く姿から容易に見てとれる憂いである。「憂い」としての哀しみにおそわれた人間は、「自由な展望の広がりに対して自分を閉ざし」ながらも、同時に、「こうした憂いは、外界の憂いに満ちた……印象との共鳴のなかでのみ持続する」（S. 56, 三九頁）。そのため憂いは、たとえば、涙が雨と化して降ってくると比喩される〈涙雨《なみだあめ》〉に共鳴しているときのように、外界の微妙な変化にも敏感になると同時に、自分自身のあり方にも敏感になれ、その表情には深みがでてくる。ボルノウ自身は、その移行を記述していないが、こうした憂いが高まると、本人にもその理由がわからないままにおちいってしまい、「そのかすかな変化のなかに、詩的創造や詩的感受性への密接な関係をそなえている」哀しみになる（S. 46f. 三一頁）。こうしたことから、ある程度の年齢になると、人間は、詩を読んだり映画を見ることなどによって、哀しみを自分に湧きあがらせるのであろう。あるいは、失恋によってこうむった悲しみの感情を哀しみの気分へと高めることによって、哀愁《あいしゅう》にひたりたがるのであろう。

哀しみは、かなりの年齢になると、この気分にどう対応するかに応じて、さまざまな様相をおびてくる。そうした様相として、ボルノウ自身は、「人間が無愛想《ぶあいそう》な顔つきで歩きまわり、なにをやっても彼にはうまくいかなくなるような、ぶつぶつ言う不愉快の気分」だけをとりあげ、この気分を、威嚇《いかく》的な振る舞いや表情をともなうことが多い「立腹や苛立《いらだ》ち」とか、「外界に対する敵対的な緊張が蓄積される」、といったことによって特徴づけている（S. 47, 三一頁）。しかし、青年期や壮年期には詩的感受性へと高められる憂いとは異なり、年齢を重ねるにつれて、人生のいわゆる表と裏を知りつくしたため、運命に身をまかせながらも、その運命を自分で引き受ける覚悟がそなわった、重層で繊細《せんさい》な哀しみもあるはずである。

哀しみにおけるこうした三つの気分が相互にかなり異なることは、それぞれの時間意識がこれら三つの気分のあいだで異なっていることからも、明らかとなる。

哀しみにおける時間意識　詩的感受性へと至る場合もふくめ、そこに至る以前の哀しみである憂いでは、それが外界の印象と共鳴するため、時間感覚は、外界が示す気分の色合いの変化にある程度対応したものとなる。たとえば、冷雨《ひさめ》がつづくあいだは、心も凍《い》てつくような哀しみの気分が、夜も更け冷雨の音も聞こえなくなるほどの静寂《しじま》があたりを支配してくると、哀しみの程度もいっそう高められる。ところが、一晩そうした哀しみの気分にひたっていても、夜が明け部屋に日が差しこんでくると、哀しみの気分はいくぶんかは弱められ、なにか希望が湧いてくるような気分が、心にも差しこんでくる。たしかに、たとえば朝の風景は快活でいくぶん緊張感をおびた気分に、夕方の風景は疲労感をともなういくぶん弛《し》緩《かん》した気分に色づけられる。こうした外界の変化に応じて気分も変化することは、自分の気分に多少敏感になれば、日常的にも容易に体験できる。しかし、憂いとしての哀しみは、こうした変化に対して、人間をかなり感受性豊かにしてくれるのである。

不愉快の気分では、なにをやってもうまくいかないことから典型的に明らかとなるように、自分がしたことの結果を、結果の内容だけではなく、時間的にも直接とらえようとする。そのため、時間が早く経過するのではなく、これから来るであろう時間を自分の方から性急に呼び寄せるため、時間は、あたかも〈せっつかれる〉かのようにかりたてられる。そのため、こうした気分にある人間に対し、まわりの人は、不愉快がいつ爆発するかと心配になるのとは異なり、当人には、感情のこうした爆発でさえ、がまんを重ねてきた結果でしか、つまり十分に時間をかけてたえてきた結果でしかないのである。

重層で繊細な哀しみでは、詩的感受性へと至る憂いとは異なり、時間は静かに、そしてゆったりと経過していく。子どもにとっては時間が早く経過するため、彼らは、なんらかの活動をしていないと、むしろ不愉快となるように、時間の流れにともない外界がつねに変化していくことを求めつづける。他方、年齢をかなり重ねた人間が哀しみにひたっているときの時間は、ゆったりと経過していく。こうした哀しみにおける時間感覚の根底にある時間意識の特徴は、憂いとしての哀しみとは対照的に、外界の変化に気分が直接対応しない、ということにある。というのも、こうした気分にある人間には、子どもとも、また青年期や壮年期の人間とも異なり、外界の対象や出来事や、それこそ気候や天気さえもが、その人間がこれまで生きてきたなかで蓄積されているさまざまな経験を反映しながら、現われてくるからである。その色合いは、多くの場合、さほど華やかな色調をおびることはないであろう。むしろ、こうした人間の表情には、いわゆる〈いぶし銀〉と比喩されるような独特の輝きが認められる。

こうした人間は、外界の現われやその変化に共鳴するよりも、外界の現われやその変化を、その人間の内面に蓄積された経験に共鳴させる。たとえば、目の前で無邪気《むじゃき》に遊んでいる孫の姿は、かつて自分の子どもが遊んでいたときの親としての経験によって色づけられることにより、自分はその孫の成長には今後それほど長い期間にわたって立ち会うことができない、という哀しみと共に、自分には立ち会えないその孫のこれからの成長が、自分の子どもでもあるその孫の親のこれまでの成長を介して、実感される。こうした人間にとっては、孫の無邪気な遊びは、仏教で心のあるがままにまかせて自在に振る舞うことを意味する、遊戯《ゆげ》のように現われているのかもしれない。あるいは、こうした人間は、晩秋の収穫後の田畑の荒涼とした風景にひたるときには、もはや自分は収穫に与《あずか》れない哀しみと共に、かつては自分が農作業をしてきたときの豊かな収穫の想いに共鳴するかのように、これからも自分の子どもや孫たちによって毎年同様の収穫が期待されることに望みをたくしているのかもしれない。そのため、たしかに、こうした哀しみには、静かで落ち着いた幸せの場合といくぶん似た、ゆったりと流れる穏《おだ》やかな時間感覚がともなわれる。しかし、それと決定的に異なるのは、この重層で繊細な哀しみでは、もはや未来がそれほど開かれていないため、外界の時間の流れに共鳴することができにくくなる、ということである。このため、その表情に刻みこまれた身体的な皺《しわ》と同様、この哀しみにひたっている人間は、外界の時間の流れにいわば奥深い襞《ひだ》を刻みこませることによって、時間の流れをとめたり、時間をゆったりと流れさせ、生きられる時間をより長く感じられるようにしているのではないだろうか。

すでに本章第1節2「奥行の生」(三〇頁) で探ったように、顔の表情も心という内面が外在化されたものであるかぎり、そのつどの出来事に深く関わることによって自己触発される奥行の生は、気分や感情に微妙な綾を授け、このことが表情や振る舞いへと外在化されるのであった。そうである以上、重層で繊細な哀しみにひたっている人間の顔の皺は、歳をとることによって生じるだけの、たんなる身体的な特徴であるだけではない。さらには、その人間のこれまでの長年にわたる人生でこうむってきたさまざまな出来事にさいし、そのつど外在化された表情が奥行の生に襞として刻みこまれたものの蓄積が、身体的な皺にも反映しているはずである。そうであるかぎり、こうした人間の顔に刻みこまれた皺のひとつひとつには、いわばそれまでに送ってきた人生の時間も詰《つ》めこまれており、そのつどの〈今現在〉は、こうした時間によって厚みをそなえているのではないだろうか。

不幸せ　昂揚した気分における幸せの対極には、なにもかもが「陰鬱で」、世界は「灰色」に見えるような不幸せの気分があげられるが（S. 47, 三二頁）、ここでもやはりさまざまな気分がある。たとえば、「人間を不愉快にし、つねになにか軽蔑《けいべつ》的なものをふくんだ、つまらない心配」でもって人間を委縮《いしゅく》させる不幸せがある（S. 47, 三二頁）。他方では、「人間〔の心〕をとらえ気高《けだか》くしてくれる深い傷心《しょうしん》」や、「控えめでしばしば誇り高い悲哀」や、「人間の心を秘かに苛《さいな》む悲嘆」や、「偉大な宿命への畏敬《いけい》の念をいだかせるものをたずさえている」（S. 47, 三二頁）不幸せもある。最後にあげられた不幸せは、ある程度の年齢になればだれでもが、大きな不幸せをのりこえた人間がその不幸せを糧にして偉大な人間になっていくこととして、自分の身近で経験しているであろう。

しかし、本人の努力や精進《しょうじん》にもかかわらず、「永続する不幸せは、人間を委縮させる」（S. 99, 七七頁）ことになりかねない。こうした気分に長くひたっていると、〈なにをしてもうまくいかない〉、という諦めの気分に支配され、生活力が失われ、いわゆる厭世《えんせい》的な気分におちいる場合もあろう。そのためかボルノウは、こうした不幸せに関しては、「惨《みじ》めな」とか「弱々《よわよわ》しい」といった、ネガティヴな言葉でもってしか記述していない（S. 100, 七七頁）。たしかに、こうした不幸せにおいては、さまざまな出来事は、永続する不幸せのくりかえしとしてしかとらえられない。そのため、時間は展開することなく、たとえ、昨日から今日へ、今日から明日へと移行しても、あるいは、朝から昼を通過し夜に至っても、不幸せの気分にひたっている人間にとっては、日々や時間が展開することにはならず、時間さえも、伸びを欠いたものへと委縮してしまう。

しかし、永続する不幸せを健気に受け入れる人間がいることも事実であろう。そうした人間には、不幸せをものともしない逞《たくま》しさがそなわっており、その人間の生き方は、その人間に接する者に勇気と畏敬の念をいだかせるほど、輝いている場合さえある。というのも、こうした人間は、永続する不幸せを打ち破り、時間を自分で展開させたからである。こうしたあり方の典型としては、たとえば、当時は隔離政策がとられていたハンセン病患者と共に生活した、精神科医である神谷美恵子（1914–1979）の『生きがいについて』で、発病によって失われた〈生きがい〉を再び見出していくさいの、苦悩とその克服が描かれている人間のあり方をあげることができるであろう。

以上の消沈した気分に並置されるものとして、ボルノウは、退屈《たいくつ》をあげ、さらには上述した喜びと哀しみとの区分にはおさまらない気分として、不安と絶望をあげている。

ⅲ 退屈

飽き飽きした退屈　退屈は、一見すると、「しばしば持続する変哲のない色あせた無気分」であるように思われるにもかかわらず、じつは、私は、「そうした気分のうちで、自分自身に飽き飽きしている」（Heidegger, 1927, S. 134, Ⅱ一三頁）。ボルノウも述べているように、退屈なとき、「生の色彩は霧のなかでのように色を失う」（S. 64, 四六頁）だけではなく、世界と意識も単調なまま変化せず、そうしたあり方をしている自分が自分自身にとっていやになるほど飽き飽きしている。こうした退屈においては、充実した生を営めないため、生存感は空虚で希薄なままにとどまり、外界だけではなく、自分の心にもとりたてた事件は起こらない。このときの時間は、その内容をともなわないまま流れ過ぎるだけである。そのため、或る人の到着や出来事の生起を「ただ空しく待つ状態では、たしかに時間は無限にゆっくりと忍び去るが、しかし思いだしてみると、この空しい間隔はふたたび縮まってくる」(S. 173f. 一三七頁)、という奇妙なことが生じる。こうしたときには、外界ではなにも生じないからこその、つまり外界からはなんの音沙汰《おとさた》もないための〈手持ちぶさた〉が、まじりけのない純粋な自分のそのときのあり方を、自分自身に飽き飽きするほど知らしめてくれる。しかし、このあり方にはなんの内容もともなわない。そのため、なにかやだれかを空しく待っているときには、自分の存在によってのみ満たされつづけるだけとなる。退屈している人間の時間は、なにかやだれかが到来しないため、その人間自身の存在によってぎっしりと詰まっているのに対し、それが思いだされるときには、そこにはとりたてて外界からはなんの音沙汰もなかったことが、明らかになるのである。

深い退屈　こうした仕方で、自分自身の存在によってぎっしりと詰めこまれているにもかかわらず、その存在がなんら特別な内容をともなっていないため、退屈している人間がこの退屈を自分で受け入れる場合には、特定の物に注意が向けられることがなくなり、外界の出来事を全体として眺めることができる場合がある。このときの退屈は、上述したような、なにかやだれかの到来をただ待っているときや、読んでいる本や見ている映画や出席している講義や参加している会議の内容に飽き飽きしているときの退屈とは異なる。こうした退屈は、自分の存在そのものに飽き飽きしており、ハイデガーのいうように、「その人になんとなく退屈である」(Heidegger, 1969, S. 31, 四五頁)。他方、退屈自体を受け入れ、そのために外界の出来事を全体として眺められる退屈は、ハイデガーによって深い退屈と呼ばれているように、退屈していることが特定の物や出来事や人間に限定されていないため、世界自体をとらえることを可能にしてくれる。というのは、「深い退屈は、……すべての物や〔他の〕人間と、それらと共に或る人自身をいちじるしい無関心のなかへと一緒に押し入れる」からである(ebd., 同書、四六頁)。こうした深い退屈では、退屈がもたらす霧のような雰囲気に自分自身も溶けこまされてしまう。その結果、自分はおろか、なにものにも関心をもっていないため、自分をふくめたすべてが同じ妥当性をそなえるようになり、自分に固執することなく、世界自体の現われに出会うことができるようになる。こうしたことからすると、深い退屈は、坐禅における無我《むが》の境地にかなり近いのではないだろうか。

あるいは、深い退屈では、ハイデガー自身が、人里を離れ、彼が引きこもった山小屋でおそらく味わったであろう、〈静寂の声〉が、つまり、音なき声が聞こえてきて、その音に包みこまれることによって、すべてを見わたしてくれるような気分に身をまかせることができるのではないだろうか。もしもそうであるならば、たとえば上述した、重層で繊細な哀しみの気分にひたれるようになった人間が、なにをすることもなく日当たりの良い縁側に座って庭の景色をただ眺めているときには、庭にある個々の物にとらわれることなく、その景色の背後にある世界と通じ合っているような深い退屈を享受している、という可能性はけっして否定されえないであろう。というのも、世界内の特定のものや事柄にとらわれることがないため、このときに通じ合っている世界は、その人間のこれまでの人生が凝縮された厚みと深さを反映しているからである。

iv　不　安

ボルノウの問題点　ボルノウは、絶望と同様、不安は、「人間を……彼の生活関連の通常の安心の外へと追いだしてしまい、その結果、すべての理性的熟慮が押さえつけられてしまう」(S. 48, 三三頁)とし、…不安になると、「生命感情が全体として支離滅裂《しりめつれつ》になる」(S. 49, 三三頁)、とみなしている。しかし、次に探ることになる絶望の場合だけではなく、不安の場合にも、ボルノウのいうような状態とは根本的に異なることが生じているはずである。というのは、たしかに恐怖においては、ボルノウの記述しているような状態に人間がおちいらされるであろうことは、我々にも実感できる。しかし、不安においては、すでに本節のはじめの「気力と感情との違い」(三六頁以下)でボルノウと共に気分について一般的に述べたように、我々は、なんらかの対象や出来事や人間に対して不安になるのではなく、なにが原因かもわからないまま、不安になる。そのため、我々は、恐怖の対象から逃れようと試みることができるのに対し、不安においては、〈それ〉や〈そこ〉から逃れようとするさいの、〈それ〉や〈そこ〉にあたるものがない。ハイデガーのいうように、不安の対象は、「なにもないものであり、どこにもないもの」(Heidegger, 1927, S. 186、Ⅱ一三七頁)でしかない。そうであるからこそ、不安においては、自分の存在の根拠や支えが非常にもろくなっていると感じられ、「居心地の悪さ」や「不気味さ」(a.a.O., S. 189, 同書、一四二頁) がつきまとうことになるのである。

しかも、居心地の悪さや不気味さをもたらすものがなにであり、どこにあるかがわからないまま、自分の支えが非常にもろくなっているため、不安は底なしとなる。不安においては、「脅威を及ぼすもの」が、「胸を裂き、人の息をふさぎとめるほど近くにありながら、どこにもない」(a.a.O., S. 186, 同書、一三七頁)。不安になると、人間は、世界からだけではなく、他のだれかからもひとりぼっちになり、まさに身を縮めなければならない。このことに対応して、世界も、自分のまわりに限定されるほど、狭くなる。この点では、ボルノウも認めているように、不安になると人間は、「いわば自分のなかへと閉じこめられ」、「内向的気分の状態へと移し入れられている自分に気づく」ことになる (S. 98, 七五頁)。また、自分を支えることができないため、たっていることさえ辛《つら》くなり、床に座りこんで、自分で自分自身を抱きしめたり、かなり強い不安におそわれたときには、自分の胸を掻《か》き毟《むし》り、縮みあがり胸苦しくなっている自分を、象徴的な仕方でしかないが、なんとかしていくらかでも広げたり、開いたりするのであろう。

不安と恐怖との違い　不安においては以上のことが生じているかぎり、ボルノウのいうような、理性的熟慮が押さえつけられたり、生命感情が支離滅裂になる、といったことは生じていないはずである。恐怖においては、自分がいまだ拠りどころであるため、恐怖の対象から逃れようとする。しかし、場合によっては、逃れれば逃れるほど恐怖感が高められるため、ボルノウのいうように、理性や感情が乱され、自分を失い、状況を見誤り、結果として、恐怖を起こさせるものに自分から近づいてしまう、といったことさえ生じる。しかし、不安においては、恐怖においてとは異なり、自分が自分にとって拠りどころとならない。そのため、たとえ不安にかられて〈いてもたってもいられない〉ほど忙《せわ》しなく振る舞っているようにみえても、むしろかえって、支えのない自分の存在を見つめなおしている落ち着きが、不安には同時にひそんでいる。そのため、恐怖の表情が自分を喪失したようなものとなるのに対し、不安の表情は、たとえ落ち着きなくみえても、自分を見失ったものではない。恐怖の場合は、目が極度に見開かれるのに対し、不安に満ちた眼差しは、落ち着きなくあたりを見まわしているときでも、それは不安の対象を見つけられなかったり、支えをどこかに見つけたいためのものであるかぎり、不安における振る舞いや表情は、支えなく自分自身に縮こまっている自分の存在それ自体を実感していることの現われなのである。

v　絶　望

常識における絶望との違い　絶望については、ボルノウ自身は、それが不安と同様の事態を人間にもたらすとし、不安と同様の気分としてしか記述していない。しかし、両者はかなり異なる気分であるとみなせるため、ここでは、うつ病に悩まされている患者の内面を現象学的に解明している、精神病理学者であるフーベルトゥス・テレンバッハ（1914–　）を手がかりとしたい。

日本語では、絶望とは、文字どおりには望みを断たれることを意味し、たとえば、〈すべての望みが断たれたので、あの人は自分の命を自ら断ったのだろう〉、といったいい方がされている。しかし、テレンバッハは、「厳密には、絶望は、希望のないことや自暴自棄《じぼうじき》ではない」(Tellenbach, S. 144, 二九七頁)、という。

テレンバッハによれば、「絶望とは、……どっちつかずの状態、つまり二者択一の交替であり、そのため、最終的な決断には到達できない」あり方であり、「この二者択一の交替に引きとどめられることである」(ebd., 同所)。たしかに、この解釈は、一見すると、日本語やドイツ語の絶望にはあたらないように思われる。しかし、テレンバッハの解釈は、以下で彼と共に探るように、表情の感受性を豊かに探るための貴重な示唆ともなっている。

絶望の〈どん底〉 〈すべての望みが断たれたので〉、あるいは、〈生きていたって、辛いばかりで、良いことなどありはしないのだから〉、といったことから自分の命を断つ人は、一見すると、残された人にとっての遣《や》り切れなさや深い哀しみをともなったショックなどを考慮できないほど自暴自棄になっていた、と思われがちである。しかし、絶望した人間の上述の述懐は、たとえそのとらえ方が妥当なものではないとしても、その人間なりの仕方で自分自身の生をとらえている。そうした人間は、ことの良し悪しは別として、少なくとも、現在の状況から逃れることを望んでいるため、文字どおりには、すべての望みが断たれているわけではない。むしろ、〈自分で死ぬ気力さえなくなっていた〉という述懐の方が、絶望が本来どのような心のありようかを語りだしてくれている。というのは、そうした述懐をする人間は、「生きることもできず、さりとて死ぬこともできないことに悩み苦しんでいる」（ebd., 同所）からである。こうした人間は、生きることからも、死ぬことからも、「引き裂かれている状態」にある（ebd., 同所）。こうした人間にとっては、すべてのことから遣り甲斐《やがい》が失われるのではない。そうではなく、なにをやってもその結果の自分にとっての意義が強く疑われてしまうため、先に進もうとしている自分が、強く疑っている自分自身によって引きとめられてしまう。テレンバッハが事例としてあげている絶望している患者は、「〔なにかを〕したい想いとしたくない想いとのあいだでどっちつかずの状態が、私の神経を引きちぎるような感じでした」（a.a.O., S. 147, 同書、三〇二頁）、と述懐している。すると、絶望することは、この患者の言葉を借りると、「……しだいに〔あっちとこっちのあいだで〕板ばさみになってしまい、底の方に沈んでしまって、もはや浮かびあがれなくなってしまった」ことなのである（a.a.O., S. 146, 同所）。深い絶望におちいっている人間がしばしば発する、〈絶望のどん底につき落とされた〉という言葉も、この患者と同様の事態を語りだしているのであろう。

絶望における時間意識　通常我々は、なんらかの企てを実現するために時間の順序に従って、実現に至るまでの手立てを講じる。他方、絶望している人間の場合は、絶望から抜けだすために考えられうるすべての可能な企てが、当人にとって強く疑われる。そのため、その人間自身が、実現に至るまでの手立てのすべてに自分で「邪魔《じゃま》をする」ことになる（ebd., 同書、三〇一頁）。はじめのうちは、特定の二者択一の交替によって先に進めなかっただけなのに、こうした二者択一の交替がすべての企てへと急速に広がっていき、自分のすべての企ての二者択一の交替に拘束され、自分によって自分の身動きがとれなくなる。つまり、どん底からはいあがれなくなってしまう。比喩的に述べれば、蟻地獄《ありじごく》に落ちこんだ昆虫がそこからはいあがろうとすればするほど、その行為自体によって、砂が崩れて底に引きもどされるのと同様のことが、つまり文字どおり〈悪足掻《わるあが》き〉が生じてしまう。そのため、さまざまな企てやその実現に至る手立てのすべてが、時間の流れに即することなく、その人間を同時におそうことになり、時間意識も「散乱状態」(ebd., 同書、三〇二頁)になってしまう。

ニヒリズムとの違い　以上で述べたようなあり方をしているため、絶望している人間は、ニヒリズムの感情におちいっている人間が、外界のすべての出来事の意義を疑っているのとは異なり、自分のすべての企てや、自分でしたいことの意義を強く疑いながらも、心のどこかで、一抹《いちまつ》の望みをいだいている。真理や道徳的価値を認めようとしない虚無的な態度にともなうニヒリズムの感情をいだいている人間は、疑いの感情を自分では確信しているため、その人間の表情には、外界の出来事が自分にはどうでもいいことであるといった、冷《ひや》やかさがただよっている。他方、絶望におちいっている人間は、上述したように、自分の企てが自分自身によって邪魔されていると感じているため、絶望の原因を外界や他者のせいにすることがない。そのため、絶望している人間の表情には、ニヒリズムにひたっている人間の表情とは異なり、冷《ひや》やかな冷《つめ》たさはみられない。むしろ、疑いを強くいだいている人間と同様の表情をしながらも、一抹の希望にたくするような、すがるような想いがただよう。たとえば、そうした人間の表情には、先に進もうとしては自分によって引きもどされることに対するもどかしさがともなう。しかし、しばしば観察されるそうした人間のいくぶん上目遣《うわめづか》いの視線には、なんとかして希望を実現したいという、一抹の想いが遣《つか》わされているのであろう。そうである以上、こうした人間の一抹の想いをまわりの人がとらえられないと、両者にとっての悲劇が生じてしまう。しかし、だからといって、こうした人間のいわゆる〈SOS〉を感受するのは、世間が要求するほどには、たやすいことではけっしてないのである。

蛇足になるかもしれないが、テレンバッハによる絶望のこうしたとらえ方からは、現象学が、常識をこえて、人間の奥底にひそんでいるあり方を、その人間自身の言葉を手がかりとしながら、我々にも明らかにしてくれる、ということが導かれるのである。

vi　理論的思考における気分

本節の最後に、いわゆる理論的な態度にともなう気分について、探っておきたい。

たとえば学術本を読んでいるときには、いわゆる気分に左右されることなく、そこに書かれている事柄を落ち着いて冷静に考えているため、一見すると、気分を脱したあり方をしているかのように思われる。しかし、冷静に、というのも、やはりひとつの気分のあり方であり、このことは、理論（＝セオリー）を意味する欧米語が、ギリシア語では観照《かんしょう》を意味するテオリアであることからも、間接的にうかがわれる。

それどころか、気分が昂揚することにより、認識や思考力が高められるだけではなく、その解明力が高められ開かれることさえ、しばしば生じる。ボルノウもいうように、「昂揚した気分は理解を容易にし、新しい内容を開示する」だけではなく、「質的に新たな種類の、その気分に独特の仕方で属している認識をも可能にする」（S. 126, 九九頁）。他方、批判的感情においては、意識は批判されようとしている対象や事柄にしか向かっていない。そのため、このときの思考や認識は、それが向けられている対象や事柄にしか関われず、そのときの意識は閉ざされている。たしかに、理論的思考においても、それが淀《よど》みなく対象や事柄の本質にせまっているだけでしかないため、すべてがうまくいっているときの気分と、解明力を高めるほどの昂揚した気分とのあいだの移行は、その時々の思考や認識の歩みによってさまざまであろう。しかし、いずれの場合でも、昂揚した気分における思考は、批判の成果や、それによってもたらされる優越的な感情などにはわずらわされることがない。しかも、昂揚した気分にある人間は、いわゆる功利的に目的へと向かっているのではないため、そのときの対象や事柄は、安心と落ち着きをそなえて現われてくる。昂揚した気分で理論的に思考したり認識しながら、その「人間自身が自分自身に安心させられるようになる瞬間には、彼は放下《ほうげ》（＝すべてを投げすて執着しないこと）しながら物事をそれ自体に即して近づけさせ、その物事自体の中心からそれを見ることができる、ということを感じる」ようになり、対象や事柄に固有の本質が、その人間に「開かれてくる」（S. 127, 一〇〇頁）のである。

他方、批判的感情においては、上述したように、認識や思考は批判される対象や事柄や人物へと向けられているため、その感情が向かっている範囲は限定されている。しかも、批判だけに終始することによっては、新たなことが開かれてこない。そのため、場合によっては、ボルノウのいうように、「批判的に検討することは、……消沈した気分の課題である」（S. 126, 九九頁）ことになる場合もあろう。あるいは、批判するという目的を達したため、そこでとまってしまい、優越感にひたるだけで満ち足りてしまう気楽な満喫で終わってしまう場合も多々あるはずである。しかし、批判が昂揚した気分でなされ、その結果、批判以前には現われてこなかった事柄の本質が見えてくるならば、そのときの批判も開かれた豊かなものになる、ということもあるのではないだろうか。

このように、理論的思考や認識においても気分が深く関与しているかぎり、気分の豊かさと深さは、たんに世界や物の現われを豊かに色づけたり、人間の生を奥行のある豊かなものとするだけではなく、理論的思考や認識さえをも豊かに高めうるのである。

以上、本節では、主としてボルノウと共に気分のあり方と、それにともなう身体的振る舞いや表情について、時間意識の観点をまじえながら探ってきた。この結果、気分は、そのつどの〈今現在〉の〈今いるここ〉での人間のあり方として、自分自身にそれとなく感知されていながらも、同時に、世界の現われと密接に関わっていることが明らかとなった。しかし、本章第1節2「奥行の生」（二一九頁以下）で探ったように、人間の振る舞いや表情は、〈今現在〉の〈今いるここ〉での内面的なものの身体への外在化でもあった。そこで、次章では、自分の場合とは異なり、身体の外在化に顕在的に私が立ち会うことができる、他者の表情の知覚においてはどのようなことが生じているかについて探りながら、表情を豊かに深くとらえるとはどのような事態であるかについて、探っていきたい。

注

(1) 第1節「現在の根源性」は、「現象学における『いま、ここ』について」(『人間性心理学研究』二五巻第二号、二〇〇八)を、本書の趣旨に沿って大幅に加筆・修正したものである。

(2) 自分自身の体験へとふりかえることによって、それがどのようなものであったのかを解明することは、現象学にとっては重要な課題となる。しかし、こうした仕方で自分自身をとらえることは、自分の生を豊かにとらえる側面をそなえていると同時に、その限界もフッサール以後の現象学者によって指摘されている。本書では、自分自身へとふりかえる反省を介した生の豊かなとらえ方とその限界が、哲学としての現象学とは異なる観点から、とらえなおされることになる。とくに第2章第2節2のⅲ「自分自身に閉じこめられた反省」(一一九頁以下)では、日常的な意味での反省も、自分自身へとふりかえる反省のひとつのあり方でありながら、この反省に独特の豊かさと限界が探られることになる。

(3) 本節にかぎり、ボルノウの『気分の本質』からの引用にさいしては、ドイツ語原典と邦訳書の頁数のみで、出典箇所を指示する。

(4) 仕事に精をだしているときの気分は、第2章第1節3のⅰ「作品となることによる自己疎外」(八七頁以下)で、仕事に打ちこむという観点から、とらえなおされる。

(5) 以上のことからはさらに、いわゆる楽しいときの時間は早く流れるように感じられ、空しいときの時間の流れは遅くなるように感じられる、という尺度の不十分さが明らかとなる。

第2章　私と他者との豊かな関係

日常生活における私と他者との関係のあり方は、両者の性格や、すでにきずかれている両者の関係などによって規定されている、私的で個人的なもの、とみなされることが多いようである。しかし、私と他者との関係は、人間同士の関係であるかぎり、私的で個人的な関係には還元できない、固有の豊かさと深さをそなえているはずである。

そこで、本章第1節では、我々によって日常的におこなわれている、私が他者を理解するさいに生じていることについて、探りたい。そのうえで、現象学においては他者理解の根底にあるとされる、フッサールによって思索されている感情移入論を本書の立場から再検討しながら、他者を理解することと、日常生活での他者との人間関係のあり方について探りたい。その結果、フッサールがいうところの感情移入による他者経験は、自分の経験に基づく他者理解であることを明らかにし、その豊かさと限界を探る。第2節では、他者の〈おかげ〉で、私の身体を豊かにとらえられるようになったり、私自身のあるがままのあり方を実感できるようになることを、明らかにしたい。このことによって、自分自身に閉じこめられた反省から解放されることによる、自分の限界をこえる可能性について、探ることにしたい。

第1節　感情移入の豊かさと限界

表情の感受性という観点からすると、我々人間の日常生活のすべてが、身体活動と一体になって生じている、ということから出発することが、本書にとって重要な視座を与えてくれる。というのは、第1章第1節2「奥行の生」（三〇頁）で探ったように、自分の身体的振る舞いや表情は、たとえ自分では直接とらえられないとしても、内面で生じていることの身体への外在化であるため、身体活動こそが、情感をおびた我々の日常生活を生みだしているからである。そして、本節で詳しく探るように、自分にはとらえられない〈今現在〉の〈今いるここ〉での私の気分や感情といった情感が、身体への外在化を介して、他者に顕在化されることになる。そのため、私のことを顕在的にとらえている他者の振る舞いや表情を私の方でどのようにして豊かに深くとらえられるかが、私の感受性に対応していることになる。

そこで、本節では、表情の感受性という観点から、他者の表情を私がとらえるさいに生じていることを、まず探りたい。

1　心と身体との一体的生起

表情の豊かさ　すでに第1章第1節2「反省と日常生活」（二九頁）で簡単にふれたように、家族と歓談したり、対話を楽しくかわしながら食事をしているときと、自分の部屋でひとりで黙々と食事をしているときとでは、たとえ同じものを食べていたとしても、言葉を発しているか、いないかだけではなく、〈生き生きとした〉とか〈空《むな》しい〉といった言葉で表わされるような、身体の動きにともなってただよってくる雰囲気さえもが異なっている。このことは、そのつどの〈今現在〉の〈今いるここ〉での心のありようが、それが外在化されている身体活動と一体となっている、ということを意味している。

あるいは、〈目は口ほどにものをいう〉という言葉は、以上のことから補足すれば、身体の一部である〈目は心のありようを言葉と同様の仕方で表現している〉、といいかえることができる。心のありようと身体活動とのこうした一体性は、上述した食事の場合のように、身体の動きをともなっているときだけではなく、ロダンの「考える人」において典型的なように、沈思黙考しているため身体の動きがないときにも、その思考内容や深さに応じた身体の姿勢がとられるように、あらゆる日常的な活動についてもいえる。しかも、心と身体とのこうした一体的生起としての表情は、〈今現在〉の〈今いるここ〉の場合にのみいえることではなく、或る人間の活動傾向や性格や信条といったものの、あるいはその人間の生まれや生き方そのものの表現ともなっている場合さえある。たとえば、幼い子どものあどけない笑顔には、その子どもの純真さが、未来に希望をたくしている青年の表情には、いくぶんかの不安をともないながらも活力と躍動感が、なにげない子どもの振る舞いに〈目を細める〉親の表情には、子どもを慈《いつく》しみつつその成長を心から願っている想いが、誇りと自信をもって自分の仕事にたずさわっている働き盛りの人の表情には、思慮深さと誠実さが、かなりの年齢を重ねた人の表情には、それまでの人生が充実したものであったこと等々が、その人間の表情に豊かに刻みこまれているのである。

こうしたことからは、個々の人間の〈今現在〉の〈今いるここ〉での表情には、たんにその人間の或る瞬間における心のありようだけではなく、その人間の生き方に応じた豊かさと深さがそなわっている、ということが導かれる。と同時に、これらの表情には、当人の感受性だけではなく、それを読みとったり感じとる他の人間の感受性が関わってきているのである。

たしかに、まわりの者を気遣って、あるいは自分自身の気分を変えるため、心とは一致しない身体の使い方や表情をあえてするときもあろう。しかし、このような仕方で心のありようと身体活動とを一致させないようにと試みるのは、そもそも心と身体は一体となっていることを前提としているからである。

他者と私自身にとっての私の心と身体の現われ　表情という言葉を、顔の表情だけではなく、身体的振る舞いや姿勢や動きや、いわゆる身のこなし方を含めた、広い意味での身体活動にも使うならば、以上で述べたことからすると、身体の表情は、個々の人間の内面的な心のありようが身体的な表現となっている、といえることになる。しかも、第1章第1節1のi「反省と反省以前の触発」(一〇頁以下)で詳しく探ったように、身体の表情は自分では直接とらえられないにもかかわらず、身体の表情として表現される心のありようは、自己触発されることにより、そのつどの自分のあり方としてそれとなく感知されているのであった。他方、私の表情は、他者には視覚によって顕在的に知覚されるとしても、それが、いわば心のありようが外に現われたもの、つまり内面の外在化されたものであるかぎり、心のありようは、他者には感覚器官を介して直接知覚できない。私の内面は、気分として私にそれとなく感知されているだけではなく、同時に、そのつどの〈今現在〉の〈今いるここ〉での私のあり方そのものであるのに対し、私の身体的振る舞いや表情は、私自身には顕在的にとらえられていない。他方で、私の身体は、他者には顕在的に知覚されているが、私の心のありようは私の内面であるため、他者には直接知覚されえない。しかし、人間の内面で生じていることと、それが外在化されている身体活動とが一体的に生起しているかぎり、人間の内面である心のありようとそれの外在化である身体活動は、いわば同じ出来事の裏と表になっている。あるいは、内なる心が外へと滲《にじ》みでてきて、感覚器官によって他者に直接知覚できるのが身体の表情である、といえる。たとえば、表である身体的振る舞いや表情から、裏である他者の心が読めないときには、〈腹を探る〉という言葉が使われる。本節ではまず、こうした〈腹を探る〉ことの前提ともなっているところの、身体と心との一体的生起について、表情の感受性という観点から探ることにする。

心と身体との一体的生起を感受性という観点から探るのは、上述したように、自分にとっては、心のありようの確からしさと自分の身体的振る舞いや表情のとらえ難さに対し、他者にとっては、顕在的であるために私の身体の現われの確からしさとその身体に外在化されている私の心の現われの間接性という、自分と他者にとって、心と身体のあり方や現われのあいだにいわば逆転があるからである。この逆転している事態こそが、自分にとっても他者にとっても、表情の感受性に関し、微妙であるが非常に大きな問題をはらむことになる。

そこでまずは、他者本人には直接とらえられない他者の身体的振る舞いや表情から、他者の心のありようを私がとらえるさいには、どのようなことが生じているかを探りたい。

2　感情移入と他者の表情

ⅰ　感情移入の問題点

フッサールの感情移入論　他者がなにをどのように経験しているのかは、上述したように、他者の内面で生じていることであるため、私には直接知覚できないのであった。そのため、他者の経験を私がとらえるためには、一見すると、他者の立場にたつ必要があるように思われてしまう。あるいは、他者の感情や想いに引きこまれるかのような仕方で、他者の心のありように私の心のありようが一致することが、必要であるようにも思われてしまう。しかし、日常的にあたりまえのようになされていると思われている、こうした他者経験においては、それが他者の内面で生じていることをとらえることであるかぎり、かなり複雑なことが生じているはずである。そのため、こうした複雑な他者経験がどのようにして我々に可能となるのかを明らかにすることは、他者の表情や身体的振る舞いを豊かにとらえるための、貴重な視座を与えてくれるはずである。そこで、他者経験がどのようにして可能となるのかを、哲学的に徹底的に解明しているフッサールの思索を、まずは手がかりとしたい。

私が物体としての他者の身体を知覚すると、それと私の身体とのあいだの類似性に基づき、それらのあいだで意味の移し合いが生じ、私の身体の意味に基づいてその物体が他者の身体として私に知覚される。しかし、こうした仕方で他者の身体が知覚されるさいには、他者の身体的振る舞いと私の身体的振る舞いとの類似性がまずとらえられ、私の身体的振る舞いには私の特定の心のありようが対応していることに基づいて、他者の身体の背後にも、やはり私の心のありように相応する他者の心のありようが隠されているはずだ、といった類比的推論を働かせることが生じているのではない。他者の身体を知覚すると、私は、こうした類比的推論を介することなく、他者の身体活動と類似した私の身体活動にそなわる意味に基づき、たとえば〈歩いている〉とか、〈座っている〉といった意味を他者の身体活動に重ね合わせる。あるいは、たとえば、他者の怒《いか》りの表情から、私の怒りとの類似性に基づいて、他者の怒りそのものを私は一挙に把握するのである(1)。

しかし、日常生活における我々の他者経験からしても、他者がそのつどどのような経験をしているのかをとらえるさいに、フッサールのいうように、たとえ類比的推論や思考作用を介することなく他者の経験内容がとらえられようとも、他者の経験は、かつての似たような状況における私自身の経験を頼りにするしかない、と考えられる。そのためフッサールも、たんなる身体活動の意味だけではなく、その活動における内面的な経験としての他者の「より高次の心の領域は、……似たような状況における私に固有の振る舞いから理解できるような仕方で、たとえば、〔他者の〕怒っていることや歓んでいることなどの外的振る舞いとして、身体的に……〔私に〕指し示される」(Husserl, 1950, S. 149, 二一四頁)、という。こうした仕方で自分の経験に基づいて他者の経験を把握する作用に、フッサールは、感情移入とか自己移入と訳されるドイツ語をあてている(2)。

感情移入における他者経験の特質となっているのは、他者の身体的振る舞いや表情は私に直接顕在的に知覚されるが、他者の内面で生じている経験自体は私には直接とらえられない、ということである。

このことは、本書のここまでの歩みからも、そしてなによりも我々の日常的な経験からも、容易に受け入れられるであろう。そのため、フッサールもいうように、他者の身体がどのような振る舞いをしつづけるかを知覚し、こうした一連の振る舞いがそれに相応した内面の現われとしてとらえられつづけるかぎり、感情移入によってとらえられる他者の内面は、私にとってある程度の確からしさをもつことになる。フッサールの言葉を使えば、「あたかも私が〔他者の今いる〕そこにいるときのように」(a.a.O., S. 148, 同書、二一三頁)という仕方で、つまり〈私が他者の立場ならば〉という仕方で、他者の経験内容が間接的に私に現われてくることになる。たとえば、或る人が車の往来の激しい横断歩道の前でたちすくんでいるのを見たならば、私は、その人が横断歩道をわたりたいが、車がその手前で停車してくれないため、困惑しているのであろう、ということを、なんらの推論を介することなく、かつての自分の経験に基づいて、一挙に把握する。

フッサールに対する批判と本書の立場　他者経験に関するフッサールの哲学はおおよそ以上のような考え方に基づいているため、彼以後の現象学では、フッサールの感情移入論に対して多くの批判がなされている。それらの批判に共通しているのは、フッサールのいうような他者のとらえ方は、私の経験を基にしているため、他者に関して私にとらえられることは、私の経験の範囲にとどまらざるをえない、ということに要約することができる。たとえば、他者が或る人を愛しているときのその他者の愛し方は、私がだれかを愛したときの愛し方に基づいて、とらえられることになる。そのため、その他者の愛し方が私の愛し方よりも激しい場合には、私はその激しさを理解できなくなってしまう。

しかし、ここでさらに探りたいのは、フッサール自身や彼の批判者が哲学者の立場から思索していることや、その妥当性ではなく、表情の感受性という観点からすれば、感情移入にも豊かさや深さがそなわっているのではないか、ということである。

ii　感情移入における豊かさ

私から他者への感情移入　多くの批判者のいうように、フッサールにおける感情移入は、私からの他者理解である。そのため、後述するように、逆に、他者を介した私自身の理解という観点から、フッサール現象学の問題点をのりこえる試みが多くなされている。しかしここで探りたいのは、我々の日常的な他者との関わりにおいても、他者が私以上に私を理解してくれた、ということがしばしば生じるという経験的事実から導かれる、次のような事態である。

もしも、フッサールの批判者たちからなされる感情移入論の哲学的な不十分さをそのまま認めたとしても、他者が私以上に私のことを深く豊かに理解してくれるときには、その他者は、それまでの他者自身の経験に基づいて私を理解しているはずである。このことは、その他者が私をどのように経験しているのか、ということに観点を移すならば、その他者は彼自身の感情移入によって私よりも深く豊かに私を理解している、ということを意味している。そのため、私という自我から出発してすべてを明らかにしようとするため、独我論とみなされるフッサール現象学の問題点をのりこえるためになされる、他者による私の理解という道筋は、一見すると独我論の克服とみなされるが、上述の経験的事実からすれば、他者そのものが独我論におちいることを認めることになってしまう。

そこで、フッサールにおける感情移入論を、彼の批判者とは異なる観点から、探ってみることにしたい。

他者をどのように理解するかが問題となるときに、日常的な経験からいえることは、私は、自分の経験や立場からのみ他者の経験内容をとらえてはならない、ということである。こうした要請は、いわゆる傲慢《ごうまん》さへの警句でもあることからすれば、謙虚《けんきょ》であるための、つまり自分のこれまでの経験やあり方をこえて、自分をさらに豊かに育《はぐく》んでいくためのものであろう。しかし、たとえ他者に対する謙虚さをそなえていても、そのそなえ方や実際の振る舞い方などが、自分の考えや理解の範囲内におさまっているだけならば、そのときの他者理解は、私自身の経験や立場から一方向的になされるしかなくなる。たとえば、〈こんなに謝っているのに、なぜあなたは私を許してくれないのか〉といった嘆《なげ》きや不平は、これだけ謝れば他者は私を許してくれることが、私の立場から想定されているだけでしかないことを物語っている。あるいは逆に、たとえば、私が他者の悩みや悲しみなどを、同情をともなって配慮したとしても、こうした配慮も、やはり私によって想定される他者の悩みや悲しみに基づいたものでしかない。

そのため、私が関係している他者をいわゆる物と同様の仕方で経験することにおちいることなく、他者に生き生きと出会うための私のあり方を思索している、対話哲学の創始者であるマルティン・ブーバー（1878–1965）は、次のようにいう。「たとえもっとも強い共苦（＝他者が苦しんでいること自体が私には苦しいこと）につき動かされても、〔他者への〕たんなる配慮において、人間は、本質的には自分のもとにとどまりつづける」のであり、「人間は、行為したり、助けながら、他者へと心を傾けるが、しかし、その人間に固有の存在の垣根は、このことによっては打ち破られない」（Buber, 1962b, S. 367, 一一頁）。そのため、「彼（＝同情する人間）は、他者に自分自身〔の心〕を開くのではなく、他者を援助することしかできない。ブーバーのいうように、私がたとえ他者のことをどれほど配慮しても、それだけでは、私は、他者に心を開くことにも、また、それまでの私のあり方を変えることにもならないかぎり、独我論を脱することはできないのである。日常生活においても、こうした仕方での他者への配慮は、いわゆる〈自己満足〉でしかない、といわれる場合もあることからすれば、ブーバーの指摘の妥当性がうかがえる。

こうした場合には、他者を介した私自身の理解ではなく、私が他者を一方向的に理解しているだけでしか、つまり私が他者へと感情移入しているだけでしかない。そして、まさにこの点において、感受性にそなわる豊かさや深さが問題となってくるのである。

そもそも他者の身体的振る舞いや表情と私のそれらとの類似性に基づいて私の経験が他者へと感情移入されるかぎり、私の経験がどれだけ豊かで深いかに応じて、他者の振る舞いや表情は異なった仕方でとらえられる。たとえば、他者が肉親を喪《うしな》って悲しんでいるときの表情は、私がかつて同様の体験をした場合には、私によってかなり実感をともなってとらえられる。他方、私がそうした体験をしたことがなかった場合には、似たような状況を思いだしたり、肉親を喪うことはどのような悲しみかを推論するしかなくなる。あるいはまた、心の悲しみを他人に悟られまいとして、あえて明るく振る舞っているときの他者は、心と身体とが一体となっていない。このときの他者は、身体的振る舞いや表情の明るさと心の悲しみとを同時に生きており、いずれか一方におさまらないという意味で、二義的な在り方をしているため、他者の表情は、かなり微妙なものとなる。そのため、自分もそうした二義的な在り方をかつてしたことがなければ、身体的振る舞いや表情からのみ他者の心のありようをとらえてしまうことになる。他者の表情をどれだけ豊かに深くとらえられるかは、とらえる人間の経験の豊かさと深さに応じているのである。すると、たしかに独我論におちいったとしても、感情移入自体には、豊かさと深さにおける程度の差があることは、否定できないであろう。

しかしたとえそうだとしても、感情移入によってとらえられることは、すでに引用したフッサールが定式化しているように、〈あたかも私が〈他者の今いる〉そこにいるときのように〉という仕方によってでしかない以上、とらえられているのは、他者ではなく、いわば第二の私でしかない。フッサールの言葉を使えば、こうしてとらえられる他者は、「私自身の反映（＝映し絵）」、「私自身の類似者」（Husserl, 1950, S. 125, 一七〇頁）でしかない。

日常生活における他者経験　しかし、フッサールをこえて、感情移入のあり方を次のような観点からとらえることが可能となるのではないだろうか。

たしかに、フッサールもその批判者たちも、哲学としての現象学を遂行しているかぎり、他者を経験できるのはなぜかを、他者を経験しているときにはどのようなことが生じているかを、通常は気づかれることのない深い次元で解明している。他方、日常生活において他者を経験しているときには、我々は他者経験の本質や根拠ではなく、他者と現実に関わりながら、他者を理解している。そのため、日常生活では、他者経験の本質やその根拠を基に他者を理解するだけならば、そのときの理解は、ごく一般的なレベルにとどまり、その他者に固有の経験をとらえることが、できなくなってしまうだけではない。さらには、実感をともなってその他者を経験することも、できなくなってしまう。すると、現実的な日常生活でなされる感情移入の豊かさと深さは、哲学における解明の豊かさや深さとは一致せず、独自の特質をそなえていることにならざるをえなくなる(3)。

それどころか、他者との関係がうまくいっているときには、我々は、他者と共に何事かにたずさわりながら、一緒に仕事をしたり、何事かについて対話している。こうしたとき、我々は多くの場合、他者がなにをどのように経験しているかについて、ことさら問題とはしない。他者の経験内容が主題的に問題となるのは、通常、他者関係がうまく展開しなくなったとき、たとえば、親や教師が〈この子はなにを考えているのだろう〉とか、当人が〈家族や友人は自分のことをどのように思っているのだろう〉、と思案するようになった場合である。そうしたときになされる他者の表情の知覚は、フッサールも述べていたように、まずは類比的推論を働かせることなく一挙になされるのであり、その後で、自分と他者との類比に基づく推論による他者理解がはじまるのである。

他方で、たとえば、我々おとなは、子どもにはいまだ発揮できない思考方法や論理的操作を身につけていても、子どもと楽しく遊んでいるときには、子どもがなにをどのように考えたり感じたりしているのか、ということをまったくとらえることなく、子どもと一緒に遊ぶことができる。それどころか、たとえ言葉を理解することも発することもできない重障児であっても、我々は、たとえば、彼らと一緒に楽しく食事をしたり、トランポリンに乗って一緒に遊ぶことが容易にできる。筆者自身も、かつては、〈自閉症〉と呼ばれている子どもとはじめて接したとき、〈言葉を知らないこの子はどのようにして物事を考えているのだろうか〉といった疑問をいだいたことがある。しかし、こうした子どもとの関わり合いが親密になると、そうした疑問をもはやまったくいだくことなく、彼らと一緒に日常的な生活をさほどの支障なく送れるようになる。そうなると、いわゆる教育研究者として、彼らについて研究しているときに、彼らがなにをどのように経験しているのか、ということを考えるだけとなり、実際に彼らと関わっているときには、彼らの内面をとらえようとはもはやしなくなる。また、こうした関わり合いをするからこそ、いわゆる喜怒哀楽《きどあいらく》を共にしながら、彼らと日常生活を一緒に送れるようになるのである。

しかも、こうした仕方での他者関係は、現実の人間関係として生じるのであり、その結果は、他者に対するその後の私の具体的な行動への影響力をそなえている。また、そうであるからこそ、たとえ他者の経験を誤解しても、以後の関係のなかで、そうした誤解を解消できる場合もあれば、その誤解をきっかけとして、以後の関係が阻害される場合もでてくる。そのため、現実の状況におけるこうした他者理解は、他者に直接作用する自分を賭けた戦いであると同時に、自己実現でもある。相互に作用を及ぼし合う、ということが他者と私とのあいだで生じるのである。

作用の及ぼし合いとしての人間関係　こうした観点から、ふたりの人間が相互に身体的に向き合いながら直接作用を及ぼし合っているときのあり方を解明しているのが、先ほど引用したブーバーである。

ブーバーは、他者がどのような特徴をそなえているかを、たとえば他者の性格や行動傾向や身体的特徴などをまったく経験することなく、一方が他方に対して直接働きかけるとき、働きかけた者は、相手の反応が生じる前に、自分の働きかけによって、自分自身も受動的に作用をこうむる、としている。そのうえでブーバーは、こうした関係にあるときのふたりの人間関係を〈わたし‐あなた〉の関係と呼んでいる。ブーバーの言葉を使えば、〈わたし〉とわたしにとっての〈あなた〉とのあいだでは、「〈わたし〉が〈あなた〉に作用するように、〈あなた〉は〈わたし〉に作用する」（Buber, 1962a, S. 88, 二四頁、〈　〉は引用者）[4]。こうしたときの関係を、ブーバーは、「生きられた関係」（a.a.O., S. 90, 同書、二七頁）、といいかえる。たとえば、愛《いと》しい人に恋心をうちあけたり、憎らしい相手に罵詈雑言《ばりぞうごん》を浴びせたりすると、相手の反応が生じる前に、そうした行為をしたこと自体によって、〈わたし〉は、その場にいたたまれなくなったり、そうした行為を〈あなた〉におこなってしまったことを後悔したりする。そして、相手である〈あなた〉の反応が〈わたし〉によってあらかじめ想定されていたものであることが確かめられて、〈わたし〉ははじめて安心する。こうしたことが、自分の作用によって自分自身がかなり強い作用をこうむってしまうという、生きられた関係の典型である。あるいは、お互いに向き合っていながらも、沈黙をつづけているうちに、自分の沈黙自体にたえられなくなって、言葉を発してしまうことも、やはり、相手に対する沈黙という自分の行為によって、自分自身が作用をこうむっていることの現われであろう。

以上のことからすると、ブーバーがいうところの、〈わたし〉と〈あなた〉とのあいだで生じる生きられた関係においては、ふたりの人間のあいだでの作用の及ぼし合いが、同時に、しかも直接的な仕方で生じていることになる。そのため、〈わたし－あなた〉の関係は、自分自身へとふりかえる反省の場合とは異なり、〈今現在〉の〈今いるここ〉での私が、私自身に際立ってくることになる。上述の例でいえば、愛しい人に恋心をうちあけたり、憎らしい相手に罵詈雑言を浴びせたりすると、こうした行為をふりかえって反省することなく、私の行為自体が、私の恋心や憎しみそのものとして私自身に自覚されつつ、この自覚を身をもって生きることになる。このときの私は、恋する人として、あるいは、憎む人として生きつつ、このように生きている自分自身を、感受しながら甘受せざるをえなくなるのである。

こうした例からは、他者に対する自分の行為によって自分自身が作用をこうむることに敏感であるということは、自分の行為の結果を相手がどう引き受けるかにかかわらず、その行為が現実のものとなってしまったことが、つまり自分の行為の重みが当人にかなり強く実感されている、ということでもあることが導かれる。このときの感受性は、自分の行為だけではなく、同時に、それが他者に及ぼしうる可能性をも実感している。こうした感受性は、敏感に感じられている事態が二重化されているため、他者の反応にのみ敏感になる場合よりも、より豊かである。しかも、こうした行為によって自分のこうむる作用がかなり強いときには、そのこうむりが当人の心のかなり奥深くにまで作用を及ぼすことになる。

他方、相手が自分の行為によってどのような作用をこうむったのかを推測するだけでは、推測された相手のこうむりは、私の心にさほど深く影響を及ぼさないはずである。

豊かな感情移入　これらの例ほど典型的ではなくても、現実の場面でおこなわれる感情移入も、自分を移入した結果を自分自身で引き受けざるをえないため、〈あたかも私が〈他者の今いる〉そこにいるときのように〉、といった想定上の出来事ではすまなくなる。他方、生後間もなく両親から引き離され、児童養護施設で養育されることにより、親子関係を十分に経験できなかった子どもたちの他者関係を、フッサールの他者論を駆使しながら解明している大塚類によると、こうした子どもたちは、次のようなあり方をしている、とされる。彼らは、たとえば、「あたかも当然であるかのように、自分が楽しいと思うことを他の子どもにも押しつけ、自分の行きたいところに行き、自分にとって都合のいいように遊びのルールを変え、自分が帰りたくなったら全員を引き連れて帰ろうとする」（大塚、二〇〇九、七〇頁）。こうした子どもたちは、おとなや他の子どもの想いを自分の心に染《し》みこむような仕方で感じることができず、〈あたかも私が〈他者の今いる〉そこにいるときのように〉、という仕方でしか他者を理解できない。大塚の言葉を使えば、彼らは、自分の側からのみの「一方向的で能動的な感情移入を介して他者を疑似的な自己として捉える」（同書、二七八頁）ことしかできない時期には、他者からの現実的な対応が彼らの想定をこえているため、日常生活の多くの場面で他者関係に大きな支障をきたしてしまう。

　こうした子どもとは異なり、本当はおとなとふたりだけで散歩に行きたいにもかかわらず、上述したような子どもへの配慮から、その子どもをふくめ、自分は「三人で〈散歩に行っても〉いいよ」と微笑《ほほえ》みながら対応する或る子どもの言葉や表情は、大塚の解釈によれば、本書でいうところの、かなり豊かで深い感受性に基づいていることが明らかになる（同書、五一頁）。大塚は、この子どもの振る舞いと言葉から、大塚をふくめたそれまでの養育者との関わりの蓄積が、散歩に突然参加したがる子どもが加わったことによっては、「断ち切られ」ないことや、これから三人で散歩に行ってもこれまでの関わりがつづけられるという意味で、この子どもは「未知なる未来へと開かれて」いる、ということを導きだしている（同書、五五頁）。なによりも、三人目の子どもの「憤りや、やるせなさ」だけではなく、ふたりの子どもとのあいだで「いわば板ばさみとなっている筆者（＝大塚）の当惑」さえをもこの子どもが「おのずと感知」していた（同書、五六頁）、とする大塚の解釈によれば、このときの子どもの感受性はかなり豊かであることが、十分にうかがわれる。大塚は、こうした仕方で他者の想いが感知されるときの感情移入を「浸透的な感情移入」（同所）と呼んでいる。こうした感情移入は、他者の想いが自分の内面へと浸透してくることから、本書の言葉でいいかえれば、奥行の生に深く染みこんでくる感情移入である、といえるであろう。

感情移入における二義性　しかし、大塚のいうところの浸透的な感情移入とは異なり、日常生活において、〈あたかも私が〈他者の今いる〉そこにいるときのように〉という仕方で、能動的になされる感情移入は、上述したように、他者関係に支障をきたしているときが多いのであった。しかも、感情移入によってとらえられる他者の心のありようは、感情移入をしている者にとっては、間接的なものにとどまらざるをえないのであった。そうであるかぎり、感情移入をしている私のあり方は、次のような場合には、二義的とならざるをえない。たとえば、感情移入によってとらえられた他者の心のありようは、私が想定したような仕方で他者によって実際に生きられているかどうかが、確実ではない場合。また、他者に感情移入した結果、自分が他者の立場だったらどのように振る舞うかがわからない、あるいは、他者のようには振る舞えない、といった他者に対する羨望《せんぼう》が生じる場合。さらには、自分が他者の立場だったらもっとうまく振る舞うことができたかもしれないのに、といった他者に対する不確かな優越感が生じる場合。あるいはまた、感情移入がうまくいかなかったため、その他者との関係に自分にとって好ましくない事態が生じた結果、後悔の念にかられる場合。こうした場合には、感情移入をすることによって、私は、不充足感を味わうことになる。感情移入のこうした頼りなさは、感情移入したいのに十分にできないという、その間接性から生じるところの、本来避けられえないことでもある。

さらには、たとえば、一方では、〈君の気持ちがよくわかる〉という言葉をたんに口にだすだけでは、感情移入の不確かさを考慮しないあり方となる可能性が、つまり、自分のおこなう感情移入の単純さを他者に悟られる可能性があるため、憚《はばか》られる。しかし、他方では、〈君の気持ちはまったくわからない〉ということは、他者をつき放すことにつながる可能性があるため、そう言うことも憚られる。こうしたふたつの想いが錯綜しているときの私は、一方では他者と同じ気持ちになりたいにもかかわらず、他方では同時に、他者とまったく同じ状況を生きられない、という二義的なあり方にとどまらざるをえなくなる。こうした二義的な状態におちいるならば、そのときの私の内面の二義的なあり方に応じて、身体の表情も二義的なものと、そのため、かなり微妙なものとなるであろう。こうした二義性によって、私の表情は、単調で一面的なものではなくなる。しかも、このときの二義性は、感情移入にそなわる頼りなさという不充足感によって生じるため、二義性をともなわない単調で一義的な状態をこえて、この不充足感を充足させたいという想いによって、より豊かな充足感を求めることにつながっていくはずである。さらにまた同時に、私の隠れた奥行の生は、こうした二義性に苛《さいな》まれることにより、個々のふたつの想いよりもさらに奥行のあるものと、より深いものとなるはずである。

以上のことからすると、フッサールの感情移入論に対する批判とは異なり、日常生活における感情移入は、現実的であることにより、絶えず私自身の内奥で葛藤や二義性や微妙なあり方をかりたてるため、私の心と身体をより豊かで深いものにしてくれるはずである。

しかし、私から他者へと向かう感情移入が、以上で述べたような二義性をともなった微妙なものである場合には、私の身体の表情が瞬間的で移ろいやすいことは否定できない。この点に関しては、私と他者とにとって共同の世界について第4章で探るさいに、改めてとりあげることにしたい。以下では、フッサールにおける私から他者への感情移入が、表情の感受性に関し、上述したようなポジティヴな側面をそなえているにもかかわらず、フッサールの批判者が指摘しているような問題点もふくんでいることから、本書なりの仕方で、この問題点を克服することを試みたい。その前に、私の私自身との密接な関わりが私から切り離されることによって、私ではなくなってしまうさいの二義性について簡単に探っておき、私とは異なる他者への感受性にせまるための通路を開いておきたい。

3　私と他者との相違

i　作業の反映としての作品の表情

横目による反省　すでに第1章第1節1のi「反省と反省以前の触発」（一〇頁以下）で探ったように、〈今現在〉の〈今いるここ〉での私のあり方は、私自身には主題的にとらえられず、自己触発によってそれとなく感知されているのであった。こうした感知は、反省によっても主題的にとらえられないが、日常生活では、なんらかの目的に向かって活動しているときに、独特の仕方で私に際立ってくることがある。たとえば、道具を使って素材を加工し、なんらかの作品を創作しているとき、私は、その道具の扱い方や素材の特性などに関心を向け、作業がうまく達成されるようにと、注意をはらいつづける。あるいは、なんらかの文章を書いているときには、その文章の目的に即して、その内容を整理しながら、可能なかぎり自分の考えに一致した文章を作成しようと、推敲しながら文章を書いていく。すると、私の考えをまとめながらその考えと一致するような文章を書こうとすることは、書かれた文章を介して、考えている私が文章化する私と同じ私になることをめざすことになる。こうした場合には、ヴァルデンフェルスのいうように、「事柄への我々の関係」が、道具の扱い方や文章を書くことによる我々自身の「真価を発揮する可能性」として、問題となっている（Waldenfels, S. 243）。つまり、道具の扱い方や文章の書き方自体が、私の潜在能力を現実化するという仕方で発揮できるかどうか、という仕方で問題となっている。そのため、こうした仕方で、「私が、生を営みながら、同時に〔自分の〕その生に注意をはらっている」とき、その生は、道具や文章への主たる注意に同行しながらなされる、いわば「横目」でもって、注意をはらわれていることになる（a.a.O., S. 104）。

たとえば、私が感動した本についての感想文を書いているとき、その本を読んでいたときには言葉にならなかった私の感動が正確に文章化されるようにと、私は自分の感動に横目で注意をはらいながら、文章を書くことに主たる注意を向けつづける。その結果、文章が完成すると、本を読んでいたときの私の感動がその文章によって完成させられることに、つまり、その本に感動したことを文章化できるという私の真価が発揮されることになる。すると、このときの私は、文章化されることによって完成されることになる私の感動をめざして、私は自分の感動について文章を書くことになる。つまり、私によってめざされる私になろうとしているのである。

自分の生へのこうした仕方での注意のはらい方も、自分自身へと向かっているため、反省と呼ぶならば、自分の作業や考えに横目で注意をはらうことも、反省することになる。そして、横目で反省されている私の作業や考えは、作品となったり、文章化されることによって、自分の作業や考えとして完成されることになる。そうであるかぎり、自分の作業や考えを横目で反省している私は、作業したり、文章を書きながら、横目で反省されている自分の作業や考えに一致することをめざしていることになる。ヴァルデンフェルスのいうように、横目で自分の生を「反省している自我は、反省される自我と同じ自我であるだけではなく、同じ自我になろうとしている」(ebd.)。つまり、今しがたや、かつて私がおこなったことを後からふりかえって反省するさいには、反省される私が対象となって私から切り離されてしまうのとは異なり、横目で注意をはらいながら仕事をしているときの行為意識において、私は、これから先の目的へと向かって、自分自身をめざされる自分と一致させようとしていることになる。

こうした行為意識のあり方は、日常生活におけるごく普通のあり方でもある。たとえば、喜劇映画を見て楽しい気分にひたりたいという目的のために映画館に向かっている私は、楽しい気分にひたりたいという想いに横目でもって注意をはらいながら、映画館にたどりつくまでに必要な行動を、つまり時間的にも経費の上でももっとも効率的な移動手段を、明確な意識をもって選択しているはずである。

文章を書いたり作品を創作しているときにも、めざされるべき私の目的へと向かって上述したような仕方で活動しているかぎり、素材や道具の選択による制限や、作業をしたり文章を書くために費やせる時間などの制限のなかで活動している〈今現在〉の〈今いるここ〉での私のあり方が、いわゆる精魂をこめた作品や文章となるかどうかに反映されることになる。こうした活動の結果としての作品は、その活動における私のあり方の表情となっている。たとえばムンクの「叫び」という絵には、自然を貫く〈不気味《ぶきみ》な叫び〉に怯《おび》えて耳をふさいでいるムンク自身の姿が描かれているならば、ムンクは、この絵を描いているときに、不気味な叫びを横目で聞いていたことにもなる。あるいは、完成した文章のでき具合は、文章を書いていたとき、書き手の潜在能力が発揮できるようにと、自分のめざしているものにどれほど横目で注意を払っていたかに応じて、いわゆる〈やっつけ仕事〉であったのか、十分に推敲を重ねたものであったのかを反映している表情となっているのである。

作品となることによる自己疎外　しかし、第1章第2節2のi「没頭における時間感覚」(四一頁以下)で探ったように、精《せい》をだせばだすほど、つまり、作業に打ちこめば打ちこむほど、それだけよりいっそう、私は、素材や道具や文章といった、私自身ではない世界内の存在者に身も心も投入することになる。[5]このときには、過去の私をふりかえる反省によって生じてしまう、「自分を対象化することをはるかにこえて」、私は、作業している私の「意識が他のものとなってしまう」という意味での、ヴァルデンフェルスがいうところの、「自己疎外」(a.a.O., S. 113)に至ることになる。つまり、精をだしているときには、自分へとふりかえる反省の場合とは異なり、私は、作品の完成へと向かっている私自身にではなく、身も心も作品へと投入することによって、私の意識のあり方を、完成させることになる作品に相応した、豊かなものにしようとすることになる。しかし、だからといって、このような仕方で至ることになる自己疎外が、自己忘却という意味での自己喪失ではないことは、いうまでもない。このときに生じる自己疎外とは、作業や文章に自分を打ちこむことにより、自分のおこなったことが現実の作品や文章として自分から切り離され、その作者が私であったことは「完全な匿名性に包まれてしまう」(ebd.)、という意味での自己疎外のことである。たとえば、文章が書かれていたときには、さまざまな文章表現の可能性や文章化されることさえないままに儚《はかな》く流れ去ってしまうだけの、横目で注意をはらわれていた私の考えは、結果として、文章化されることなく、他の考えが文章化されて完成に至れば、完成した文章に凝縮されてしまう。そして、凝縮されるものが多ければ、完成した文章はそれだけ豊かになる。そのため、横目で注意を払われていたことの痕跡を完成した文章からたどることは、かなり困難になるほど、私の考えは私から身を引いてしまっている。しかしそうだとしても、これらの作業をしていたのはまぎれもなく私である、ということは私自身にとって確かな事実である。作業に打ちこめば、それだけよりいっそうの充実感に満たされる。

おそらく以上のことから、ヴァルデンフェルスは、次のような表現で、こうしたときの自己疎外のあり方を記述しているのであろう。仕事に打ちこんでいるときの「自我の声はたしかに聞き逃されているが、しかしそれでもなお、根底においては一緒に聞かれているのである」し、「或る仕方では、私は私にとって現に存在している」(ebd.)。たとえば、文章を書きながら、たとえ実際に呟《つぶや》くことがなくても、私は心のなかで、実際に書かれることになる可能性のある文言を生みだしている。〈この表現ではうまく言い表わせない〉とか、〈こうした前提があるなら、その結論は○○ということにはならないはずだから……〉、といった言葉で表現されるようなさまざまな想いが、浮かんでは、消え去っているはずである。そうであるかぎり、作品を眺めたり文章を読む者が、その作者名を手がかりとしてではなく、それらに打ちこまれることによって疎外され匿名性のおおいに包まれてしまったところの、作業時に根底において作者に一緒に聞かれていた作者自身の声をどれだけ聞くことができるかによって、つまり、その作者のいわば音なき声といった、より深い次元にあるものをどれだけ感受できるかに応じて、その作品や文章は、異なる表情をおびてくるはずである。それらの本質へのせまり方にも、表面的なものと、それらの豊かさに対応した奥深いものとの違いがでてくるはずである。上述のムンクの「叫び」の場合でいえば、この絵を鑑賞している者が、ムンクが聞いた自然の不気味な叫びをこの絵からどれだけ聞くことができるかに応じて、この絵は異なる豊かさをそなえて、鑑賞者に現われてくることになる。

すると、ここにおいても、〈今現在〉の〈今いるここ〉での私のあり方の私自身との関係についての近さと遠さと同様の二義性が、つまり、自己疎外における自分の自分自身への関わりという二義性が、私の作品と私自身とのあいだにもみられることになる。そして、私に関するこうした二義性こそが、私自身を奥行のある生にしてくれるのである。

こうしたことから、現象学は、我々の生が絶えず二義的で微妙なあり方をしていることだけではなく、我々の感覚を豊かにしてくれる契機をはらんでいることを、明らかにしてくれるのである。

ii　他者との共通の感覚を介した私の豊かさ

実感をともなう他者経験　私の私自身への近さは、すでに第1章第1節1のii「〈今いるここ〉の遠ざかり」（一六頁以下）でふれた、私の声をテープレコーダーやビデオの映像などを介して聞くときの、違和感をともなった馴染みのなさとは異なり、自分の声の自分自身にとっての現われにおいて実感できる。メルロ-ポンティのいうように、自分で声を発しているとき、「私は、響く存在であるが、しかし私自身の振動を私は内側から聞く」のである（Merleau-Ponty, 1964b, p. 190, 二〇〇頁）。こうしたとき、「私は、私自身〔の声〕をのどで聞く」（ibid., 同所）こともあろうし、歌を歌っているときに典型的となるように、場合によっては、自分の頭の部分の振動と共に聞くのであり、このことが、自分で声を発していることを私自身に実感させてくれる。しかし、自分の発した声を聞く場合ほど明確ではないとしても、私が身体を使ってなんらかの活動をしているときにも、自己触発により、自分の行為が気分や感情をともなって自分自身にそれとなく感知されているかぎり、同様のことは、どのような身体活動においてもいえることについては、一般的なレベルで第1章第1節2「奥行の生の外在化としての身体的振る舞い」(三四頁以下)で述べた。ここで探りたいのは、自分の自分自身へのこうした現われという意味での自己現前が、他者関係においても重要な役割をはたしており、このことが、表情の豊かさと密接に関わっている、ということである。

フッサールのいうような、〈あたかも私が〈他者の今いる〉そこにいるときのように〉、という感情移入による他者理解をしているのではなく、身体的に他者と向かい合いながら、他者の振る舞いや表情を知覚したり、他者と対話を営んだり、一緒に作業しているときには、通常、他者と私は同じ経験をしているのでもなければ、同じ気分や感情にひたっているのでもない。他者と私とのあいだで経験や感情などが同じになるのは、たとえば宗教的な儀式において、その参加者全員が忘我(=エクスタシー)の状態におちいったときや、第3章第3節1「他者と共に経験すること」(一九九頁以下)で探ることになる、演劇などの観客の場合にしか生じない。それにもかかわらず、他者と一緒に作業しているときに、私は他者の振る舞いや表情から他者の経験していることや気分や感情を、かなりの確かさでもって一挙にとらえることがしばしばある。というのも、すでに探ったように、他者がなにを考えているのかわからない、という懸念が生じるのは、たとえわずかな時間であろうとも、他者関係がうまくいっていないときであり、他者関係がうまくいっているあいだは、他者の経験などを私はかなりの確信をもってとらえている、という実感をともなって私は他者関係を生きているからである。たとえば、私が、そばにいる他者に自分たちがたっている牧草地を指しながら、その色について話題にし、その他者がこの話題に参加してくれるだけで、私は他者が経験していることをかなりの確信をもってとらえることができる。メルロ－ポンティもいうように、「他者の〔見ている牧草地の〕色……にせまれるような経験をもつためには、私は風景を眺め、それについてだれかと話すだけで十分である」(ibid., p. 187, 同書、一九七頁以下)。というのも、「このとき、そのだれかの身体と私の身体との調和的操作によって、私の見ている物がそのだれかのなかに移行し、私の目の下の牧草の個別的な緑が、私の視覚を離れることなく、彼の視覚に侵蝕し、私は私の〔見ている〕緑のうちに彼の〔見ている〕緑を再認する」からである(ibid., 同書、一九八頁)。

感覚の共有による他者経験　しかも、こうしたときの私の他者経験は、それまでの私の経験に即しながらも、思考などを介することなく、一挙になされる場合が多い。というのは、そうでなければ、他者がなにを考えているのかわからない場合に典型的になされる、類比的推論によって他者の経験を想定しなければならなくなり、私は、実感をともなった他者経験には至れないからである。そもそも、「……他者の〔見ている〕色や他者の〔感じている〕痛さや他者の世界は、私の見ている色や私がもったことのある痛さや私の生きている世界に応じてでないならば、私は、どのようにして他者のそれらを理解するのだろうか」(ibid., p. 27, 同書、二一頁以下)、というメルロ゠ポンティの発する反語的疑問に答えることができるのも、類比的推論を介する前に、私は、私の世界に応じて、他者自身をすでに実感しているからである。本節2のⅱ「私から他者への感情移入」(七四頁)で探ったように、私の過去の経験が、他者についての私の経験を実感をともなったものにしてくれるのであった。それどころか、メルロ゠ポンティのいうように、私の身体と他者の身体とのあいだでは、それぞれの見ているものが相互に侵蝕し合うかぎり、身体的な感覚や感情が相互に生き生きと浸透し合う、ということも生じるはずである。たとえば、「もし私が、話している他者の息づかいを聞きとり、彼の興奮や疲れを感じるほどかなり彼の近くにいれば、私は、私自身の場合と同様、彼のなかで生じる怒号のおそるべき誕生に立ち会うことになる」(ibid., p. 190, 同書、二〇〇頁)。また、他者の身体の或る部分が傷つけられるのを目撃すれば、私は、自分の身体のその箇所になんらかの痛みを感じる。こうした場合には、フッサールがいうところの、私の身体の意味が他者の身体の意味へと重ね合わされるだけではなく、両者の身体のあいだで、感覚が共有される。そのため、他者の振る舞いや表情は、私の振る舞いや表情に反映されたり、それらと共鳴することになる。と同時に、私への反映や共鳴が他者の振る舞いや表情へと反映しかえされ、反響され、それらをさらに確固としたものにすることさえある。こうした場合には、他者の経験がまさに私の〈身に詰まされる〉のである。

iii　私と他者との違いに基づく奥行の生

他者から私への侵蝕　しかし、他者は、私とは異なる人間であるかぎり、つまり、私と同様、他の人や物とは異なる自立した主体としての他の自我であるかぎり、他者の経験していることは、私にすべてとらえられないだけではなく、他者は私とはまったく異なることを経験している場合も多い。しかも、私と他者とのこうした経験の違いも、やはり私にとって日常的に実感されている。メルロ－ポンティも、他者は、「私を侵蝕する」（ibid., p. 27, 同書、二一頁）、という。しかし、他者による私への侵蝕は、私と他者が異なるパースペクティヴから同じ物や世界を眺めている、ということだけにとどまらない。他者が世界内で、私とは異なる仕方で、物とどのように関わっているのかを私が目撃することにより、他者は、「私が見ている世界に、他者も〔その世界を〕見ているという必要不可欠な宝庫を付加するという仕方で、〔私の〕身体が受けとる以上のものを提供してくれる」（ibid., p. 189, 同書、一九九頁）。こうした仕方で、一方の経験は他方の経験に侵蝕することが、私と他者とのあいだで相互に生じる。たとえば、「他者の言語行為が私に話させたり考えさせたりさせるのは、それが、私とは別なものに対する、つまり私が見ているものである、……に対するずれを私のなかにつくりだし、私自身にこのずれを指し示す」（ibid., pp. 277–278, 同書、三二五頁、……は原文のママ）。同様のことが、私の言語行為によって、他者にも生じる。こうしたことからメルロ－ポンティは、お互いにとって、「他者の言語行為は、それをとおして私が私の考えを見る〔ための暗号解読用の穴のあいた〕格子となっている」（ibid., p.27, 同所）、という。たとえば、他者が、〈この本をもっと深く理解するためには、◯◯という言葉に注意したらいいと思うよ〉といってくれれば、私は、○○という言葉をとおして、この言葉が含まれる文章を解釈することになる。

このように、私と他者とが同じ考えや気分や感情を分かちもつことによってではなく、両者のあいだの「根本的なずれ、つまり構造的な不調和」(ibid., p. 287, 同書、三三九頁)が、私と他者にとって、奥行のあるあり方を可能にしてくれる。意見の違いは、自分の考えを保持しながら、他者の考えの妥当性を受け入れることによって、自分の考えをより多様で豊かなものにしてくれる。さらには、私とは異なる他者の気分や感情を実感することは、私ひとりで或る気分や感情にひたっていたときよりも、私の気分や感情にそれまでとは微妙に異なるニュアンスを付加する。たとえば、苦笑《にがわら》いは、私ひとりでは笑える事態であっても、それが他者にとっては笑えるような事態ではないために生じる、アンビバレント(＝対立感情並存的)な表情の典型である。照れ笑いも、私の振る舞いや言動などが他者に見られているだけではなく、私の意識のあり方までもが他者に見破られている、と感じながらも、そのためいくぶん恥ずかしく思いながらも、そうした自分の意識をある程度肯定している表情である。そのため、照れ笑いは、他者の眼差しに照らされている、といえる。泣き笑いも、他者と共にいることによって生じるアンビバレントな表情である。

対象他者の現われ　私の振る舞いや表情が、他者の存在によってアンビバレントとなる場合には、本章第2節2のⅳ「他者の眼差しによる私自身の実感」(一二六頁以下)でサルトルと共に探る鍵穴の比喩における他者の眼差しにおいて典型的な、他者に見透かされているという事態とは異なる、他者の現われによって私がこうむる事態が明らかとなる。こうした事態を、サルトルは次のように描いている。公園の芝生に沿って設置されているベンチにひとりの男が座っているのを私が目撃すると、それまでは私からはかられていた芝生までの距離は、その男からの距離によってはかられることになる。そのため、他者が私に現われると、それまでは私を中心としていた「森羅万象《しんらばんしょう》」と私との関係が「私から逃れ去り」、「私は自分を〔世界の〕中心におくことができない」(Sartre, 1943, p. 312, II 八三頁)。サルトルは、こうした仕方で私に出会われる他者を、その他者が私の意識の対象として現われてくるため、対象他者と呼ぶ。対象他者は、こうした仕方で、私の世界を一時的に喪失させる。つまり、「私から世界を奪いとったひとりの対象〔他者〕が突然現われた」ため、たしかに、「すべての物は〔もとの〕場所にあるし、すべての物はあいかわらず私にとって現に存在しているが、しかし、それらすべての物は、見えない逃亡によって貫かれ、ひとりの新たな対象〔他者〕の方へと向かって凝固させられる」(ibid., p. 313, 同書、八四頁)。つまり、私の世界に、その他者へと向けられた、いわば「排水孔」が穿《うが》たれるのである(ibid., 同所)。

他者のこうした仕方での現われは、一見すると、フッサールがいうところの〈あたかも私が〔他者の今いる〕そこにいるときのように〉、という感情移入と同様の現われを意味しているかのようにも思われる。たしかに、他者の現われによって、すべての物への距離が私からではなく、他者からはかられることになるため、私は、あたかも私が他者の立場にたっているように思われる。しかし、サルトルは、このときには、それまでの私の世界の「崩壊」が生じる(ibid., p. 312, 同書、八三頁)、という。それまでは私を中心として現われていた世界が、第1章第1節1のii「〈そこ〉から〈今いるここ〉へ」（一七頁以下）で引用したサルトル自身の言葉を使えば、私を帰趨《きすう》中心としていた世界が、他者を中心として再構成されることになる。そのため、すべての物が他者の方へと向かって流失する。それどころか、サルトルは、比喩的に、こうした他者は私の心の内に「内出血」を起こさせる（ibid., p. 315. 同書、八八頁）、とさえいう。そのため、フッサールの場合以上に、他者との出会いにより私にとってかなりの衝撃がもたらされる事態が、サルトルの文章の行間や使われている言葉からうかがえる。しかし、上述の公園での例や、さらには、他者が本を読んでいる場合や、「ピエールはちらっと腕時計の方に視線を投げかけた」とか、「ジャンヌは窓越しに〔外を〕眺めた」（ibid., p. 312. 同書、八三頁）といった例からすると、サルトルが記述しているような私の世界の逃亡や、ましてや内出血と比喩されるような事態に追いこまれることは、現実にはさほど多くは生じないであろう。にもかかわらず、自分の世界にサルトルが比喩するような排水孔が穿たれ、自分のなかにあたかも内出血が生じるかのような仕方で、他者と出会いうることに敏感になることは、他者関係に対する感受性を高めることに寄与してくれるはずである。

対象他者による私の世界の変化　事実、親からの虐待《ぎゃくたい》をうけている思春期の子どもたちが、児童福祉施設で養育者と共に暮らしているとき、サルトルが記述しているような仕方での他者との出会いをしばしば体験していることを、サルトルの思索を駆使しながらそうした子どもたちの事例に基づいて、遠藤野ゆりが解明している。たとえば、入所間もない或る少年が、自分が席をはずしたわずかの時間に、他の人間によってその席が占められてしまったことによって、「当惑したように立ち尽く」さざるをえなくなった事態（遠藤、二〇〇九、二二五頁）を、遠藤は、サルトルに依拠しながら、次のように記述している。このときに生じた一見すると非常にささいな事態により、この少年にとっては、それまでは彼が座っていた席を中心に構成されていた食卓という空間が崩壊してしまった。サルトルを引用しながらの遠藤自身の言葉を使えば、その少年は、彼の「眼前に、『自分の空間性ではあらぬ空間性が繰り広げられている』」（同所、『 』内はSartre, 1943, 312, Ⅱ八二頁）のに遭遇《そうぐう》し、その後彼が座るべき新たな席を提供されても、彼は、食卓にそなわるさまざまな食器や食卓などの道具のすべてが、「彼の世界から流れ出してしまうことを、ありありと感じざるを」えなかった（遠藤、二〇〇九、二二六頁）。

しかし、この少年は、それまでは自分の席を中心として構成されていた世界が、他者によって占められた席を中心とした方向へと流れ去ることに遭遇しただけではなく、それまでの彼の世界をさらに維持しつづけたい、という想いにもかられていたのではないだろうか。そうであるならば、この少年は、それまでの自分の世界の崩壊と新たな世界を再構成できないこととのあいだで、アンビバレントな想いにかられていた、と考えられる。このことは、遠藤自身が、「当惑したように立ち尽く」した、という言葉を使っていることからもうかがえる。当惑することは、対処の仕方に戸惑《とまど》うことであるかぎり、戸惑わせる複数の想いが相互に対立した感情となっていなければならない。と同時に、自分が当事者として、複数の想いに同時にかられていなければならない。この少年の場合にも、他者によってもたらされた当惑というアンビバレントな想いでもって、それまでは自分を中心とした世界に、自分とは異なる方向へと向かった世界の流れが新たにきずかれることになったのではないだろうか。いいかえれば、彼の世界がそれだけいっそう多様な世界となったのではないだろうか。そうであるならば、このときの彼の当惑は、彼のいわゆる内面的な成長をうながす契機にもなっていた、とも考えられるはずである。

以上のことからは、私と他者との違いが、アンビバレントなあり方を可能にし、自分のあり方に拘束されていた状態を他者によって補完してもらったり、より多様で豊かなものにしてくれる、ということが導かれる。すると、ここにおいても、現象学に即して人間のあり方をとらえることは、我々のアンビバレントなあり方を明らかにしてくれることになる。

私と他者とのあいだのずれ　しかもサルトルは、排水孔が穿たれることになる、他者が位置しているところを「ひとつの特殊な間隙《かんげき》」(Sartre, 1943, p. 314, Ⅱ八五頁)、といいかえる。メルロ－ポンティも、「私の空隙《くうげき》があるところには決してないような他者の〔なかにある〕空隙」が、私とは異なる他者に固有の外界に対する「パースペクティヴ」を可能にしている(Merleau-Ponty, 1964b, p. 241, 二六六頁)、という。すると、サルトルのいう排水孔として穿たれることになる間隙やメルロ－ポンティのいう空隙に関し、私と他者とのあいだで「ずれ」(ibid., 同所)があることによって、私と他者との違いが生じることになる。そして、メルロ－ポンティによれば、こうした〈ずれ〉があるからこそ、他者は、それをとおして私が私自身を見るための暗号解読用の穴のあいた格子となっているのであった。

たとえば、私が他者の人格を判断するさいには、他の人に対する配慮の程度を基準としている、としよう。すると、私は、苦境におちいっている他の人に対して或る他者がその人にいわゆる〈手をさしのべる〉さいに、その人の境遇をどれだけその他者が配慮するかをとらえようとする。しかし、このときの私は、私がたずさえている格子の穴をとおしてしか、その人の境遇を見ることができない。しかし、私が人格を判断しようとしている当の他者は、私とは異なるところに穴があいている格子をたずさえており、その穴からはその人の対人関係の苦境が見えるならば、その他者の格子は、私の格子のどこにどのような穴があったのかを、私に自覚させてくれることになる。この例でいえば、私は、その人の対人関係が苦境におちいっていることが見えなかったことを自覚することになる。

すると、間隙や空隙は、私と他者とでは異なるところに、別の仕方であけられているため、私のあり方は、他者の格子を介して、より明確に分節化されることになる。比喩的に述べれば、私とは別のところに穴のあいている他者の格子によって、私の格子によっては〈ふるい〉にかけられなかったものが、ふるいにかけられることになる。あるいは、いわば目のより細かい他者の格子によって、それまでは目の粗い私の格子によっては見逃されていたものが、より細かくふるいにかけられることになる。格子の穴に例えられる、こうした間隙や空隙が、サルトルにおいては、それを中心に世界が現われてくるところのものと、メルロ－ポンティにおいては、外界のパースペクティヴを可能にしているところのものとされているかぎり、こうした間隙や空隙こそが、本書における〈今現在〉の〈今いるここ〉に相当することになる。そうである以上、こうした間隙や空隙は、奥行のある生のかなり深いところへと通じており、奥行のこうした深さに、言語行為をふくめた振る舞いや表情の深い意味が対応していることになる。

間隙や空隙が他者と私とのあいだでずれているからこそ、両者は、お互いに他方の間隙や空隙によって、自分の間隙や空隙をより奥行の深いものにしてくれることになるのである[6]。

以上のことからすると、おとなの場合には、子どもや障害児と比べ、こうした間隙や空隙は、すでにかなり確固としたものとなっており、他者の間隙や空隙によってふるいにかけられることが少ないようである。他方、たしかに一見すると、おさない子どもは、他者の立場にたつことが苦手なように思われてしまう。しかし、たとえば、誕生後一年を過ぎるころから、子どもは、自分がどのように行動したら親に認められるかに関し、非常に敏感な感受性を発揮するようになる。このことは、いわゆる〈親の顔色をうかがう〉ことによってではなく、親の歓びが自分の歓びにもなることによって、逆に、親の不満足の感情は子どもにとっても不満足な感情をかきたてることによって、生じる。つまり、自分の行為のなかでなにがどのように親によってふるいにかけられるかを、子どもは敏感に感じとるようになる。たとえば、偏食に関し、食事のさいにみせる親の食べ物の選択は、親の好き嫌いをふるいにかける間隙や空隙がどこにあるかを示してくれるため、子どもは親のこうした間隙や空隙を自分の間隙や空隙にしてしまう。それどころか、〈おんぶ〉されている乳児は、親のこうした間隙や空隙から、親と同じ方向と距離でもってだけではなく、親がふるいにかけている世界を眺めることになる。

障害児のさまざまな施設での筆者自身の実践や訪問でいつも感じるのは、そこでのおとなの子ども観が、そこで暮らしている障害児の他の障害児に対する接し方に反映されている、ということである。職員からの心理的な距離以外の距離はふるいにかけられて除かれてしまい、他の障害児に対する子どもの心理的な距離は、職員からの距離によってはかられてしまう。職員が障害児を慈しんでいれば、障害児同士も、職員がたずさえている格子の穴から、お互いに他の障害児を慈しみをもって眺めるようになる。たとえば、〈おもらし〉をしてしまった子どもに対し、職員が、〈このままだと気持ちが悪いから、すぐに着替えをしようね〉とやさしく語りかけながら、その子どもに対応すれば、他の子どもたちも同様の仕方でお互いに対応し合うようになる。逆に、職員が、苛々《いらいら》しながら、〈またおもらしをして！〉とその子どもを叱るならば、他の子どもたちも、その子どもをいわば〈上から見下す〉ような対応をするようになってしまう。こうなると、職員と同様、子どもたちも、〈おもらし〉することによって味わう当の子どもの身体的不快感を見るための格子をもつことができなくなってしまう。我々おとなも、子どもも、自分がたずさえている格子の穴に例えられる間隙や空隙をとおさなければ、なにも見えないし、それがどこにあるかによって、見えるものと見えないものが、異なってくる。そのため、こうした格子は、先入見でもって判断しないようにと警告するさいに比喩として使われる〈色眼鏡〉よりも、より深い奥行の生に属しているはずである。

　こうしたことからは、おとな同士の場合は、間隙や空隙がずれていることが、それぞれの感受性を育んでくれるのに対し、子どもや障害児の場合は、彼らの感受性の豊かさを介して、おとなと同じところに間隙や空隙がつくられやすいため、おとなの感受性がそのまま彼らの感受性を育む、ということが導かれる。

　ここにおいて、おとなである現象学者の思索の歩みや結果は、そのままでは、子どもや障害児のあり方の解明にはつながらない場合がある、ということが明らかになる。しかし、このこと自体が明らかになるのは、我々おとなのあり方が現象学に即して十分に解明されたうえでのことであることは、いうまでもないであろう。

第2節　他者を介した私の豊かさ

1　不意討ち的な他者

前節2のⅱ「私から他者への感情移入」（七二頁以下）で探ったように、フッサールにおいては、他者は私の類似者として間接的に経験されるしかない。たしかに、他者経験に関するフッサールのこうしたとらえ方は、フッサールの批判者が指摘しているような問題点を多くふくんでいる。しかし、フッサール自身によっては暗示されるだけでしかなかったが、この間接性こそが、他者を私とは異なる人格をそなえた他者としている。つまり、他者経験の間接性が、私には完全になりきれないあり方をしていると同時に、私はそのすべてを理解したりとらえることができない、私とは異なる存在者であるという意味での、他者の異他性を保証している。すると、私は他者を完全にはとらえられないため、私の経験の範囲におさまらない他者にそなわる異他的なものを介して、むしろ私のあり方が、他者から私へという方向で新たにとらえられるようになる。

他者が私に対して異他的な者として出会われてくることは、ブーバーにより、他者は私にとって新たな者や不意討ち的な者として出会われてくるという、〈わたし－あなた〉の関係として思索されている。ブーバーにおいては、他者が、それまでの私にとって未知の振る舞いや表情やあり方などをそなえた人間として現われてきたり、予想もしないような仕方で私をおそってくるため、私を不意討ちする、といった仕方で現われてくるときにこそ、他者は私にとって真の他者として出会われる。

こうした仕方で出会われる他者は、ブーバーの言葉でいえば〈あなた〉は、「平安よりもむしろ問いを後に残し、安心を揺り動かす」(Buber, 1962a, S. 101. 四八頁)ことによって、私を呼び覚ます。たとえば、私自身には気づかれなかった私のささいな過ちのため、だれかが犠牲をはらってくれたことを後から知ることによって、その過ちに気づかなかったための私の平安は崩れ去り、私は、いったいどのような過ちを犯したのか、という問いに向き合わされる。そのため、犠牲をはらってくれた〈あなた〉によって、それまでの〈わたし〉の安心は揺り動かされ、〈わたし〉は、自分の犯した過ちにさえ気づかなかった者であることを自覚させられる。ブーバーにいわせれば、こうした仕方で出会われてくる他者こそが、〈わたし〉を不意討ちする本当の〈あなた〉であることになるのであろう。

すると、他者によって不意討ちされることが、平安や安心のうちに他者関係を生きてきた私のそれまでのあり方を揺さぶり、私は、新たなあり方そのものに打ちあてられることになる。不意討ち性をそなえた他者に出会うことにより、私は自分のあり方を変えざるをえなくなるため、私を不意討ちする他者は、〈今現在〉の〈今いるここ〉での私が私自身にとって当事者たらしめられることを、私に実感させる。このことを感受性の観点から述べれば、次のようにいえる。他者が、本来、私の経験の範囲におさまらない異他性をそなえているかぎり、他者の異他性への感受性が鋭くなれば、それだけよりいっそう、他者は私にとって不意討ち的な仕方で出会われてくる。そのため、他者の異他性への感受性が豊かで深いものであれば、それまでの自分のあり方や、こうした他者に出会っている自分がどのようなあり方をしているかに敏感になることができるようになる。

それどころか、他者が、ブーバーのいうような意味で私を不意討ちすることなく、日常的に出会われてくるときでも、他者関係に敏感になりさえすれば、以下で探るように、他者は私がどのようなあり方をしているかを、私自身にとらえさせてくれるのである。

2　他者から豊かな私へ

i　見る－見られるにおける相互充足

語りかけにおける私のあり方　すでに第1章第1節1のi「反省と反省以前の触発」（一〇頁以下）で探ったように、私は、自己触発を介してそれとなくにしか、つまり匿名的な仕方でしか、私自身にはとらえられないのであった。しかし、他者との出会いにおいては、私と他者とはお互いに向き合うことになる。このことは、私は私で他者の表情などを見ると同時に、私は私の表情を他者に見られる、ということを意味する。こうしたとき、私と他者にとって、相手が現に存在していることになるだけではない。さらには、一方が他方にとってどのような人間であるかに応じて、両者の振る舞いや表情は異なってくる。

それどころか、出会いの端緒となる、言葉での語りかけはもちろん、目や身体的振る舞いによって合図を送るといった広い意味での呼びかけは、私と他者とがどのような関係にあるかを、つまりお互いが他方にとってどのような人間であるかを現実化している。たとえば、姓で語りかけるのか、あるいは名で語りかけるのか、敬語を使うのか、それとも〈くだけた〉話し方となるのか、といった語りかけの様式が、他者にとっての私がどのような人間であるかを私に実感させる。さらには、その様式に応じて、私自身のその時々のあり方も異なってくる。そのため、私の呼びかけや語りかけに対する他者の表情は、私のそのつどのあり方に応じて、異なる仕方で私に感受されることになる。たとえば、なんらかの具体的な内容についての対話に移行する前に、私は、呼びかけや語りかけからだけでも、その後で展開される対話の内容が、楽しいことなのか、悲しいことなのか、由々しいことなのか、といったことに関する予感を抱くことができる。それどころか、語りかけや呼びかけの表情やそれに応える相手の表情が好意的な肯《うべな》いの表情である場合には、その後の対話も友好的に展開されていく。逆に、それらが拒否の表情をおびる場合もあろう。

しかし、いずれにしても、語りかけや呼びかけは、お互いにとって「他者を他者自身として〔私にとって〕現に存在させる」（Waldenfels, S. 263; vgl., S. 265）ためのものである。ヴァルデンフェルスのいうように、「我々は、お互いに向き合いながらおこなったり、お互いのために受けとるものは、相互に語りかけ合うなかで、明確に分節化される」(a.a.O., S. 265) ことになる。私の語りかけは、それが相手によってどのように受けとられるかに応じて、語りかけにともなう声の調子やアクセントのおき方や顔の表情などがどのようなものであったのかが、それらはどのように複合し合っていたのかが、たとえば、他者に対して好意的であったのか、いわゆる〈素っ気なかった〉のかが、私自身に明確になる。つまり、他者の表情への感受性に応じて、そのつどの私のあり方がより柔軟になったり、堅苦しいものとなるだけではなく、語りかけといった私の行為にともなう振る舞いや表情がより明確に自分自身に自覚される、ということが語りかけにおいても生じるのである。

挨拶に含意されている豊かさ　それどころか、日常的な挨拶《あいさつ》の仕方でさえ、豊かな表情をそなえている。というのも、挨拶における振る舞いや表情には、挨拶をかわす人間が相互にどのような立場にあり、どのような関係をこれまできずいてきたのか、これからどのような関係を維持しようとするのか、といったことが刻みこまれているからである。日常的にかわされる挨拶でさえ、門下の僧の機智《きち》や知見や悟りの深さを試すという、禅問答における〈挨拶〉に通じているのである。

しかも、挨拶には、たんに両者が出会ったときの関係が含意されているだけではない。さらには、そのつどの出会いがすでに別れを含意していたり、別れが次の出会いを暗示していることを鑑みれば、挨拶は、それがなされているときのあり方だけではなく、両者が一緒にいないときのお互いのあり方さえ含意していることになる。〈会うは別れのはじまり〉という常套句《じょうとうく》や、別れの挨拶の言葉が、ドイツ語のAuf Wiedersehenやフランス語のAu revoirや中国語の再見《ザイチェン》など、再会を願う言葉であったり、英語のgood-byやスペイン語のadiós（＝神の御加護を）のように、別れた後の相手を気遣う言葉であることからも、挨拶の振る舞いや表情は、こうした言葉に本来含意されている願いがふくまれることによって、より豊かになるはずである。日本語の〈さようなら〉も、元来は、〈左様《さよう》なら、然《しか》らば、またの御目文字《おめもじ》を（＝こうしたことになりましたので、それでは、またお目にかかれることを）〉の冒頭の一句であることからすると、別れるまでの出来事を考慮しつつ、次回の出会いを期待していることになる。挨拶は、他者が「居合わせることと不在していること」を同時に含意している「振る舞い」ともなっている（a.a.O., S. 266）。そうであるかぎり、その場に居合わせている他者への挨拶の表情は、その奥行に、別れた後に不在することになる、他者への深い想いをもふくんでいることになる。

私が思うことと私が思われることとの一体性　しかも、他者が私のあり方を私自身に明確な仕方で主題化してくれるのは、両者がお互いの身体を見ることによってである。このときには、「他者が私を見ているということを、私が見ている」（a.a.O., S. 303）ため、そのときなにかについて私が考えている内容と、私が他者によって考えられている内容とのあいだに、重なり合いが生じる場合がある。本節2のⅳ「他者による私の存在」（二二五頁以下）でサルトルに即して探ることになる、他者の思うがままに私が存在させられる場合とは異なり、お互いが友好的に見る－見られるの関係にあるときには、挨拶や語りかけの場合と同様、「私は、他者を現に存在させることにより、自分にとってのあり方のままで、他者に認められていることを知る」(a.a.O., S. 305) ことができる。そのため、こうした友好的な関係において、「私は、自分に責任を負いながら活動的であらねばならないようなだれかとして、私を受けとる」(ebd.) ことにもなる。たとえば、呼びかけの後の〈今日はいつもよりも調子が良さそうですね〉という他者の語りかけは、語りかけた他者にとってのいつもの私がその他者に配慮されながら、今日の私の調子がいつもよりも良い者として、その他者に認められていることを含意している。また、このとき、私は、いつもよりも調子が良い者として振る舞うべき責任を、他者に負っていることにもなる。

こうしたことが生じているとき、「私は、他者を見ながらも、このことによって、私自身が他者から見られていることを知る」のであり、「私が思うことと私が思われることとが一体となって、遂行される」(ebd.) のである。

私の考えている内容が本当かどうかはいつでも疑うことができるのに対し、私が考えているという事実はけっして疑うことができない、ということを哲学の出発点とした、デカルトの有名な〈我思うがゆえに我あり〉という定式化は、ここにおいて、〈他者に思われるがゆえに我あり〉へと修正されることになる。上述の例でいえば、他者によって〈私はいつもよりも調子が良い〉と思われることと、私自身にとって〈私はいつもよりも調子が良い〉ということとが、一体となって、私は私にとって存在するようになる。いいかえれば、お互いに、自分が自分自身に即してあるところの者としてだけではなく、他者に対してもそうであるところの者として、両者は他方に対して存在し合うことができる。そのため、こうした責任の負い方には、〈いつもよりも調子が良い〉あり方を〈私がする〉という自発性だけではなく、他者によって〈いつもよりも調子が良い〉あり方とさせられるため、〈私がこうむる〉という受動的契機もふくまれている。こうしたときには、「能動性」と「受動性」との一体的生起が生じていることになるのである（ebd.）。

しかも、こうしたときに両者が満ち足りた関係を生きているならば、両者の気分や感情は同じではないにもかかわらず、両者の想いと表情は相互に充足し合っている。しかも、〈いつもよりも調子が良い〉という私のあり方は、私にとって直接生きられていたが、他者からそのように語りかけられるまでは、ことさら意識されていなかったため、潜在的であったことになる。他方、他者は、調子が良さそうな私の振る舞いや表情を直接顕在的に、つまりこのことを対話の主題とできるほど明確にとらえている。ヴァルデンフェルスのいうように、このときには、「両者の側で、一方には自分自身にとって直接的で非主題的なものが、他方にとって直接的で主題的なものとの重なり合いに至るのであり、そのさい、両者は、こうした重なり合い自体をそれとなく感知しているのである」（a.a.O., S. 303）。しかも、こうした重なり合いにおいては、反省を介して自分のあり方が〈私が思う〉対象とされることによって、自分自身から切り離される、ということが生じているのではない。そうではなく、反省されることのないため、だれが考えていたのかは定かではなかった「〔主語のない不定型としての〕思うこと」が、他者によって「私が思われていることとして」、明示的な〈私が思う〉になるのである（a.a.O., S. 303f.）。たとえば、或る出来事をもたらした客観的な原因を考え、それを他者に伝えたところ、他者から、〈この件で君はそんな原因を考えていたのか〉と言われることによって、その原因はだれでもが考えうるものではなく、私によって考えられたものでしかないことが、他者によって明確に分節化される。つまり、それまではだれにとってもそうみなされるような主語のなかった考えの主体が、他者によって、私であったことを私は自覚させられる。と同時に、私は、他者によってそのように思われている私であることも、実感させられるのである。

私が思うことと私が思われることとの一体的生起は、教育実践においては、子どもに対して、ポジティヴにもネガティヴにも、大きな影響を与えてしまう。たとえば、必死になって考えている子どもに対し、教師が、〈こんなにがんばっているんだ〉といった言葉をかけるならば、教師によって〈がんばっている〉と思われることによって、子どもは、〈自分はがんばっているんだ〉ということに対する責任を負いながら、〈がんばっている子ども〉になる。逆に、〈こんなことをしているから問題が解けなくなるんだ〉といった言葉で教師に思われてしまうと、子どものそれまでの必死の努力は、〈自分は問題を解けない子どもでしかない〉という想いに至ってしまう。

それどころか、本章第1節3のⅲ「対象他者による私の世界の変化」（九六頁以下）でも引用した遠藤によると、母親から虐待を受けている或る少女は、自分が「親から叱られるような悪い子である」（遠藤、二〇〇九、一二一頁）と思うようになってしまう。というのは、母親から思われているような〈悪い子〉であるから、母親からきびしくしつけられた、と思うことによって、この少女は、少なくとも、自分は虐待によって「母親から拒絶され続けてきた」のではなく（同書、一二〇頁）、母親から〈しつけ〉を受けるような親子関係にいまだとどまっている、と思うことができるからである。

ドストエフスキー『罪と罰』における〈私が思われる〉こと　こうしたことを典型的な仕方で具体化してくれるのは、さまざまな小説の登場人物である。たとえば、ドストエフスキーの『罪と罰』の主人公であるラスコーリニコフは、それまでは、他者に対していわば上から見下すかのような振る舞いや表情でもって、他者を自分の思うがままに存在させようとしては、その想いが実現されず、つねに不充足感に苛まれていた。しかし、以下に引用する場面では、このようなラスコーリニコフとも親密な関係をつづけてきたソーニャという女性によって、彼の方が、その女性にとってのラスコーリニコフにさせられてしまったことが、見事に描かれているので、その部分を引用したい。

「あなたはこの世界のだれよりも、だれよりも不幸なのね！」彼（＝ラスコーリニコフ）の言葉も聞こえぬらしく、彼女（＝ソーニャ）は夢中で叫んだ。そしてふいに、ヒステリーでも起きたように、おいおいと泣きはじめた。
もうとうの昔に忘れていた感情が、ひたひたと彼の心に押しよせ、たちまちそれをなごめた。彼はその感情に逆らわなかった。……

（ドストエフスキー、一一七頁）

以上で探ってきた見る－見られるの関係においては、私と他者の気分や感情や考えや想いなどが同一でないため、両者のあり方は、上述のラスコーリニコフとソーニャの場合もそうであるように、実像と鏡のなかの虚像のような対照性をそなえることのない、「非対照性」によって特徴づけられる（Waldenfels, S. 307）。そのため、このときには、現象学の立場から倫理の問題を解明している、マックス・フェルナント・シェーラー（1874–1928）のいうような、次のような事態と同様のことが生じていることになる。つまり、真の同情においては、たとえば、他者と同じ苦しみや歓びを自分が体験していないにもかかわらず、他者が苦しんでいることや歓んでいること自体が、私には苦しかったり歓びである、といった「共苦」や共歓が生じる（Scheler, S. 24f. 四二頁以下；vgl., S. 48f. 八〇頁以下参照）のであり、他者と私は同じ感情状態にあるのではない。[7] 同様にして、他者と同じ体験を私がしているかどうかは、見る–見られるの関係においては本質的なことではない。たとえば、上述のソーニャは、ラスコーリニコフが金貸しの老女を殺したことから端を発した彼自身のあり方に苦しんでいることが、彼女にとって苦しみとなっており、彼女自身がだれかを殺したことによって苦しんでいるのでもなければ、彼と共犯者となることにより同じ苦しみを分かち合っているのでもないことは、明らかである。

他者への通路を開いてくれる私の弱さ　そもそも、友好的な見る–見られるの関係においてだけではなく、お互いが身体を介して関係している他者関係において、両者は、挨拶や語りかけの言葉だけではなく、他者の振る舞いや表情を直接主題的に知覚できる。他方、第1章第1節「現在の根源性」（二一頁以下）で一貫して、自分自身へとふりかえる反省について探ったさいに明らかとなったように、反省においては、

〈今現在〉の〈今いるここ〉で反省している私のあり方は、私自身には匿名的に、つまりそれとなく感知されるだけであった。そのため、身体的に他者と向き合うことは、ラスコーリニコフの場合がそうであるように、自分自身を完全にとらえきれないことによる不充足感が、他者によって満たされることになる。このことによって、それまでは自分自身の経験に拘束されていた私が、他者のおかげでその拘束から解放されることになる。したがって、メルロ－ポンティのいうように、「私は、私のなかに或る種の内的な弱さを認め、この弱さが、私にとって絶対的に個人であることをさまたげ、この弱さのため、私は、人間たちのただなかのひとりの人間として、……他者の眼差しにさらされるようになる」(Merleau-Ponty, 1945, p. Ⅶ, 一〇頁以下)。ラスコーリニコフも、自分の弱さがソーニャにさらされることによって、生身《なまみ》の人間として生のかなり奥深くでソーニャと通じ合うことができるようになる。

しかも、同様のことは他者にも生じているはずである。そのため、「こうした本質的な弱さのみが、……自分に固有なものと異他的なものとのあいだの浸透を可能にするため、強さでもある」(Waldenfels, S. 313f.)ことになる。そうすると、〈今現在〉の〈今いるここ〉での私自身をとらえきれないという私の弱さは、むしろ他者への通路を開いてくれることになる。ヴァルデンフェルスのいうように、そもそも、一個の主体としてこれまで多くの経験を積み重ねてきた、それなりの個性をそなえている私という「人格が、自分にあらかじめ与えられているものの根拠の上に存在しなければならないような自分ではないからこそ、人格は、異他なるものへのさし向けを求めるのである」(a.a.O., S. 252)。異他なる他者へのさし向けが、自分の弱さゆえに、より繊細《せんさい》となれば、それだけよりいっそう、私は、他者への感受性を高めることができる。と同時に、私の生をより豊かで深いものにしてくれるのが、他者との出会いなのである。つまり、他者へのこうしたさし向けが、その他者を介した私の豊富化へと至ることになり、他者のおかげで、私ひとりでは支えられなかった自分のあり方を、確かなものとして感じることができるようになるのである。

教育実践においても、〈先生がまちがっていたね〉といった言葉によって、教師自身の弱さを子どもたちにさらけだすことは、つねにとはいえないまでも、それまでの教師のあり方をこえて、子どものあり方へと自分をさし向けることによる、豊富化へと至る可能性を開いてくれるときがある。

ⅱ　他者を介した私の身体の顕在化

他者に触れられること　第1章第1節1のⅱ「絶対的な〈ここ〉としての身体」（一四頁以下）ですでに探ったように、またメルロ＝ポンティも認めているように、たしかに、「私は、〈なにかを〉見つつある自分自身を見るのではない」（Merleau-Ponty, 1964b, p. 256, 二九〇頁）。しかし、以下でメルロ＝ポンティと共に探るように、他者の身体や他者の存在を介して、自分自身の身体や自分のあり方を顕在的にとらえることができるようになる。

たとえば、子どもの頭をなでることは、このことによって生じる触感覚によって、自分では直接見ることのできない頭頂部を子ども自身に顕在化させる。いわゆる〈自分の生き様《ざま》を背中で示す〉という振る舞いには、その人自身には見えない身体部分だからこそ、それを見る者によって自由に見られるしかないことを、つまり自分の生き様をどう感じてもらうのかを背中を見ている他者にたくすしかない、という想いが含意されているのであろう。決心がつかないことを実行するさい、〈他人に背中を押してもらう〉という比喩には、先に進むことをうながしてもらい、しかも背後から支えてもらえるという安心をえる、ということだけが含意されているのではないであろう。さらには、自分には見えない背中を触感覚によって顕在化してもらうことにより、自分自身をしっかりと見つめることを可能にしてくれる、ということもこの比喩には含意されているのではないだろうか。あるいは、これとは反対に、〈背中《せな》合《あわせ》〉という、最近は死語となった、ふたりがお互いに背中を合わせることに比喩される、仲の悪い関係を示す言葉も、ふたりがまったく逆の方向に向かっていることを含意しているだけではないであろう。さらには、お互いの背中に生じる触感覚によって、ふたりが共に、身体のすべての部分において反目し合っていることも、この比喩に含意されているのではないだろうか。他方で、おとな同士がお互いに正面から、しかも、お互いの背中にまで両手をまわして抱き合うことは、かなり強い親愛の情の表わし方であることは、よく知られている。あるいは、おとなと子どもがお互いに抱く－抱かれるという身体的接触は、慈しみ－守られているということの具体的な振る舞いであることは、だれにとっても明らかである。お互いに愛し合う者同士の場合になされる接吻《せっぷん》に至っては、通常は触知されることのない口唇などまでもが激しい触感覚と運動感覚に満たされることになる。そのため、両者のあいだでは、私という感じる者が、同時に感じられる者となることにより、つまり能動性と受動性とが一体となることにより、文字どおり全身全霊でもってお互いを受け入れつつお互いに受け入れられる、ということになるのである。

間身体性の器官としての身体　以上の例から、身体上に生じているさまざまな感覚に対する感受性について明らかになるのは、メルロ－ポンティがいうところの、次のような事態である。「他者の感覚」は、私には「目の前に根源的に存在しえない」ため、つまり、私には五感を介して物理的に知覚できないため、たしかに、他者の身体の「裏側」でしかない（ibid., p.286, 同書、三三九頁）。しかし、それが私にとらえられるのは、そもそも「他者の身体が私にも感覚できるものへと調律されていること」によるからである（ibid., 同所）。

このことが触覚で顕著となるのは、私が自分の右手で左手に触れるとき、触れる右手と触れられる左手とのあいだで生じることと同様のことが、ふたりの人間の身体が触れ合うときにも生じるからである。たとえば、私が他者と握手するとき、他者の手の動きやその手によって加えられる圧力などについての私の感覚が、他者自身によって感覚されているものと同じ感覚へと調律されることにより、自分の手が感じる身体であることを実感すると同時に、他者の手もやはり感じる身体であることが、私に一挙にとらえられる。このとき、私の身体は感じる者であると同時に、他者によっても感じられている者となり、他者に感じられている感覚への私の感覚の調律は、「私を二重化する」のである（ibid., 同所）。

すると、私の他者経験に「生気《せいき》」を与え、他者が生身をおびて現われてくるのは、「まず思考のレベルよりも下においてである」、つまり「皮膚感覚的」なレベルにおいてである（Merleau-Ponty, 1960, pp.

214–215, 二〇頁以下)、ということが明らかとなる。メルロ゠ポンティのいうように、「〔右手で〕他者と握手するさい、私が、他者のそこにいることについての明白な際立ちをもつのは、他者の〔右〕手が私の左手と入れかわるからであり、……私の身体が他者の身体を併合するからである」(ibid., p. 212, 同書、一七頁以下)。こうしたことから、メルロ゠ポンティは、「他者と私は、あたかも唯一の間身体性の器官である」とし、間主観性(=相互主観性)の根底に、間身体性の次元があることを明示している(ibid., p. 213, 同書、一八頁)(8)。このことは、上述した子どもの頭をなでるときや、お互いに抱き合う場合に、まさに文字どおりに生じているのである。

他者の〈おかげ〉による私の身体の顕在化　しかし、他者を介した私の身体の顕在化は、他者との触覚的な関わりにおいてのみ生じる、というわけではない。たとえば、私が見ている物は、その厚みゆえに、私には見えない側面をそなえており、こうした側面が他者に見えるからこそ、私にとってその物の存在が実感できる。そのため、メルロ゠ポンティは、次のようにいう。「知覚されている私の世界は、つまり私の前には半分しか開かれていない(=見えていない)物は、その厚みのうちに、……私とは別の他の証人を要求する権利をもっている」(ibid., p. 215, 二一頁)。日常生活においても、たとえば、遊んでいる子どもの背後の母親の存在は、その子どもが使っている遊具などだけではなく、彼の身体もが母親にも存在していることによる安心と安全の気分にその子どもをひたらせてくれる。と同時に、母親の穏《おだ》やかな表情は、子ども自身にとっての自分の存在の顕在性を保証してくれる。それどころか、親の慈愛に満ちた表情は、それだけでもって、子どもの存在が肯われていることを、その表情に接する他の人にも顕在化してくれる。そのため、「私自身である見ている者が、私に本当に見えるようになる」（Merleau-Ponty, 1964b, p. 189, 一九九頁）のは、他者の〈おかげ〉なのである。

以上のことからは、上述した、自分にそなわる本質的な弱さゆえに異他的なものへのさし向けを求めるあり方とは対照的に、自分が絶対的な個別性において存在しているという、つまり他者の支えなしに存在しうるという、一見すると自我の自立性を意味するあり方は、自分に固有なものだけに拘束されているため、異他的なものへの感受性が閉ざされている、いわゆる柔軟性を欠いたあり方でしかない、ということが導かれる。というのも、他者をはじめとする異他的なものに依存することのない仕方での自分自身のとらえ方は、たとえば、自分のあり方を自分のなかだけでとらえるような反省は、以下で探るように、それまでは気づかれることのなかったものしか、とらえられないからである。

こうしたことから、メルロ－ポンティやヴァルデンフェルスなどの現象学は、通常はネガティヴにとらえられている人間の弱さが、常識から解放されて、じつはポジティヴで豊かなあり方であるという、新たな観点から人間をとらえることを我々に可能にしてくれる、ということが明らかとなるのである。日常生活においても、自分の弱さを他者に対してだけではなく、自分自身にもおおい隠そうとして言い訳ばかりをしている人間よりも、自分の弱さをさらけだす人間の方がじつは強い人間であるということは、我々自身も心の奥底で、つまり奥行の生の深いところで、それとなく感じているのではないだろうか。

iii　自分自身に閉じこめられた反省

共犯的な反省　第1章第1節1「自分自身のとらえ難さ」（三頁以下）で探ったように、自分自身に沈潜することにより、自分をふりかえることによっては、〈今現在〉の〈今いるここ〉での私自身をとらえることはできないのであった。しかし、目的へと直線的に向かっているだけのときと比べれば、自分自身へとふりかえることは、そうするまでは気づかれていなかった自分のあり方や、自分の行為を生みだした想いや理由などを、主題的にとらえることにもなる。そのため、日常生活において自分が犯した過ちなどを道徳的に反省する場合をふくめた、自分を深く反省する者の表情には、自分の内面に沈潜する者に特有の深い溝が、たとえば顔の表情に苦悩にみちた皺《しわ》が刻みこまれる。というのは、自分自身へとふりかえる反省が、たとえ上述したような限界をもつとしても、〈今現在〉の〈今いるここ〉でなされる反省作用自体は、自己触発によって自分のあり方に刻みこまれることにより、直線的な生の営みにいわば皺という溝を刻みこむことになるからである。

たとえば、さしせまった状況で思わずおこなってしまった行為によって、重大な不利益をこうむってしまったことを本当に反省するためには、こうした事態を招いた私自身のあり方を認めたうえで、こうむった不利益をまずは自分自身で受け入れなければならない。というのは、そうした行為をした自分自身の非をまず受け入れなければ、反省は本当のものとはならないし、こうした事態に至った自分のあり方を以後改めることが、つまり過去の自分をのりこえることができないからである。他方、たとえば、〈私が怒ったのは彼が私を裏切ったからだ〉といった、あるいは、〈あんなことをしたんだから、こうした結果を自分自身でこうむるのは当然だ〉といった反省にとどまるだけでは、反省以前には隠されていた自分の秘めた想いに自分自身で同調することしかできない。そのため、こうした反省をする者には、いわゆる居直《いなお》りや諦めの振る舞いや表情が色濃く現われることがある。

このように、自分へとふりかえる反省によってとらえられるのは、反省以前には隠されていた自分のあり方や秘めた想いでしかないため、それをこえたあり方には至ることができないことから、フッサールでさえ次のようにいう。道徳的な反省を含め、「たんに反省するだけでは、私は、私自身に同調すること以外のことは、……できない」(Husserl, 1959, S. 98)。

そのためにこそ、自分をとりもどし、自分のあるがままの姿を思い浮かべ、それを自分自身へととりこむため、我々は深く反省しようとする。しかし、こうした反省は、サルトルによれば、「自分自身にとって、自分が存在しているところの者であるため」(Sartre, 1943, p. 207, I 三九一頁)になされるだけの、「共犯的な反省」(ibid., p. 201, 同書、三八〇頁)と名づけられているような反省でしかない。というのも、こうした反省を試みることによって、私は、自分を対象化し、対象化された自分に同調しようとするからである。上述した例でいえば、〈私が怒ったために彼との関係がこじれたのは、彼が私を裏切ったからだ〉という、彼に対するそれまでの私の秘めた想いに私自身が同調し、彼を裏切り者とし、そうすることにより、彼とのこじれた関係という不利益のこうむりに私なりの理由をつけ、その理由を以後の私自身の支えとすることになる。こうした反省は、サルトルがそう名づけているように、私の秘めた想いにまさに共犯的なのである。

二重の運動としての反省　しかし、共犯的な仕方で自分自身のなかにとりこまれるものは、だからといって、私によって勝手気儘《きまま》に構築された自分ではけっしてない。反省によって自分自身の存在をとりもどせるためには、反省する者は、反省によってとりこまれることになる、かつての自分のあり方にかなり敏感でなければ、そうしたあり方を認めつつも、そのあり方をこえていくことができない。

そのためたしかに、「反省は、反省される者の背後に、限定され性質づけられることに敏感な自分に即したあり方を私自身に現われさせてくれる」(ibid., p. 207, 同書、三九二頁)[9]。しかし、反省によって自分自身のあり方をとらえたとしても、反省とは、それまでは気づかれていなかった私のあり方をとらえることでしかなかった。反省によってとらえられる自分とは、そうした意図がないように思えても、道徳的な反省の場合に典型的となるように、その意図に反し、かくかくのあり方であったかつての自分(＝怒った私)はしかじかの私(＝裏切られた私)でありたかったような自分のことでしかない。サルトルの言葉でより正確に述べれば、こうした反省は、意識の背後にあらかじめ粗描されているものをまず「対象化」し、それを自分のなかにとりこむ「内面化」という、「二重の運動」(ibid., 同書、三九一頁)の試みでしかない。

そのため、たとえば反省によって、私が或る友人に対する永遠の友情をいだいていることをとらえ、その結果、未来における私とその友人との関係を確信できるのは、私がその友人との友好的関係にこれまですでに拘束されてきたから、つまりこの友情を私は大事にしたいからである。また同時に、反省によってとらえられた永遠の友情は、反省している〈今現在〉の私自身によってすでに生きられている。そうであるからこそ、反省している〈今現在〉の時点で、私の未来はその友人との良好な関係の光に照らされているのである。

深い反省　反省とは本来こうした二重の運動の試みでしかないため、たとえどれほど深く自分自身に沈潜しようとも、自分の経験の範囲に拘束されている。そして、こうした自己拘束に気づくことにより、つまり自分による自分自身のとらえ方の不十分さと弱さを自覚することにより、メルロ－ポンティのいうように、この弱さが他者へとあえて浸透するための強さになる。本当に深く反省する者は、いわゆる他者の声に耳を傾けるときの決意をともなった柔軟なあり方へと向かって、自分を超越していく。共犯的な反省によってなしとげられないのは、こうした仕方での自己拘束からの解放なのである。すると、本当に深く反省しながら自己拘束に気づく者の表情は、自分のあり方を受け入れるさいの苦渋と同時に、自分を超越していく開かれた柔軟さと強さをおびることになる。その表情には、共犯的な反省にとどまっているために自分の誤りを決して認めない者の頑《かたく》なで傲慢な表情とは異なり、その表情に出会う者を、異他的なものへの浸透へと導いてくれるはずである。

以上のことから、第1章第1節をとおして明らかにされた、自分自身へとふりかえることとしての反省にそなわる限界は、むしろ、道徳的な反省の場合に典型的なように、その限界を自覚することによって、それまでの自分のあり方をこえることを可能にしてくれる、ということが導かれる。この限界は、他者への浸透という柔軟なあり方を、私に可能にしてくれることになる。上述の例に即せば、〈裏切られたから怒った〉といった共犯的な反省をするのではなく、私が裏切られたのは、裏切られるだけの原因が私にあったことを、私自身が自覚し、こうした私を変えることによって、私は柔軟なあり方へと至ることが可能となる、といえる。すると、自分へとふりかえる反省には限界があるとしても、つまり、反省された内容は、かつてのあるがままの自分ではないとしても、反省すること自体には、それまでの自分自身のとらえ方を変えることによって、豊かなあり方へと至る可能性がふくまれることになるはずである。

iv　他者にとっての私

以上で探ったような深い反省を介して、自分自身のあり方へと向かいつつそれを受け入れながらの自分の超越が典型的に可能となるのは、〈私はだれか？〉といった問いを自分自身へと向けるときである。

キャロル『不思議の国のアリス』における〈私はだれか？〉　たとえば、不思議の国に迷いこんだアリスは、「一日のうちにあんなに何回も大きくなったり小さくなったり」することによって、「わたしじゃない」ことになり、「わたし自身《じしん》が何が何だかわからない」（キャロル、五七頁以下、ルビは原文のママ）、という自己疎外に追いこまれてしまう。そのため、そこで出会う不思議な動物たちに翻弄《ほんろう》されることになる。しかし同時に、このことは、それまで自分が馴染《なじ》んでいた世界と、その世界で出会う他の人々との関係に、自分がどれほど無自覚であったのかを、アリス自身に気づかせることになり、彼女は、自分自身の根拠のなさにもたらされる。すると、このときにアリスに生じたことは、ヴァルデンフェルスが記述している次のような事態であることになる。つまり、「さしあたってはいつもくりかえし、世界や〈他者と〉共同の世界から自分を了解する傾向がある自我に対して〝私はだれか?〟という問いは、ショックのように作用する」のであり、「こうした転覆《てんぷく》において自分自身にもどされることをみつめている自我にとって、世界や共同の世界が消え去ってしまうのは、こうした自我がそうした世界になんの拠りどころを見つけられないからである」(Waldenfels, S. 108. 〝 〟は原文のママ)。〈私はだれか?〉という問いによって、それまでの自分の可能性がどのようなものであり、その可能性が実は根拠のないという意味で、底なしの深遠な自分自身へと引きもどされ、「自我は自分が自分自身へと指し示されているのをみいだす」(ebd.) ことになる。こうした問いは、思春期にとくにさしせまったものとなることからも明らかなように、自己のアイデンティティーの確立に通じているのである。

しかも、自分が自分であることの根拠を失っているため、不思議の国で出会う動物たちにアリスが翻弄されるのも、アリスが、こうした動物たちそれぞれにとってのアリスにさせられてしまうからである。たとえば公爵《こうしゃく》夫人は、「鉱山《マイン》多《おお》ければ、他山《ユアズ》少なし」(キャロル、一二四頁)という語呂合わせによって、〈わたし〉のものが多ければ〈あなた〉のものは少なくなる、とアリスを諭《さと》す。というのも、本章第1節2のii「私から他者への感情移入」(七三頁以下)で共に探ったブーバーに即せば、〈わたし〉に固執すれば、それだけよりいっそう〈わたし〉にとっての〈あなた〉の異他性は少なくなるからである。そのため、公爵夫人は、アリスにとっての〈あなた〉が「見えたいと思うものであれ」と、あるいは、アリスにとっての彼女自身が「ありしもの……は、他人《たにん》には……さにはあらず」（同所、以上ルビは原文のママ）、と言葉を重ねることになる。こうして、不思議の国に迷いこんだアリスは、他者に見られている自分にさせられることになると同時に、なぜそうなるかを学んでいくことにもなるのである。

他者による私の存在　自分の自分自身へのこうした指し示しと、それにともなう自分の不確かさは、〈私はだれか？〉といった問いにおいてだけではなく、サルトルの記述しているように、他者の眼差しにさらされるときにも生じる。しかもこのことは、表情についてさらに深く探るさいの貴重な視座を与えてくれる。サルトルの有名な鍵穴の比喩は、こうしたあり方を見事に描いているので、まずその内容を、本書の趣旨に合わせつつ、簡単に紹介しておきたい。

廊下にしゃがみこんで扉の鍵穴から室内を夢中になってのぞき見しているとき、身体は〈今いるここ〉にありながらも、心は室内の〈そこ〉にあるため、私は、我を忘れた状態にある。そのため、道徳的には非難されるべき行為をしながらも、のぞき見に夢中になっているあいだは、後ろめたささえも感じないほど、〈今現在〉の〈今いるここ〉での私のあり方は、私の意識から身を引いている。このとき突然、廊下の向こうにだれかの足音が聞こえるやいなや、私は一挙に、不道徳なことをしている私自身へと、つまり室内をのぞき見している〈今現在〉の〈今いるここ〉での私自身へと連れもどされる。それどころか、もしもその足音の主が、たとえば、咎《とが》めるような口調で〈そこでなにをしているのか？〉

と詰問するならば、あるいは、詰問される前に自分から、たとえば、〈じつは、室内で怪しい物音がしたので〉といった言い訳によってこの場を逃れようとするならば、私の意識は、次のようなものとなってしまう。私のこうしたいわゆる下心《したごころ》や、とっさに廊下の向こうの暗がりに身を隠したいという私の空しい試みさえもが、その他者に見透かされているのではないか、といったことさえもすべてふくんだ、そのときの私のあり方が、まぎれもなく私自身に意識されてしまう（cf. Sartre, 1943, pp. 317–323, Ⅱ九一—一〇四頁参照）。

このときには、自分自身へとふりかえる反省による意識のとらえ方の場合とは異なり、〈今現在〉の〈今いるここ〉での私の存在そのものだけではなく、言い訳をしたり廊下の向こうの薄暗い場所に身を隠そうという、私の可能性までもが、私自身にありありと意識されてしまう。

あるいは、羞恥《しゅうち》においては、たとえ他者が私の目の前に現におらずとも、私の不様《ぶざま》で惨《みじ》めな振る舞いがそのまま他者にとらえられているのではないかということが、やはり私に直接意識されてしまう。羞恥において、「私は、私があるところのものについて恥じる」ことになり、「私は、私が他者に対して現われているかぎりの私について恥じる」のである（ibid., p. 276, 同書、一二一頁）。

他者の眼差しによる私自身の実感　鍵穴からのぞき見しているときや、羞恥におそわれたときに生じるこうした意識は、その実感たるや、経験的にも明らかなように、「骨の髄まで侵《おか》され」、「なんらの推理的な前触れもないまま、私の脳天から爪先までをかけめぐる直接的な戦慄《せんりつ》」となるほどの、直接性と無媒介性とにつきまとわれている。いずれの場合でも、「現実的人間としての私の全体」が私自身に実感されるような仕方で、「私は、他者が私を見ているままに、私が存在していることを自認する」しかなくなる。こうしたとき、「私自身との私の親密な関係」が実現される。しかも、この親密さは、自分へとふりかえる反省によってはけっしてえられることのない、「〔自分自身との〕距離もなく、〔現実の私からの〕後退もなく、〔自分からの距離をとった〕視点もない」私自身との親密さとなる。（以上 ibid., pp. 275–276. 同書、一二一―一四頁）。サルトルは、こうしたときのあり方を、「他者に眼差されていること」と術語化している（ibid., p. 340. 同書、一四〇頁）。

そして、鍵穴の比喩からもうかがえるのは、このときの私は、文字どおり、身も心も身動きがとれなくなって、「凝固させられて」しまう（ibid., p. 502. 同書、四六〇頁）、ということである。[10] サルトルの言葉を使えば、「他者の眼差しによる……石化《せきか》」（ibid. 同書、四六一頁）が生じる。しかも、私の可能性もが他者に見透かされている、と強く感じているため、このときにも、アリスの場合と同様、私は、他者の出現によって、私の可能性の根拠さえも失い、まさに私自身の深淵に連れもどされ、他者にとっての私がだれであるかが、つまり不道徳な行為の担《にな》い手である他のだれでもない私が、私自身に実感されることになる。

しかもこのときには、上述した友好的な見る－見られるの関係とは異なり、私は他者に一方的に眼差されることになり、他者の表情や、他者の目を見ることもできない。もしも他者の目を見ることができれば、サルトルのいうように、そうした状況をかなり解消できるであろう。こうしたことからサルトルは、鍵穴の比喩で典型的となる私を石化させる「他者の眼差しは、他者の目をおおい隠している」(ibid., p. 316, 同書、九〇頁)、という。このときの他者は、なんらかの特徴や身体さえもそなえることのない、他者がそこにいるという「他者の事実性」によって、ないしは他者が「そこに存在していること」によって、私を他者にとってのあるがままの私にさせてしまう(ibid., p. 337, 同書、一三三頁)。すると、こうした他者は、いわば顔をもたない、そのため、表情をもたない他者である、といえるであろう。

これらのことから導かれるのは、サルトルの比喩ほど極端な場合ではなくとも、日常的に〈表情がない〉といわれるさいの、その表情にそなわるいわゆる不気味さである。あるいは、冷たい眼差しというい方も、その眼差しによって石化される者が身も心も凝固させられ石のように硬くなることだけではなく、そうした眼差しや表情を送っている者の石のような冷たさをも、意味しているのであろう。

たしかに、鍵穴の比喩とは異なり、羞恥は、他者が私の目の前に現にいなくても、私の不様で惨めな振る舞いが他者に見られているのでは、という意識によって、つまり、「私の意識に対する他者の現前(＝他者が目の前に存在していること)」(ibid., p. 276, 同書、一二頁)によってもたらされる。しかし、いずれの場合にも、私自身へとふりかえる反省の場合とは異なり、「私は、私の存在において突然おそわれ」、「私を一挙に意識する」(ibid., p. 318, 同書、九四頁以下)といったことが生じる。しかも、このときの私の私自身にとっての意識のされ方は、羞恥についてのサルトルの言葉から端的にみてとれるように、通常は直接とらえられない私の振る舞いや表情が私自身に明確に実感させられる、といった仕方で生じる。たとえば、羞恥において、私は、自分の顔が赤く火照《ほて》っていることを、鍵穴の比喩でいえば、眼差しを送っている他者の前で、私の言い訳がかなり〈しどろもどろ〉になっていることなどを、実感させられる。いずれの場合にも、〈今現在〉の〈今いるここ〉での私のあり方が、私の心の奥深くで打ちあてられ、まぎれもない私自身が当事者であることを自認させられるのである。

サルトルは、他者に眼差されていると私が感じているときの他者を主観他者と呼び、上述した対象他者と区別している。たしかに、日常生活においては、羞恥において上述したようなあり方におちいることがしばしばあるだろう。他方、鍵穴の比喩によって描かれているようなことが生じることは、それほどないであろう。しかし、こうしたことが子どもを養育している現場ではしばしば生じ、そのときの子どもたちの辛《つら》さがどれほどのものかについては、対象他者について探ったさいに引用した遠藤によって、やはり虐待をこうむっている子どもたちの事例に基づいて、かなり克明に解明されている（遠藤、二〇〇九、一三三―二五八頁参照）。そのため、この詳細は遠藤にゆずることにし、本書では以下のことを本章のまとめとしておきたい。

自分自身に閉じこめられた反省によっては、〈今現在〉の〈今いるここ〉での私のあり方をとらえることができないのに対し、他者との出会いは、私の経験の範囲にとどまっていた私の狭隘《きょうあい》さをこえて、私自身をより多様な仕方で豊かにとらえることを可能にしてくれる。しかし、羞恥や鍵穴の比喩や遠藤の施設での事例などからうかがえるように、他者を介した自分自身の把握は、ときには非常に辛い体験となる。そのため、その辛さを克服した自分自身の把握は、それだけよりいっそう私の奥行の生の奥深くに浸透してくる。

しかし、だからといって、他者との出会いによって自分自身を豊かにとらえることは、サルトルのいうような、主観他者の眼差しにさらされたり、羞恥においてのように、辛さをともなうことによってのみ可能となるわけではない。そこで、他者を介した〈今現在〉の〈今いるここ〉での私の振る舞いや表情について本章で探られてきたことを基に、さらに、日常生活でごく普通になされている人間間の関わりにおける表情について探ることにしたい。しかし、このことは第4章でおこなうことにし、次章では、世界の表情について探ることにする。そうするのは、すでに簡単にふれられただけではあるが、人間の振る舞いや表情は、その人間が存在している世界や世界内のさまざまな存在者と密接に関係しているからである。そして、人間間の関係も、こうした世界や世界内のさまざまな物との関わりのなかでとらえられなければならないからである。

注

（1）フッサールにおける他者経験の以上の思索の歩みについては、中田（一九九七）でその問題点とフッサール以後の現象学の展開とをからめながら論じたので、詳細はそれを参照していただきたい。

（2）筆者自身は、最近は、Einfühlungというドイツ語の訳語としては、自己移入という言葉を採用してきたが、本書では、情感に関わる生の営みが探られることになるので、感情移入という訳語を使うことにしたい。

（3）こうした観点から、文学の授業における感情移入の豊かさを解明したものとしては、遠藤（二〇一〇）がある。

（4） 本書で〈わたし〉と〈あなた〉と訳したブーバーのドイツ語のIchとDuは、本邦においては、〈我《われ》〉と〈汝《なんじ》〉という言葉でもって訳すことがほぼ定着している。しかし、このように訳されてきたドイツ語は、ブーバーにおいても、また、日常語としても、家族や友人や子どもたちのあいだで使われる、親しい者同士への呼びかけの言葉であり、〈おれ〉と〈おまえ〉という日本語にも訳せるような語感をそなえている。こうした語感をいかすため、本書では、従来の慣習には従わず、あえて、〈わたし〉と〈あなた〉という訳語を採用することにする。

（5） ここで探られているあり方は、作業中の自分の作品に注意をはらうことによって、自分の声が根底において聞かれている、ということから、第1章第2節2のｉ「没頭における時間感覚」（四一頁以下）で探った、仕事などに没頭しているときのあり方とは区別される。そのため、一見すると同じあり方であると思われてしまいがちな没頭と区別するため、本文の当該箇所では、仕事などに〈打ちこむ〉という表現を使うことにした。というのも、この言葉には、私の作業が作品に刻みこまれ、私のあり方がその成果に反映される、というニュアンスがふくまれるからである。

（6） それどころか、次節2のⅳ「他者にとっての私」（一二三頁以下）でサルトルと共に探ることになる、他者の眼差しによって、たとえば羞恥におちいるといった、主観他者との出会いさえも、それが私のあるがままのあり方を私自身に開示してくれる。そのため、こうした観点からすれば、他者経験についてのサルトルの思索が展開されている『存在と無』における、一見するとサルトルのネガティヴな人間観の根底には、他者への高《こう》潔《けつ》さといった、ポジティヴな人間観がひそんでいるのではないだろうか。こうした観点からの『存在と無』におけるサルトル解釈の再検討については、中田（二〇〇八）第2章で、詳しく探った。また、高潔さについては、第4章第3節2のⅲ「高潔さ」(二六二頁以下)で再びとりあげる。

(7) さらに詳しくは、中田(一九九三)一二一―一二五頁を参照。

(8) 筆者はこれまで、他者と相互に浸透し合ったり、他者と共同化されているあり方を示す現象学の術語である Intersubjektivität というドイツ語を、相互主観性と訳してきた。しかし最近は、このドイツ語は間主観性と訳されることが多いようである。そのため、身体における同様の事柄については、間身体性という訳語を使うことにする。

(9) 邦訳書では、この「敏感な」が訳されていない。

(10) 最近の若者がよく使う〈固まってしまう〉という言葉も、同様の事態を指しているのであろう。

第3章　世界の豊かな表情

表情という言葉は、人間の顔や人間の顔を摸している人形や仏像などの顔の場合に、もっともよく使われる。しかし、たとえば、〈今日の海は穏《おだ》やかな表情をしている〉とか、〈この町の朝の表情は活気に満ちている〉といったいい方からもうかがわれるように、表情という言葉は、自然界の出来事や物事の様子を表わす場合にも、使われることがある。たしかに、物に関しては、通常、相貌《そうぼう》という言葉がしばしば使われるが、この言葉も人間の表情と似たような外観を物がそなえていることを暗示している。というのも、相貌的知覚という言葉が、たとえば、〈お日さま（＝太陽）が笑っている〉といったように、物にも人間の顔と同じような表情を感じてしまうときの知覚を意味しているからである。

そのため本書では、表情という言葉を、自然界の出来事や物の場合にも使うことにしたい。というのは、表情という言葉の使い方を以上のように広げることにより、人間の表情と風景や出来事や物の現われとが密接に関わっており、後者の現われを表情としてとらえることは、前者の人間の表情のとらえ方を、より豊かで深いものにすることができるからである。以上のことから、本書では、風景や出来事や物についての表情を総称するときには、世界の表情という言葉を使うことにしたい。そうすると、日常生活で気分や感情に応じて外界の現われが異なってくることは、それらに応じて世界の表情が異なってくる、といいかえられることになる。たとえば、気分が爽快《そうかい》なときには、世界の表情は輝いてくるし、気分が消沈《しょうちん》しているときには、世界の表情は陰鬱《いんうつ》となる。

しかも、世界や世界内の存在者は、それを眺める人間がいることによって、表情をおびることになる。

たとえば、天災などによって風景が破壊されることでさえ、サルトルのいうように、その風景と人間との関係が前提とされている。つまり、暴風雨のためにかなりの地域が広範囲に変形されたとしても、このことによって引き起こされたのは、その地域が物体の塊《かたまり》としての地形を変えただけでしかない。こうした変化をその地域が〈破壊された〉といいうるためには、その地域を守りつづけたい人間や、その地形の変化によって大きな被害をこうむる人間がいなければならない（cf. Sartre, 1943, pp. 42–44, I 七二―七四頁参照）。それどころか、なにかが「変わったことを明確に定めるためには、なんらかの仕方で過去を〔記憶に〕とどめておくことができ、これを、《もはや－ない》というかたちで、現在と比較するひとりの証人がいなければならない」（ibid., p. 43, 同書、七三頁、《　》と－は原文のママ）。このように、自然の風景でさえ、それがなんらかの相貌を、つまり表情をそなえるためには、それと関わる人間のあり方が反映されていなければならないのである。

以上で述べたように、人間以外のものにも表情を認めることにより、本章第1節では、人間のあり方と世界の現われ方との密接な関係が、感情の空間的な伸び広がりという観点から、探られる。第2節では、世界の現われと一体になって機能している身体に着目し、芸術作品の表情を知覚するさいの身体の働きについて明らかにし、さらには、同じことが日常生活でも生じていることを探りたい。第3節では、世界の表情が他者の存在によってどのように変化して現われてくるかを明らかにしたうえで、私にとっての世界の現われが他者の〈おかげ〉でより豊かになることを探ることにしたい。

第1節　身体と世界との豊かな関係

1　雰囲気としての感情

身体的振る舞いをふくめ、人間の表情が、そのつどの気分や感情と密接に対応していることは、すでにここまでで探ってきた。本節で探りたいのは、人間の表情は、気分や感情などをふくめたその人間の内面で生じていることが、たんに身体に外在化されているだけではない、ということである。このことは、第1章第2節2のii「哀しみ（無気力・憂い・不愉快）」（四四頁以下）で詩的感受性について探ったさいに、簡単にふれておいた。そのさいにも述べたが、世界が表情をおびるのは、気分や感情が世界にいわゆる情感的色合いを主観的に付与するからではない。このことをさらに深めるため、まずは、感情の空間性についてのヘルマン・シュミッツ（1928–　）による記述を手がかりとしたい。というのも、シュミッツは、感情や空間の問題を身体に関わらせて、日常生活における我々のあり方を体系的に論じている現象学者であるため、本章で身体と世界との関係を探るさいに、貴重な手がかりを与えてくれるからである。感情は、心という内面に閉じこめられてはおらず、そこからあふれでて、空間的なものとして周囲に伸び広がっている、ということを明らかにするさいのシュミッツの記述自体が、世界の表情を豊かに記述するための視座となっている。つまり、感情は外界と一体的に生起しているとするシュミッツに従えば、感情に関わる身体的振る舞いや表情と世界の表情は相互に反映し合っているのである。また、第1章第2節2「さまざまな気分と表情」(三九頁)で予示したように、そこでは気分にそなわる時間性の問題が探られたのに対し、本節では、空間性の観点から、世界の表情について探られることになる。というのは、そもそも世界は、空間的な現われ方をしているからである。

そこで第1節では、まずシュミッツを手がかりとしながら、感情と密接に関わっている世界の表情について探り、次に、サルトルによって思索されている情動と世界の表情について探ることにしたい。

i　気候と感情

シュミッツは、「情感をおびた生のふたつの主要部分」である、「感情と〔疲労感や心地《ここち》良さといった〕身体的揺動に共通する特徴として、空間性が際立たされる」ため、情感はたんなる内面的な生の営みではない(S. 327, 三六三頁以下)、とみなす。(1)このことが典型的に我々に感知されるのは、天気の蒸し暑さや涼しさが、雰囲気として、空間的に私の身体をとりかこんでいるときである。

たとえば、「どんよりと曇った締めつけてくるような天気は、息苦しい憂鬱《ゆううつ》の雰囲気ともはやほとんど区別されない」ように、気候としての雰囲気は、「多くの場合、それ自体感情である、あるいは少なくともそれへの移行は不明瞭であるが、感情に密接している」(S. 328, 三六六頁)。このことは、気候による自分の感情への影響にいくぶんか敏感になることによって、だれにでも十分に感じられるはずである。たとえば、「高山や喬木《きょうぼく》林では、我々は、新鮮で涼しく引きしまった大気(=雰囲気)にひたる」

のに対し、「低地は、締めつけてくるように湿っぽく生暖《なまあたた》かいのである」(S. 327, 三六四頁)。あるいは、「真夏の嵐の前の蒸し暑さは、神経質で、ピリピリと癇《かん》に障《さわ》る落ち着きのなさにおいて……感知される」し、「柔らかな春の空気は、身体を溶けこますような心地良さにおいて……感知される」(S. 328, 三六五頁)。こうした大気が以上で形容されるような仕方で私に感知されるのは、私の身体が、こうした気候的な雰囲気にひたされているから、つまり気候的な雰囲気が身体感と一体となっているからである。しかも、そのときの私はこうした雰囲気へと向かっているため、第1章第2節1「気分と感情との違い」(三六六頁以下)での区分に従えば、シュミッツ自身のいうように、そのときに感知されるのは、気分ではなく感情である。

以上のことからすると、こうした気候的な雰囲気にひたっている人間の振る舞いや表情は、シュミッツからの引用文中の、「締めつけてくる」、「引きしまった」、「神経質で」、「ピリピリと癇に障る」、「溶けこます」、といった言葉で形容される大気に対応したものとなっているだけではないことになる。こうした振る舞いや表情は、内面の感情の外在化であるだけではなく、さらには、気候的な雰囲気という外界の出来事と一体となっているため、外界の出来事の身体化ともなっている。すると、気候的な雰囲気は、それにひたっている人間の感情が「気候として空中にただよっている」(S. 328, 三六五頁)という仕方で、空間的に伸び広げられている、ということにもなるのである。

緊張と静けさ　さらにシュミッツは、気候とは関わりのない感情さえも、空間的な雰囲気である、とみなす。たとえば、「緊張に満ちた人々の集まりにさいし、ここにはただならぬ（＝なにかをはらんだ）気配《けはい》が支配している」（S. 327f. 三六四頁）、ということを我々はしばしば感知できる。そのため、ただならぬ気配を感じられない人間とこの気配を感じている人間とのあいだには、いくら言葉をつくしても、この気配にはらまれていることの重大さに関し、埋められない溝が横たわることになってしまう。〈まわりの空気が読めない〉といった、最近の若い人のよく使う言葉も、感情が空間的に伸び広げられていることを自分の身体を介してとらえられない、ということの彼らなりの表現なのであろう。

さらには、静けささえも、感情としてとらえるならば、シュミッツによって次のように豊かに記述されることになる。たとえば、「自然のなかでの、あるいは天井の高いホールのなかでの、厳粛《げんしゅく》な、あるいは温和な静けさは、広がりや重さや濃密さをともなって、〔人の〕心をつかむ雰囲気である」し、「息苦しくて重々しい蒸し蒸しとした静けさは、なにか不気味《ぶきみ》に脅《おびや》かすものや、なにか押しつぶすようなものをたずさえうる」（S. 329, 三六六頁以下）。この静けさは、たとえば、お互いに気まずい想いをいだいている人々の集まりで、だれもなにも発言せずにただ座っているとき、その空間にただよっており、実際の室温はさほど高くないのに、忙《せわ》しなく扇子を動かす振る舞いにおいて、典型的にうかがえる。

静けさのこれらの例からは、物理的に聞こえてくる聴覚的な音ではなく、まわりの空間が雰囲気をおびて我々の感情に対して影響を与えるため、外界の出来事と感情とが一体的に生起しており、我々の表情はこの一体的生起に相応している、ということが導かれる。たとえば、緊張にみちた雰囲気では、表情も緊張するだけではなく、振る舞いもより慎重となる。厳粛な静けさがただよっている教会内では、表情は神聖な面持《おもも》ちとなるし、振る舞いも、高い天井へと向かって伸びあがり、おのずと身住《みす》まいが正されるのである。

以上で述べたように、静けさのさまざまなありように応じて、我々はかなり異なる感情におちいることから、静けさのこうした多様性に敏感になることは、自分自身の感情に対する感受性を豊かにしてくれる、ということが導きだされる。たとえば、静けさを、たんに物理的にはなにも音がしていない状況としかとらえられない人間とは異なり、温和な静けさと息苦しい静けさとの違いを感知できる人間は、前者の場合には、いわゆる〈心を開く〉ことになり、後者の場合は、〈心を押しつぶされる〉ことになるため、温和な静けさを大事にするであろう。我々日本人が、静かで落ち着いた日本庭園で、なにをするのでもなく、ひとときを過ごしたがるのも、温和な静けさにひたることによって、日常の忙しない喧騒から脱して、心を開くことによる開放感と充実感を味わいたいからであろう。

歓びと悲しみ　歓びの感情に満たされているときや、悲しみの感情に押しつぶされているときのあり方は、身体的振る舞いによって、容易にとらえられる。たとえば、「歓んでいる人」は「飛んだり跳ねたりすること」になるが、だからといって、こうした人は、「重力に逆らって高く跳びあがるために……なんらかの自発性を必要としない」ほど、「浮揚感《ふよう》」に満ちた状態に入りこんでいることがわかる（S. 330, 三六七頁以下）。このときの表情も、破顔一笑《はがんいっしょう》といわれるように、そうではないときにはどれほど努力してもつくれないほどの顔面全体の大きな変化をともなうにもかかわらず、そこには、意図されたなんらかの緊張がみられない。そのため、こうした人間の振る舞いや表情は、その人間に出会う他の人の緊張さえ解きほぐすほどの雰囲気を空間的にかもしだす。こうした雰囲気にひたっている人間には、外界の風景も、やはり歓びの感情に相応して、輝かしい色合いをおびることになるのである。

他方、深い悲しみの感情におちいっている人間は、重力に逆らうことができないだけではなく、自分の身体の重さにもたえられないため、身体的振る舞いも重々しくなる。ときには、なんの支えもえられず、文字どおり沈みこんだり、大地に崩れ落ちる。また、外界に向かって自分の可能性を実現できなくなるほど、外界から締めつけられるような状態におちいるため、その人の表情は、生気《せいき》がなくなる。こうした振る舞いや表情に対応して、外界の雰囲気も、色あせた灰色に満たされることになり、そこにはなんの温かさも感じられなくなるのは、それだけ心が冷《さ》めてしまっていることの反映である。消沈というあり方は、こうしたときの感情とそれが空間的にあふれでた外界のありようなのである。

恥　辱　恥辱《ちじょく》にとらわれているときには、恥辱に「さらされている人に向かって、あらゆる方向から求心的に押しせまってきて、その人を刺し貫くような雰囲気の力」（S. 330, 三六八頁）が空間的に伸び広がっていることを、感じさせられてしまう。こうしたときに我々は、「あたかも自分自身のうちに自分をもぐりこませ、〔他者の眼差しから〕自分を隠そうとする」（S. 330, 三六八頁）。そのため、こうした人間は、身が縮む思いにかられ、振る舞いはどことなく怯《おび》えたようになり、表情は赤面しながらも、昂揚《こうよう》

や精気は感じられず、防衛的に身を隠そうとしても、それがかなわないため、振る舞いは落ち着きがなくなる。(2)

倦怠感　あるいはまた、「むかつきや退屈《たいくつ》と似たようなおもむきがある倦怠感《けんたい》」(S. 332, 三七一頁)は、感情である場合には、第1章第2節2のⅲ「退屈」(五〇頁以下)でボルノウやハイデガーと共に探った気分としての退屈に特徴的な無関心とは異なり、なにものかへと向かっているはずである。そのため倦怠感は、「厭世感《えんせい》」と同様、「憂《う》いをおびた薄暗い荒涼とした灰色の雰囲気」のなかで感知される(S. 332, 三七一頁)。こうした倦怠感は、多くの場合、「生粋《きっすい》の空虚な感情」として感知され、なにもかもが「無意味になるのが常である」(S. 332, 三七一頁)。(3) 無気力になり、そうした自分に〈嫌気《いやき》がさす〉のも、空虚な感情においてである。空虚な感情においては、気分としての退屈における無関心とは異なり、すべてのものに対してネガティヴな価値づけがなされてしまう。そのため、空虚な感情におちいっている者の振る舞いは、なにをしても意味がないため、〈投げやり〉であり、なにもしたくないという想いにかられているため、表情はどこか〈冷めた〉ようになる。しかし、倦怠感においては、ニヒルな表情とは異なり、振る舞いや表情にもいわゆる〈斜に構えた〉ものが感じられないのは、外界のすべてが批判したくなるような意味をもはやそなえていないことの反映なのであろう。

疲労感と爽快感　さらには、疲労感と、それとは対極にある爽快感の場合にも、外界と感情との一体的生起が生じており、それに相応した振る舞いと表情が生じている。

まず、前者の疲労感であるが、これは、上述した空虚な感情とは区別されなければならない。というのは、空虚な感情は、身体的な重さをともなわないのに対し、疲労感は、たとえば、よく眠れなかった翌朝の起床時に典型的に感じられるように、身体全体や身体の広範囲にわたる部分の重さをともなうからである（vgl. S. 333, 三七三頁参照）。こうした感情は、疲労感におそわれている人間の「枝垂《しだ》れ柳のようにぐったりと垂《た》れさがった振る舞い」（S. 334, 三七五頁）によって、あるいは、「無活発」（S. 333, 三七三頁）な表情によって、他の人にも容易にみてとれる。こうしたとき、「自分自身の身体をふくめ、すべてのものが、一挙に、けだるく、消沈させられるがごとく、重々しく作用する」（S. 335, 三七六頁）ため、重さを二重に感じることになる。疲れて無活発となっている人間の動きは鈍くなり、表情には精彩が欠ける。その結果、このときの感情は、「憂鬱や不愉快な不満や漠然とした悲哀《ひあい》」といった感情や気分に通じることもある（S. 335, 三七六頁）。

他方、「朝一番に我々が、自分でも爽快に感じられる」ときには、身体は軽く感じられる（S. 333, 三七三頁）。そのため、爽快感にあふれて「歓んでいる人は、明るくて昂揚した、流れるような自由な気持ちになる」（S. 338, 三八一頁）。そうした人間の身体は、軽やかになり、動きも敏捷《びんしょう》になり、表情も生き生きとした精彩に満ちあふれる。外界は、振る舞いや活動に対してもはやさほど抵抗することなく、受け入れられる。そのため、爽快感にあふれて歓んでいる人間は、ときには他の人の気分や感情にも疎《うと》くなり、自分ひとりでいわゆる〈はしゃぎまわる〉といったことにより、極端な場合には、他人から顰《ひん》蹙《しゅく》をかい、眉をひそめられるが、当人の眉は、逆に、引きしまっている。

心　痛　疲労感におちいっている場合とは異なり、「心痛している人は、陰気《いんき》で胸苦しくなり、消沈する」（S. 338, 三八一頁）。こうした人間は、ときには、胸が張り裂けるような身体の激しい遥動にかられて、胸を掻《か》き毟《むし》ったり、頭を机や壁に打ちつけたり、といった自分の身体を痛めることによって、心痛から意識をいくらかでも遠ざけようとする。あるいは、「心痛でいっぱいになっている人は、呻吟《しんぎん》し、ぐったりするか落胆するかして、座りこんでしまう」（S. 338, 二八二頁）。こうした振る舞いに対応して、外界のごくささいな出来事や他の人の振る舞いでさえ、その人間の心と身体を切り刻むかのように、心痛に苛《さいな》まれている人間の心をくだくことになる。そのため、こうした人間の顔は、彫《ほり》の深い表情となるのであろう。

音の表情と感情　シュミッツと共に以上で探ったことは、空間的に伸び広げられた雰囲気と感情との関係の場合だけにいえることではない。たとえば、仕事に出かける途中で、遮断機がおりていて、警報音が鳴っているとき、その音は、それ自体は物理的な音でしかないにもかかわらず、早く踏切をわたりたいというあり方を反映しているかのように、忙しない表情をおびる。他方、同じ警報音でも、仕事帰りには、どこかのんびりとしてはいるが、一日の仕事の達成感を満たしつつ、気持ちをいくらか弛緩《しかん》させてくれるかのような、慰めにも似た穏やかな表情をおびる。すると、いずれにしろ、こうした警報音は、その音源から空間的に伸び広がって、早朝や夕暮れに独特の雰囲気をかもしだしていることになる。こうしたことは、日常生活のなかで、まわりにあるさまざまな物事の現われに多少とも敏感になれば、どのような出来事や物事についてだれもが実感をともなって体験できるはずである。

しかし、そのさいに注意すべきは、空間的に伸び広げられた雰囲気や警報音の表情などは、いわゆる客観的に存在している物やそれらの背景としての世界に対して、心の状態が感情的な色づけを主観的に付与した結果ではない、ということである。仕事に向かっているときの、たとえば遅刻しそうな状況が、遮断機の警報音によって、むしろ当人に、〈早く遮断機があがってくれれば〉、という心のありようをかりたてる。同様にして、勤め帰りの警報音は、一日の仕事の疲れを心地良い満足感として自覚できるようにしてくれる。そのため、いずれの場合にも、警報音の表情が、その音を聞いている人間の心のありようを、当人にとって確かなものとしてくれるのであり、その結果、なんらかの感情なり気分が当人に際立てられる。もしもそうでなかったならば、たとえば、心痛している人間が、穏やかな景色を見ることによって心の傷が癒《いや》される、といったことは生じないはずである。このときには、景色の穏やかな表情がその人間の心のありようを変えてくれるのであり、心のありようが、客観的な景色にたとえば〈穏やか〉という主観的なニュアンスを付与するのではないのである。

シュミッツと共に以上で探ってきたように、感情が空間的に伸び広げられた雰囲気として、人間の振る舞いや表情と一体的に生起しているかぎり、こうした雰囲気を豊かに感知できることは、それと一体となっている自分の感情も豊かであることを意味する。このことを感情の側からとらえれば、感情が豊かになれば、それに応じて世界の表情が雰囲気として豊かにとらえられるようになる、といえることになる。しかも、第1章第2節1「気分と感情との違い」(三六頁以下)で述べたように、感情はなんらかの気分を基底層として、その上にきずかれ、なんらかの対象へと、つまり外界へと向けられているのであった。しかも、感情は、それが向かっている外界の雰囲気と一体となって生起するという仕方で、感情と世界の表情の豊かさは相互に対応している。そうである以上、シュミッツと共に記述してきたような言葉でもって世界の表情をとらえられれば、それだけよりいっそう、自分の感情についても豊かな言葉で記述できることになり、ひいては、こうした言葉に接することが、自分の感情を豊かに育《はぐく》むだけではなく、その基底層にある気分を豊かに記述したり、さらに豊かに育むことにもなるはずである。

しかし、あまりにも激しい感情にとらわれることによって、日常生活を送るうえでなんらかの支障が生じることも、我々自身がしばしば体験している。こうしたときに我々がどのようなあり方をしているかを記述しているのが、第1章第1節1のii「〈そこ〉から〈今いるここ〉へ」(一七頁以下)で、私の〈今いるここ〉について探ったさいに導きとした、サルトルである。サルトルは、日常生活において支障をきたすような情感を情動と呼び、情動にかられているため、適切な仕方で世界と関わることができなくなるときのあり方について、豊かな記述をしている。そこで、サルトルと共に、情動と世界の表情との関係について探ることにより、情動にかられているときには、日常生活を適切に送ることがどのようにさまたげられるか、ということを明らかにしたい。と同時に、本書の立場から、どのような情感を情動とみなすかについてのサルトルの曖昧さを指摘し、この曖昧さをいくらかでも解消したい。

2　情動と世界の表情

サルトルと共に情動について探る前に、この訳語について説明しておきたい。

ここで主として依拠することになる、サルトルの著作の邦訳が所収されている人文書院の『哲学論文集』では、émotion は「情緒」と訳されている。この言葉にあたる欧米語は、ラテン語の動詞である emovere に発しており、e は〈外〉や〈前方〉を意味する ex から x が脱落した接頭語であり、movere は、英語の move の語源である〈動かす〉という意味をもっている。そのため、フランス語の émotion は、通常、英語と同様、〈激しい感情〉や〈感動〉を意味しているが、語源に従えば、〈前方へとかりたてること〉、といった意味を本来そなえている。こうした語源からの理由と、サルトルの本論考では、何人かの精神病理学者の学説や彼らの患者の事例がとりあげられているという、その内容からも、この語は情動と訳した方がより適切であろう。また、「情緒論粗描」の邦訳者も、訳注で、「一応いままでの慣習にしたがって、《情緒》と訳出しておいた」(三三四頁、《　》は原文のママ)、とのただし書きをしている。(4) こうしたことから、本書では、上述した、日常生活に支障をきたすほどの激しい情感という意味で、émotion を情動と訳すことにする。

i　情動の特質

サルトルによれば、「情動は、身にこうむられるのであり、不意におそいかかるのであり、……我々の意識的な自発性によっては、その経過を効果的な仕方ではさほど変更できない」(p. 33, 二九一頁)。激しい怒《いか》りの情動におそわれているときには、「高い緊張状態にあるため、問題の微妙で正確な解決をみいだすことができなくなると、我々は自分自身に働きかけ、自分を引きさげ、粗暴《そぼう》で適応のより悪い解決策でことたりるようなあり方へと、我々自身を変貌させる」(p. 30, 二八七頁)。たとえば、故障した電気器具を修理するためには、かなり正確で緻密な作業を必要とするが、それがうまくいかず、その器具に対する怒りの情動におそわれた人間は、それを叩《たた》きつけるといった、本来の目的に反するような、まったく不適切な行為にはしる。非常に厄介《やっかい》な仕事を他者に頼もうと、あらゆる手立てや手段を講《こう》じ、さらにはその他者に対してかなり気を遣ってお願いしているにもかかわらず、この願が受け入れてもらえないときには、その人への怒りが突然爆発し、「罵詈雑言《ばりぞうごん》」(p. 31, 二八九頁)を浴びせる、といったことになる。このときには、その人間は、本来の目的を達成することができないだけではない。さらには、その他者との関係さえも悪化させる、といった不都合《ふつごう》な事態を生みだしてしまう。しかし、サルトルのいうように、こうした「怒りの行為は、問題に対する適応はより少ないけれども、……緊張を破り、我々の肩の上にのしかかっている鉛のマントをふりはらおうとする欲求には、正確にしかも完全に適応している」(p. 31, 二八七頁以下)。上述の例でいえば、電気器具を叩きつけたり、相手に罵詈雑言を浴びせることによって、たとえその一瞬でしかないとしても、それまでの緊張から解放されるだけではなく、いわゆる〈すっきりした〉気持ちになれるのである。

しかし、我々の多くが、怒りがおさまった後に、怒りのおもむくままにしてしまった行為に対し、後悔の念におそわれることからも明らかなように、情動においては、「私が自分の身に負わせた乱暴で性急な変貌によって、私は、自分の〔使う〕手立ての選択に関して、要求を少なくする」(p. 31, 二八九頁)。本来ならば、さまざまな選択肢を熟考し、それらのなかからもっとも適切な手段を選択すべきであった。しかし、情動にかられると、そうした手続きをへることなく、問題を一挙に解決すべく、というよりも、いわば強迫的な世界に適切に対処することに辛抱《しんぼう》できなくなり、こうした強迫的な世界の押しせまりに対抗すべく、自分自身を「威嚇《いかく》的に」振る舞わせ(p. 31, 二八八頁)、自分がそれまで生きていた世界を変貌させてしまう。そのため、怒りにかられている人間の振る舞いや表情は、威嚇的であるにもかかわらず、非常に短絡的となり、まさに情動の虜《とりこ》となってしまうため、当人によってもはや制御されえないものとなってしまうのである。

たしかに、サルトルにおける情動のとらえ方は、慟哭《どうこく》や上述の怒りといった情動については、状況に適切に対応できないあり方の記述において明らかとなるように、かなり的確である。しかし、他方では、邦訳書で情緒と訳されていることからもうかがえるように、本書でいうところの気分や感情にかなり近い情動の場合には、サルトルの記述は、それなりの留保をもって再解釈する必要がある。しかし、実存主義の文学者でもあるサルトルの記述自体は、人間の振る舞いや世界の表情について探るための重要な視座を与えてくれる。そこで以下では、情動についてのサルトルの豊かな記述を手がかりとしながらも、サルトルの問題点を指摘しつつ、情動における世界の表情について、本書に独自の観点から探っていきたい。

ii　情動と世界の変貌

情動による世界の変貌　サルトルは、情動にかられている意識は、そのときの自分の意識状態についての意識ではないとし、「情動〔にかられている〕意識は、まずは非反省的である」(p. 38, 二九八頁)、という。このことは、上述した、物や他者に向けられた怒りにおいて典型的となる。というのも、怒りにかられている私が、私の怒りについて意識するならば、つまり私の怒りを反省によってふりかえってとらえようとすれば、私の怒りは、いくぶんかはおさまってしまうからである。しかもサルトルは、主として、物がそこに属している世界との関わりから情動について思索している。というのも、「情動〔にかられている〕意識は、まずは世界についての意識である」(pp. 38-39, 二九八頁)からである。たとえば、「暗闇のなかや、不吉《ふきつ》で人気《ひとけ》のない通りなどで感じる、ぼんやりとした不安を問題としてみれば、人が恐怖をいだくのは、やはり夜の、つまり世界の或る容貌についてなのである」(p. 39, 二九八頁)(5)。

情動におそわれるまでは、適切な仕方で私によって「働きかけられていた世界」が、たとえば、「憎らしい世界」へと変貌する(p. 39, 二九九頁)。本書の言葉でいえば、世界の表情が憎らしいものへと変わる。このことに応じて、私は、その世界へと適切な仕方で働きかけることができなくなり、先に進めなくなる。その結果、私の振る舞いもとどこおりがちとなり、表情は苛々《いらいら》したものになる。そのため、情動は、目的に達するためにあらかじめ「引かれていた道筋があまりにも難しくなったとき、あるいは、道筋が見えなくなったとき」に、我々をおそってくる（p. 43, 三〇三頁）。というのも、「我々は、ひどくさしせまった難しい世界のうちにはもはやとどまっていられない」が、つまり「すべての道筋がふさがれているが、それでも〔世界へと〕働きかけなければならない」ため、「世界を変形しようと試みる」（p. 43, 三〇四頁）からである。しかし、この試みは、これこれのことをすれば、しかじかの結果がえられる、といった決定論的な判断によってなされるのではない。サルトルの言葉を使えば、このときの私は、あたかも「魔術によって……規制されているかのように、……世界を生きようと試みる」（p. 43, 三〇四頁）。そのため、情動にかられている人間の振る舞いは、理屈に合わない不合理なものであるにもかかわらず、その表情は、確かな「信憑《しんぴょう》」（p. 52, 三一五頁）に裏づけられた強固さをおびることになるのである。

たとえば、自分の担任しているクラスの子どもたちが、授業に集中しなかったとしよう。そうした兆候がみられると、教師である私は、さまざまな手段や子どもたちへの個別的な働きかけによって、彼らをなんとかして授業に引きつけようと、試みる。しかし、どのような手立てを講じても、子どもたちは授業に集中してくれないどころか、クラスのいわゆる〈荒れ〉は、よりひどくなる。それでもこのクラスの担任である私は、自分のクラスから逃げるわけにはいかない。私はしだいに苛々しながら、子どもたちにさらに働きかける。そして、突然、私は激しい情動にかられてしまう。〈こんなにひどいクラスとはもうつき合えない〉、という確かな信憑の虜になり、子どもたちに向かって思わず叫んでしまう。

〈勝手にしろ！〉、と。このとき、私のクラスは、教育的働きかけをすべき世界から、一挙に、憎らしいほど手におえない世界へと変貌してしまうのである。

受動的な哀しみ　情動を以上のようにとらえながらも、サルトルは他方で、本書では気分のひとつとみなされるような情感についても、情動の名のもとに、豊かな記述をしている。それは、サルトルによって能動的な悲しみと対置されている、「受動的な哀《かな》しみ」についての記述である（p. 46, 三〇八頁）。サルトルによると、受動的な哀しみをいだいて消沈している人間は、「可能なかぎり自分の表面を世界にさらさないようにと、隅の方に向いて座ったまま、動こうとしない」（p. 46, 三〇八頁）。

サルトルによって受動的な哀しみと呼ばれているこうした情感において、彼が記述しているような身体的振る舞いと表情をするのは、「我々の行動の通常の条件のひとつがなくなってしまい、その条件のないまま、世界のなかで、また世界に対して働きかけることを、世界が我々に要求する」（p. 47, 三〇八頁）からである。世界は、失われた行動の条件によって接近不可能となっているにもかかわらず、受動的な哀しみをいだいて消沈している人間は、その世界内でなんとか生きていこうとする。世界が、その人間にとってもはや価値をみつけられない世界となることによって、つまり、「我々が、森羅万象《しんらばんしょう》をして我々にもはやなにも要求することがないようにさせる」ことによって、森羅万象も「空恐《そらおそ》しい無限定な単調さ」をおびた「陰鬱なもの」（p. 47, 三〇九頁）へとその表情を変えてしまう。たとえば、自分にとって最愛の者を喪《うしな》った人間がおちいる情感は、サルトルのいう受動的な哀しみに相当するであろうが、むしろ本書における哀しみの気分の典型でもある。こうした哀しみの気分にある人間の振る舞いは、倹《つま》しいものとなる。たとえば、なにを食べても味気ないばかりか、それを一緒に食べてくれる人がもはやいないため、その哀しみにたえるためであるかのように、むしろ味気《あじけ》ないものを食べることになる。そうするのは、「対象をすべて情感的にゼロの状態にもたらす」ことを実生活のなかで生みだし、このことによって、現実の生活の営みと気持ちのうえで、「自分を切り詰《つ》める」ためなのであろう（p. 47, 三〇九頁）。

サルトルがいうところの情動としての受動的な哀しみにおちいっている人間には、以上のことが生じているならば、サルトルに従えば、その人間は、適応のより悪い解決策を一挙にとることになるはずである。しかし、受動的な哀しみにおちいっている人間は、上述の例でいえば、倹しい仕方で自分を切り詰めることによって、最愛の者が喪われた世界に適応していることになるはずである。こうしたことからすると、サルトルによって情動のひとつとみなされている受動的な哀しみは、本書でいうところの気分のひとつのありようである、とみなせるのではないだろうか。

情動としての歓び　こうした哀しみの情動の対極にあるのが歓びであるが、ここでもサルトルは、「感情としての歓び」と「情動としての歓び」とを区別する（p. 49, 三一一頁）。というのは、一見すると、歓びにおいては、歓びの対象に対して適応の悪い行為に一挙に至ることがないように思われるが、情動としての歓びにおちいると、こうした行為に至ってしまうからである。

情動としての歓びは、思いがけず大金がえられたときや、愛する人から自分の愛を受け入れられたときや、希望の学校に合格したときなど、「欲望の対象の出現によって」引き起こされる（p. 49, 三一一頁）。しかし、欲望の対象に適切に対応するためには、その対象の出現以後に、かなり慎重な適応が求められる。たとえば、大金を手にした後、このことによって以後の人生を誤らないためには、慎重な生活が求められる。愛する人に自分の愛が受け入れられても、その愛を継続させるためには、相手に対する慎重で慎《つつし》み深い行為が求められる。希望の学校に合格した後には、その合格に見合った勤勉さが求められる。にもかかわらず、歓びの情動にかられている人間は、その実現の前に、小躍りしたり、朗らかになり、自分の欲求がすでに実現したかのように振る舞ってしまう。つまり、情動としての「歓びとは、欲望されている対象を所有することを、呪術《じゅじゅつ》により、瞬間的な全体として、実現し実感しようとするような魔術的行為のことである」（p. 49, 三一二頁）。そのため、こうした人間は、「慎重で困難な行為から、身をかわす」（p. 50, 三一三頁）。こうした人間の振る舞いは、どこか落ち着きがなく、表情はしまりがなくなる。そのため、「或る種のもどかしさ」（p. 49, 三一一頁）が、こうした人間の振る舞いや表情にともなわれる。というのは、情動としての歓びにかられている人間は、欲望の対象に適切に対応することなく、そこから身をかわしているため、自分の欲望が本当に実現されることを待ちきれない状態にあるからである。

他方、サルトルにより感情としての歓びと呼ばれているものについては、サルトル自身によってはほとんど考察されていない。というのも、この歓びは、情動までには至ることなく、そのため、魔術的に世界を変えることなく、そのつどの状況に適応した歓びのことであるからであろう。たとえば、歓びにひたりながらも、以後の振る舞いも慎重で、しかも困難に向かってささいな点にまで気を遣うような歓びのこと、つまり本書における静かで落ち着いた幸せの気分にかなり近い、歓びの感情のことであろう。こうした歓びにおいては、その振る舞いは、浮ついておらず、慎重で慎しみ深く、表情は引きしまっており、輝いているのであろう。

そうだとしたならば、サルトルによって情動と呼ばれている情感は、気分と区分される感情とも区別されるべきでありながらも、サルトルにおいては、この区別がいくぶん曖昧であることが明らかとなる。というのは、ここまでサルトルの記述を視座としながら探ってきた情動は、サルトルによれば、状況に適応しながら行為することを一挙にさまたげるからである。つまり、情動にかられることは、魔術的な仕方で世界を変貌させ、こうした世界に自分から「とらわれること」(p. 55, 三二〇頁)により、「理性によって苦労してきずかれた上部構造が崩れ去り、人間は根源的な魔術のなかにあわただしく沈みこまされることになる」(pp. 58-59, 三二四頁)。このことからも、受動的な哀しみについて上で探ったことからすれば、どのような情感を情動とみなすかに関し、サルトルにはいくぶんかの曖昧さが認められることになる。

微妙な情動　サルトルにおけるこうした曖昧さは、サルトルが、他者の振る舞いや表情を介して、あるいは、情動の虜になってしまうことを介して、我々に明確にとらえられるような情感のみに情動の範囲を限定していないからであろう。しかし、こうした曖昧さにもかかわらず、いやむしろこうした曖昧さゆえに、サルトルによって情動とみなされている情感についてのサルトルの記述は、第1章第2節「気分をともなう豊かな表情」(三五頁以下)でボルノウと共に探られた気分のとらえ方に、新たな観点を与えてくれる。

本書の立場からすれば、サルトルのいうところの情動のとらえかたにはおさまらないはずであるが、そうした新たな観点を与えてくれるのは、サルトル自身によって「微妙な情動」と呼ばれている情感である。こうした情動として、サルトルは、「垣間見《かいまみ》られた、つまりヴェールをとおしてとらえられた不愉快や感嘆事や不吉」をあげている(p. 57, 三二一頁)。というのも、情動を引き起こす対象や出来事は今のところ生じていないが、こうした情動は、たとえば翌日になれば明らかになりそうな「ぼんやりとした直感」(p. 57, 三二一頁)によって引き起こされるからである。こうした情動について、サルトルは、次のように記述している。我々は、「軽い沈滞《ちんたい》をとおして、我々の生全体を不吉なものとしてとらえる」(p. 57, 三二一頁)。すると、たとえば、サルトルによって「うさんくさい」とか、「気遣《きづか》わしげな」といった言葉で表わされている情動が、おそらくその典型例なのであろう(p. 59, 三二四頁)。というのも、これらふたつの「情動を生きている」人間には、たしかに一方では、「意識をそそのかすものとしての……魔術的なもの」(p. 59, 三二四頁)に対するいくぶんかの不信感がいだかれているからである。しかし同時に他方では、サルトルの解釈とは異なり、合理的には説明がつかないにもかかわらず、こうした情動をもたらす対象や事柄が白日《はくじつ》のものとなるまでは、我々の生を支配しつづけ、その覚束無《おぼつかな》さ自体が、我々の心配の種となるからである。こうした情動にとらわれた人間の身体的振る舞いは、確信をもったものとはならず、その表情には、状況から一歩さがろうとする尻込みがともなうことになる。たとえば、いわゆる〈うさんくさい〉人に出会ったときにとらわれるのが、こうした情動の典型例であろう。

微妙な情動においては、以上で述べたようなことが生じているならば、サルトルによって情動のうちのひとつとみなされているにもかかわらず、適応のより悪い解決策が一挙にとられることはないため、本書の区分からすれば、微妙な情動も、気分のひとつのあり方とみなすべきであろう。たとえば〈うさんくさい〉人と接すると、我々は、その人に対するいくぶんかの不信感をともなった気分をいだきつつ、その人の〈うさんくささ〉が白日のもとにさらされるかどうかを気遣いながら、その人との関係にかなり慎重になる。すると、こうした慎重さは、サルトルのいうところの情動におそわれたさいのあり方とは、もはや相容れないことになるはずである。

以上本節では、まずシュミッツと共に、感情が空間的な出来事であることについて、次にサルトルと共に、情動に応じて世界が魔術的に変貌してしまうことについて、探ってきた。これらのことから明らかとなるのは、感情や情動は、世界の現われと一体となっており、感情や情動の変化と世界の表情とは相互に対応し合っており、一方は他方の反映である、ということである。そこで次節では、身体を介した関わり合いにおける表情の知覚と身体活動について思索しているメルロ－ポンティと共に、世界の現われと一体となって機能している身体のあり方について、まず探ることにしたい。そのうえで、芸術作品は、世界の表情の豊かさと深さを我々に顕在化してくれていることについて明らかにする。このことに基づき、日常的な世界の現われについて探り、最後に、世界そのものの表情について、探ることにしたい。

第2節　知覚と運動との一体性

1　物の表情への豊かな感受性

表情の知覚の特質　そもそもなにかを知覚することは、その物のさまざまな側面をあますところなく見まわし、それらの特徴などをすべて知ったうえで、それがどのような物であるのかを把握することではない。たとえば、我々は、机の上においてある細長い物を一見しただけで、それがボールペンであることを、一挙に知覚する。我々は、それを自分の手の親指と人差し指と中指とのあいだにはさんで握り、もう一方の手でそのキャップをはずし、それでもって字を書く、等々の仕方でその物が使われることを、一挙に把握する。このことは、物をたんに感性的に知覚することでさえ、その物のさまざまな側面がそなえている配色や形や重さなどだけではなく、私の身体運動と一体となって、それがそなえている、たとえば筆記用具という意味をもとらえることである、ということを指し示している。つまりその物は、

〈それでもって書きものをする〉という私の身体運動と密接に関わって、とらえられているのである。

知覚においては以上のことが生じているため、メルロ‐ポンティは、そもそも知覚とは、「表情の知覚」（Merleau-Ponty, 1945, p. 154, 二一三頁）のことであるとし、次のようにいう。知覚する者は、「知覚によって対象のなかに浸透し、対象の構造へと自分を同化させるのであって、彼の身体をとおして、対象が彼の運動を直接規制する」（ibid., 同所）。ボールペンの場合でいえば、それを一見しただけで、私は、あたかもそのなかに入りこんでしまったかのように、その物の側面や構造を一挙にとらえる。と同時に、その物は、それを使うときの私の身体運動を規制している。するとこのときには、私という主体と物という客体とのあいだにいわば無言の「対話」が生じていることになる（ibid., 同所）。物とのあいだでの私とのこうした対話が、たとえば、ボールペンに手を伸ばしてそれを握るためには私の身体がどのような運動をしなければならないのかを規制するという仕方で、そのボールペンと私との関係や、それをふくむ私の世界内のさまざまな物と私との関係さえをも私に示している。しかも、その物の私に向けられている一側面は、私には見えない他のさまざまな側面や内部構造を奥行としてそなえているため、その物の表情ともなっているのである。

このことを、まず本節で、私と世界の表情との関係に即しながら探ることにし、その後、本章第3節で、この関係への他者からの影響について探り、他者と共同化されている表情について、第4章で探ることにつなげたい。

私と物の表情との関係

たとえば、パソコンのキーボードを両手の指を使って自由に使いこなせる者は、個々のキーを順番に知覚しながら、それらを個々の指で押す、ということを連続しておこなっているのではない。そうではなく、たとえば、〈私〉という漢字をローマ字で入力する場合で述べれば、次のようなことが生じているはずである。まず左手の薬指が触知しそれを押すことになるwのキーは、次に押されるaやt等々のキーを押す私の指の一連の運動を規制している。私がこの規制に従ってスムーズにそれぞれの指を動かしつづけているあいだ、私の各指はキーボードのなかに浸透し、それら一連の触覚的現われに私の指の一連の動きを同化させる。そのため、キーボードの触覚的知覚は、メルロ＝ポンティのいうところの、表情の知覚となっている。そして、このときのキーボードの一連の触覚的現われと私の各指の一連の運動は、一体的に生起しているのである。

あるいは、たとえば、自分なりの仕方でさまざまな線が引かれたり、書きこみなどがなされることにより、自分に馴染《なじ》んでいる本のそれぞれのページは、そのページを再び読むときには、同じ本でもまっさらの本のページを読むときとは、まったく異なる視線の動かし方となるほど、私にとって馴染んだ表情をしている。この場合にも、その本を読んでいる私の眼差しに集約されている身体運動と書きこみなどがなされているページの現われとの一体的生起は、まっさらなページを読むときの一体的生起とは、まったく異なっているはずである。

あるいは、長年使い慣れた家具は、その家具を使いこなしてきた人間の身体運動をともなった生活の歴史が刻みこまれた、その人間に独特の表情をおびるようになる。こうした家具を愛《いと》おしく眺める場合には、キーボードを押す場合に典型的となる、知覚と運動との一体的生起は、顕在的には生じていない。しかし、その家具の表情には、それを使っていたときのその家具の現われと身体運動との一体的生起の痕跡《こんせき》が刻みこまれている。家具の配置は、それらの家具によって規制されていたその部屋の住人の身体運動の痕跡を、つまり両者の対話の痕跡を刻みこんでいる。たとえば、机に一番近い本棚に辞書類が並べられていれば、彼がつねに辞書を頼りに文章を書いていたことが、つまり自分の文章を大切にしていたことがうかがわれる。そのため、こうした家具が調度されている部屋は、その部屋の住人がそこにいなくても、彼がこれまでどのような生活をその部屋で送ってきたのかだけではなく、彼の生き方さえをも、部屋の表情として、その部屋を訪れる人に告げており、現実にはそこにいないその部屋の住人自身を刻み現われさせるのである。

あるいは、学校や幼稚園や保育所のそれぞれの教室や部屋は、子どもたちがそこでなにをどのように学んでいるか、どのように活動しているか、教師や保育士がなにをどのように大事にしているか等々を、刻み現わしている。たとえば、そこに貼られている子どもたちの作品だけではなく、作品の配置や貼られ方のひとつひとつにも、担任教師や担当保育士の子どもに対する想いや感受性の表情となっているのである。

道具を我がものとすること　ところで第1章第1節2「道具の現われ」（一五頁以下）では、ハイデガーと共に、道具の現われを介して私の〈今現在〉の〈今いるここ〉でのあり方がどのように開示されてくるかが探られた。そのさいにもふれたが、道具は、最終的にはそれを使っている者の可能性へと行きつくのであった。こうした観点からとらえれば、上述したパソコンや家具も、それを使っている者の可能性を開いてくれるため、道具である、とみなせることになる。そこで、以下では、こうした広い意味での道具がそれを使っている者にとってどのような表情をそなえて現われてくるか、ということを探りたい。

物としての道具がそれを使う者にとって独特の表情をおびてくるのは、サルトルによれば、私がそれらの道具を「我がものにする」(Sartre, 1943, p. 675, Ⅲ三四二頁)からである。しかも、道具が表情をおびてくることから明らかとなるのは、それらの道具を私が「使い古す」(ibid., p. 683, 同書、三五八頁)、ということである。たとえば、長年使い慣れた私の書きもの机は、その上で読書をしたり、書きものをしただけではなく、コーヒーを飲みながらこうした作業をしたため、その染《し》みが染みついていたり、その上でナイフを使ったために傷がつけられていたり、それこそ私の手垢《てあか》にそめられたりもしている。また、何度も引き出しを開け閉めしたため、引き出しのおさまり具合にも〈ガタ〉がきている。

私のこうした行為のくりかえしによって、その机が〈私の机〉と、つまり私の所有物となるかぎり、その机を私は「使い古す」という仕方で、「消耗」させる(ibid., 同所)。こうした「軽微ではあるが連続的な消耗によって」、机に関連する私の行為は、比喩的にも、文字どおりにも、その机の「うちに深く刻印される」(ibid., p. 684, 同書、三五九頁)。こうしたことからサルトルは、「私による物の消耗は、私の人生の裏面である」(ibid., 同所)とか、「私の所有物の全体は、私の存在の全体を反映する」とか、そうした所有物を介して「私が触れるのは、私自身である」（ibid., p.680, 同書、三五二頁）、というのであろう。

サルトル自身は、「道具は、私がそれを使うことによって、生気づけられ色どられ、限定される」（ibid., 同書、三五一頁）、という。たしかに、第1章第1節2「未来の光に照らされている〈今いること〉」（二〇頁以下）でふれたように、物は未来の光に応じてその表情を変えることからすれば、サルトルのいうように、なんらかの目的へと向かって「〔世界に〕働きかけることは、世界の容貌を変えることである」（ibid., p. 508, 同書、一四頁）。しかし、たとえば、使い古された結果、使えなくなった道具でさえ、それを眺めるだけでも、その道具と長年関わってきた私自身に触れることにより、懐かしさを喚起してくれる。このことからしても、私に使い古された道具は、メルロ＝ポンティのいう表情の知覚を介して、やはりそれに相応した表情をおびて私に現われてくるのである。

使い古された道具がこうした表情をそなえていることは、たとえば電子辞典と書籍としての辞書の現われ方を比べることによって、容易に明らかとなる。辞書は、たとえ見出し語や訳語にそれを使っている者によってなんらかの記号などが書きこまれていなくても、それがどの程度使われていたのかは、その辞書のいわゆる〈くたびれ〉具合を介して現われてきて、その所有者の使い方だけではなく、言葉や文章への想いをも刻み現わせてくれるのである。

道具の表情　あるいはまた、道具があるべきところにあるかないかでも、道具の表情は異なってくる。たとえば、いつもは台所においてある包丁が寝室にあれば、それは異様な表情をおびてくる。というのも、寝室におかれている包丁は、寝室としての私のまわりの世界にある他の道具のもとでは適切さを発揮できないからである。

また、私にとって、道具が、「その〔道具に関わる〕ための暇《いとま》がないもの」であるときには、その道具は、「場にそぐわないもの、片づいてないものというあり方で」、いわば私に対する「敵意」をおびた表情を示す（Heidegger, 1927, S. 73f., I 一九二頁）。たとえば、台所に山積みにされている洗われていないままの食器類や、食べ残しの料理がそのままになっているテーブルの上の茶碗や皿などが、私に逆らってくるような表情をおびてくる。こうした茶碗や皿は、道具が壊れていたり、あるべきところにない場合とは異なり、食器という道具としての機能をはたしているはずである。そのため、それを使って食事をするという、私の生命を維持する可能性のためにその場所にある、というその道具の適切さを発揮できないようにさせているのは、私自身に他ならないことを、それらの食器の表情がいわば私に訴えかけているのであろう。この場合にも、道具を眺めているだけでも、その道具を介して、私は、それを片づける暇がない私自身に触れているのである。

数字の表情　世界の現われと私のあり方とのあいだのこうした一体的生起にともなう世界の表情の知覚は、以上のような日常生活に密接に関わる場合に生じるだけではない。たとえば、幾何学の図形を使って問題を解いている者には、様々な補助線を書きこみながら、問題が解ける見通しが突然ついたとき、図形やそこに書きこまれた補助線などは、それまでとはまったく異なる表情をともなって現われてくるようになる。また、以後の作図のための身体運動は、それまでとはかなり異なり、生き生きとし、身体の動き自体も加速される。これらの図形や補助線だけではなく、これらを眺めている視線の動きも、それ以前とはまったく異なってくる。それどころか、たとえば、〈$x^3+y^3=(x+y)(x^2-xy+y^2)$〉とか、〈$x^3-y^3=(x-y)(x^2+xy+y^2)$〉、といった一見すると無機質にみえる因数分解の公式は、この公式を使い慣れている者にとっては、等号の左辺と右辺とが相互に反映し合っていると、あるいは、左辺は、右辺を奥行にそなえている、つまり右辺のような丸括弧によって分節化された襞《ひだ》をそなえている数式の表情となっている、とさえいえるのではないだろうか。

　さらには、ナチスの強制収容所跡に第二次世界大戦後に建てられた資料館に陳列してある囚人番号リストでさえ、たんなる数字の羅列の奥に隠されている悲惨《ひさん》な出来事の表情ともなる。しかも、それを見ている者が、当時そこでくり広げられた出来事についてどれだけの想いをいだいているかに応じて、さらには、リストから打ちあてられる衝撃の程度に応じて、その人の心の奥行はよりいっそう深くなるはずであり、そのリストの表情もより悲惨さを増してくるはずである。

　以上のことは、とくに絵画の場合に典型的となる。そこで、画家と絵画との関係についてのやはりメルロ゠ポンティによる記述を手がかりに、絵画の表情について探ってみたい[6]。というのは、以下で具体的に探るように、画家は、物の現われがどのような豊かさを秘めているかを、絵画という作品によって描きだしているため、絵画は物の豊かな表情を我々素人《しろうと》にも見えるようにしてくれているからである。しかも、本節３「身体と物との豊かな関係」（一七二頁以下）で具体的に探ることになるが、日常生活に

セザンヌ「台所のテーブル（籠のある静物）」(c. 1888–90).
Musée d'Orsay — The Louvre. Réunion des musées Nationaux

おける我々の身体と物の現われとの関係にはどのような豊かさが隠されているかを、画家は、自分の身体を介して絵画という作品のなかに刻み現わしている。そのため絵画は、現象学と同様、物の存在を実感しているときの我々の身体にそなわる〈秘密〉を解き明かしてくれているのである。そのため、画家と絵画との関係について探ることは、日常生活における身体と物の現われとの関係を探るための、豊かな視座を与えてくれるはずである。

2　芸術作品の豊かな表情

画家の眼差し　たとえばセザンヌの静物画において典型的となるが、メルロ゠ポンティによると、「画家の眼差しは、なんらかの物を存在させるためには光や明るさや影や反射や色合いがどうなっているのかを、……その物にたずねる」(p. 29, 二六五頁) のである。というのは、我々が物を見ているとき、光や明るさなどの微妙な綾《あや》どりがその物の存在を我々に実感させてくれるが、通常の眼差しには、こうした綾どりがとらえられないからである。物を見ている私とその物とのあいだで生じているが、我々素人にはあまりにもあたりまえなため気づかれていないことを、つまり我々にとって目に見える物が本当に存在していると思えるのはなぜかを、画家は探求し、その結果を自分の作品として明らかにしている。たとえば遠近法は、私から遠くにある物は近くにあるときよりも小さく見えるという実在物のあり方が、絵画における技法として明示化されたものである。あるいは、影はその影が映っている物よりも手前にある物の存在を私に実感させてくれるため、絵画においては影をどう描くかが重要な課題となる。つまり、画家は、物の明るさやそれがもたらす影や色合いや質感だけではなく、その物を際立たせている周囲のさまざまな物が、ひいてはその物と世界とが織りなしている綾どりなどが、その物の現実の存在をどのようになりたたせているかを、作品である絵によって表現している。素人は、物の外観をなんとかして再現しようと、その物の輪郭などを「模倣する」ため、平面的な絵しか描けないのとは異なり、画家は、物をそれがあるままに見えるようにするのであり、画家の描く「線」は、その物の存在の画布の上への「発生」に寄与するのである (p. 74, 二九一頁)。

そこで、メルロ - ポンティの記述に即して、絵画において画家に生じていることを、質感をとりあげて、探ってみたい。というのは、他の感覚よりも質感が、物の現実的な存在を我々にもっとも容易に実感させてくれるからである。

物の質感　物の質感は、「我々の身体のなかに〔その質感に対応した〕反響を目覚めさせ、我々の身体がそれを迎え入れる」という仕方で、我々の身体の質感によって「裏打ちされる」（p. 22, 二六〇頁）。たとえば、我々は、自分の身体に生じる感覚にいくらかでも敏感になれば、物を見たとき、それが鋼鉄でできていれば、私の身体の頭部の硬さが、それが滑らかな表面であれば、手のひらの滑らかさが、がさがさした表面であれば、踵《かかと》のがさがさ感が我々自身に際立ってくる。あるいは逆に、私の身体のこうした感覚が、見られている物の質感やその肌触《はだざわ》りを、より生き生きとしたものにしてくれる。そして、画家は、こうして呼び起こされた画家自身の身体の質感を、今度は、画布の上に発生させる。そのため、画家が物を描くことにより、画家の身体への反響と、その反響が画布に描かれることによって「二重に〔反響された〕見える物が、つまりはじめに見られたものの……〔画家の身体によって〕肉づけされた本質が現われてくる」のである（p. 22, 二六〇頁以下）。

同様のことが絵を見ている場合にも生じる。我々は、絵を見ると、そこに描かれている物の質感によって目覚めさせられ、自分自身の身体の質感を感じたり、描かれている悲惨さや快活さから、自分自身が惨《みじ》めになったり、生き生きとさせられる。こうしたことが生じるのは、世界と身体とが、いわば同じ「生地《きじ》で仕立てられている」（p. 19, 二五九頁）から、つまり身体も物と同じ物質によってなりたっているからである。私の身体は、物でもあり、物と同様、硬さや柔らかさなどの質量をそなえているため、同じ質量をそなえている世界内の物が、身体と同様の質感をおびたものとして、私に現われてくる。画家だけではなく、絵画の鑑賞者にとっても、絵画は、「身体に応じて」絵画となるのである（p. 24, 二六二頁）。

絵画の特質　こうしたことになるのは、メルロ－ポンティのいうように、そもそも私がなにかを見るという「視覚は……人間が家に住みこむように、目がそれに住みこむところの……存在の織物（＝そこから編目が読みとれるテクスト）へと向かって、開かれている」（p. 27, 二六三頁以下）からである。物を見ている私の眼差しは、物を一緒に存在させている文脈（＝織物としてのコンテクスト）に入りこんでいるのである。

上述したように、画家がおこなっていることは、物が存在するためには物がどうなっていればよいのかを、物にたずねることである以上、画家は、精神でもってなんらかの想像やイメージをつくりあげながら、絵を描いているのではない。言葉で補足しなければその作品が意図していることなどがとらえられない前衛芸術は別として、ピカソのようなキュビズムに属する画家でさえ、描かれている物が画家にとってあるがままに存在しているように描いている。たとえば、ピカソの「二つの顔」は、一見すると、我々が日常的に目にする人間の顔とはまったく異なるように思われる。しかし、我々が物を見ているときには、たとえば目の前の一冊の本を見ているときには、その本の写真を見ているときとは異なり、その本の正面だけではなく、間接的には側面や裏側も同時に見ているからこそ、その本が我々にとって物

ピカソ「二つの顔」（制作不詳），彫刻の森美術館蔵
ADAGP, Paris

としてのリアリティーをそなえたものとして知覚される。同様にして、ピカソの「二つの顔」は、複数の視点から見られている顔を壺の表面という静止画上に描いている。我々は或る人の顔をたとえば正面から見ていても、その正面の顔がどのような表情を意味しているかを確かなものとして知覚するため、或る瞬間に感じとられた表情の意味に応じたその顔の他の側面を、間接的には同時に見ている。「二つの顔」の絵には、我々が人間の表情をとらえるさいに、瞬間をいわば「またぎ越して」、時間の或る幅をそなえた知覚作用において生じていることもが描かれている（p. 79, 二九四頁）。あるいは、メルロ－ポンティが指摘しているように、走っている馬の一連の写真のなかの一枚は、その馬があたかも空中に静止しているようにしか見えない。他方、画家によって描かれた走っている馬の絵は、現実にはありえない、或る瞬間と次の、あるいは、前の瞬間における馬の姿勢が一枚の絵に同時に描かれることによって、その馬の或る時間内での動きを表現することにより、「運動にそなわる秘密の暗号」を解き明かしてくれる（p. 81, 二九四頁）。こうしたことから明らかとなるように、絵画は、写真とはまったく異なり、現実を模写しているのではなく、それぞれの画家によって異なるとしても、物の存在の秘密を解き明かしているのである。

画家と物の世界との関係　以上のことからすれば、画家は、物や物の世界によって目覚めさせられるこ

マイブリッジ「The Horse in Motion」(1878). Tate

とにより、文字どおりの意味で、その物の存在からの「インスピレーション(=〔存在の〕精神を吹きこまれること)」(p. 31, 二六六頁)を受けとっていることになる。「存在の吸いこみと吐だしとが、つまり存在における呼吸」といったものがあり、ひいては、「なにが見ているのか、なにが見られているのかが、なにが描いているのか、なにが描かれているのかがもはやわからなくなるほど見分けにくい、能動性と受動性が、本当にある」ことになる(pp. 31–32, 二六六頁)[7]。そのため、一般にそうみなされているのとは異なり、画家が絵画を誕生させるのではなく、メルロ゠ポンティのいうように、「物のなかから生まれてくるのがむしろ画家なのであり」(p. 69, 二八八頁)、「画家の視覚は、絶えることのない誕生なのである」(p. 32, 二六六頁)。

以上のことから、画家が自画像を描くのは、「画家が見ている物に、その物が彼らのうちに見ているもの」を、つまり画家の身体のうちでその物がどのように反響されているかを「つけ加える」ためである(p. 34, 二六八頁)、というメルロ゠ポンティの謎めいた言葉の意味が明らかとなる。自画像を描く画家は、見ている物の存在を彼が吸いこむことにより、描かれる物によって画家に目覚めさせられたあり方がどのようなことかを、つまり画家に吹きこまれたインスピレーションを、画家自身の表情として描いている。自画像は、画家自身の表情が描かれることにより、物と画家とのあいだで生じていることを表現にもたらしているのである。

メルロ－ポンティによる以上の思索は、さらに先鋭化され、彼の遺稿が編集された『見えるものと見えないもの』における、見ることと触れることとの密接な関係へと具体化されている。しかも、この関係についてのメルロ－ポンティの記述は、表情について探るための貴重な視座を与えてくれている。というのは、上述した、画家の身体と描かれている物との反響は、以下でメルロ－ポンティと共に探るように、画家ではない人間においても生じているからである。そこで、画家によって解き明かされた以上の記述を日常生活における我々の身体と物の現われとの関係へと移行させることにより、通常は隠されたままとなっている、両者の関係の豊かさについて探ることにしたい。

３　身体と物との豊かな関係

ｉ　見ると触れる

物の奥行　メルロ－ポンティは、「同じ身体が〔物を〕見ており、〔その物に〕触れるかぎり、見えると触れられうるとは、同じ世界に属する〔事柄である〕」（p. 177, 一八六頁）、という。[8] このことは、すでに画家の場合で探ったように、視覚的に知覚された物が質感や奥行をともなって知覚されることからも、つまり触覚的に知覚されることからも、明らかである。メルロ－ポンティは、こうした事態を、「視覚は眼差しによる触診である」（p.177. 一八六頁）、ともいいかえる。というのも、たとえば、物の形を正確に見るためには、その物の縁《ふち》を指や手のひらでなぞることによって触覚的に縁どるかのように、私は、自分の眼差しを、その形に対応するようにと、動かさなければならないからである。あるいは、「見えるものが厚い」のは、それを見る私の「身体の厚み」のおかげである（p. 178. 一八七頁以下）。というのも、すでに探ったように、物と私の身体とが同じ生地で仕立てられていることからすれば、物の厚みと私の身体の厚みとは、相互に依存し合う「連帯性」のうちにあるからである（Merleau-Ponty, 1964a, p. 46, 二七四頁）。

それどころか、メルロ－ポンティは、物は、その厚みと共に、さまざまな奥行をもつ、ともいう。というのは、物を「見ている私もまた、私の奥行をもっている」からである（p. 178. 一八八頁）。我々自身が内面的な「奥行をもち、いくつもの相や顔をもった存在」であるからこそ（p. 179. 一八九頁）、見える物は、「奥行の表面」なのである（p. 180. 一八八頁）。こうしたことから、「見える物の特質は、汲みつくし難い奥行の表相」（p. 188. 一九九頁）と、本書の言葉を使えば、見える物の表面は、その表面がそなえている見えない奥行の表情となるのである。

以上のことから、物は、私の身体や身体と一体となって存在している私自身の多様性と豊かさに応じた表情をおびて、私に知覚されることになる、ということが導かれる。たとえば、書斎にある使い慣れた書きもの机の表面は、その厚みによって隠されている引き出しの表相となっており、そのなかには、これまでに交換し合った名刺の束がおさめられており、それらの名刺の一枚一枚に印刷されている人の名前やその人の当時の所属先や住所などと共に、その人との私の出会いを、その奥行にはらんでいる表情となっている。また、机の表相は、その引き出しのなかにある使い慣れた万年筆やさまざまな文房具とそれを使った私の過去の行為をその奥行にはらんでいる表情となっている。さらには、机の表面には、さまざまな傷や染みなどが刻みこまれており、それらには、これまでその机で仕事をしてきた私の人生の歴史さえもが刻みこまれている。机に座っているだけでは直接見えないこうした物が、そのとき私がなにを目的としてその机に座っているかに応じて、たとえば、これから旧知の知人に手紙を書くために名刺をとりだそうとしているのか、なんらかの著作のための新しい原稿づくりにとりかかるのか、昨日入手した本を読もうとしているのか、等々に応じて、目の下にある机の表面は、それぞれ異なった表情をおびてくる。そのため、机の表情を介して、私は、私自身へとふりかえる反省によってはとらえられない、〈今現在〉の〈今いるここ〉での私自身に触れているのである。

あるいは、乳児が通う保育所や重障児が通う養護学校に子どもと一緒に持参される着替えのための衣類に関しても、その枚数や肌触りなどが、家庭におけるその子どもに対する親の関わりをその奥行にはらんでいる表情となっている。たとえば、それらの衣類が着替えの順番に丁寧に積み重ねられている場合には、家庭におけるその子どもの着替えがどのようになされているのかが、衣類の重ねられ方に反映しているだけではない。さらには、その順番が、子どもの着替えを保育士や教師によってどのように介助してほしいかについての、親の想いの反映ともなっている。そのため、衣類のこうした表情は、その奥行に親の配慮をたずさえており、そうした衣類に触れる保育士や教師の感受性が豊かであれば、彼らは、同時に、こうした親の配慮にも触れていることになるのである。

あるいはまた、幼稚園や保育所の遠足のときに子どもに持たされている弁当の多くは、屋内で椅子に座ってテーブルの上において食べる給食や弁当とは異なる工夫がなされていることが多い。たとえば、幼い子どもでも屋外で食べやすいようにと、遠足用の弁当箱には、フォークやスプーンやハシを使わなくても食べられる、いくぶん小さめのオニギリやサンドイッチが入れられていたり、オカズにはつまようじが刺されていることが多い。こうした弁当の表相は、フォークなどを使わないで弁当を食べる子どもの姿勢や身体運動を反映したものとなっているだけではない。さらには、子どもへの親のこうした配慮もその奥行にはらんだ表情ともなっている。そのため、こうした弁当の表面は、ふたを開けた瞬間に、反省や論理的推論を介することなく一挙にとらえられる、いわゆる〈親の顔が見える〉表情となっているのである。

身体への物の巻きつき　同様にして、机の上のページが開かれている本は、それを読むのに適切な私の身体姿勢を反映している。私の姿勢や顔や目の位置などは、私自身には直接見えないながらも、机の上の本の位置などに反映していると同時に、そのときの私の座り心地や楽に読書できる姿勢として、私自身にもそれとなく感知されている。

机やその上の本などの現われが、以上のような仕方で、私の身体を反映しつつ、読書という私の身体運動と一体的に生起していることは、たとえば本のページをめくる私の指と本のページとのあいだでくり広げられる次のような出来事において、明らかとなる。その出来事とは、メルロ＝ポンティが、「見える物の見る身体への、触れられうる物の触れる身体への巻きつき」（p. 191, 二〇二頁）と呼んでいる出来事である。見える物であり私によって触れられうる本のページは、それを見ながらそれに触れてページをめくる私の指に、文字どおりの意味で巻きついてくる。しかも、物のこうした巻きつきそのものは、滑らかな机の表面やいくぶんかはざらついた本の紙質に触れたり、書かれている文章を目で追っていく私の身体運動と一体となっている。メルロ＝ポンティの言葉でいいかえれば、こうしたときには、それらの現われと、その現われに対応して、「私の肌の振動が滑らかなものとなったりざらざらしたものになったりする」ことや、「私が物そのものの動きや輪郭を目で追うこと」とが一体となることが、つまり「見る者と見える物とが、そして触れる者と触れられうる物とが、鏡のように映し合う」、ということが生じているのである（p. 192, 二〇二頁以下）。

さらには、読書において典型的となるように、たとえば、それまでは目にすることのなかった専門用語は、その意味や使われ方が理解されることにより、その語をふくんだ文章がでてくるたびに、容易に知覚できるようになり、私の身体に刻みこまれることによってはじめて、その語を含んだ文章の意味が私の意識に刻みこまれる。こうしたことが読書において生じているかぎり、そこで展開されている思想に応じて、私の思考は奥深くなると同時に、その本の文章は、私にとって馴染みの表情をおびてくることになる。

しかし、こうしたことは、我々の日常生活でつねに生じている。たとえば、使い慣れた茶碗やハシは、それを使う私の手や指に巻きついてきて、いつものように安心しながら落ち着いて食事をすることをうながしてくれるほど、馴染みの表情をそなえている。あるいは、屋外で食べることになる子どもの弁当も、上述したように、いつもの保育室や教室で食べる弁当や給食とは異なっているからこそ、屋外で食べるさいには、つまようじの刺さっているオカズは、文字どおりには、子どもの食指（＝人差し指）を動かすようにと、比喩的には、子どもの食欲を〈そそる〉ようにと、子どもの指と口や歯や舌などに巻きついてくるのである。

料理の表情　同様にして、日本人は〈目でも食べる〉、といわれていることからうかがわれるのは、我々は、盛りつけられた料理の表情を目で触診するだけでも、その視覚的表情の奥行にある味覚に触れると同時に、それを実際口にするための身体運動や、それを味わう私の内面的な歓びや満足感にすでに触れているのである。たとえば、美味《おい》しそうに盛りつけられた料理を見るだけで、思わず生唾《なまつば》を飲みこんだり、頬が落ちそうになったり、目を細めるのも、私が、私自身のこうした奥行にすでに触れていることの現われである。

こうしたときの料理の視覚的な表情は、谷崎潤一郎が『陰翳礼讃』のなかで見事に表現しているので、多少長くなるが、その記述を読むだけでも、料理に対する我々の感受性を高めてくれるはずなので、以下で引用しておきたい。

たとえばわれわれが毎朝たべる赤味噌の汁なども、あの色を考えると、昔の薄暗い家の中で発達したものであることが分る。……あのどろどろの赤土色をした汁が、覚束《おぼつか》ない蠟燭のあかりの下で、黒うるしの椀に澱《よど》んでいるのを見ると、実に深みのある、うまそうな色をしているのであった。その外醬油などにしても、上方では刺身や漬物やおひたしには濃い口の「たまり」を使うが、あのねっとりとしたつやのある汁がいかに陰翳に富み、闇と調和することか。また白味噌や、豆腐や、蒲鉾《かまぼこ》や、とろろ汁や、白身の刺身や、ああいう白い肌のものも、周囲を明るくしたのでは色が引き立たない。第一飯にしてからが、ぴかぴか光る黒塗りの飯櫃《めしびつ》に入れられて、暗い所に置かれている方が、見ても美しく、食慾をも刺戟する。あの、炊《た》きたての真っ白な飯が、ぱっと蓋を取った下から煖《あたた》かそうな湯気を吐きながら黒い器に盛り上って、一と粒一と粒真珠のようにかがやいているのを見る時、日本人なら誰しも米の飯の有難さを感じるであろう。

（谷崎、一九一頁以下、ルビは原文のママ）

風景の表情　あるいは、いつもの通学路や通勤路で目にする見慣れた風景は、出張などではじめて訪問する場所に通じる風景とは異なり、学校や会社でおこなうことになる学習や仕事に対する安全を維持してくれるような表情をともなって現われてきて、そこでおこなうことになるであろう、私のさまざまな活動に触れさせてくれる。このときの私の歩みにおいて、私の靴底に巻きついてくる道路の落ち着いた肌触りは、私の歩みの落ち着きと一体となって、静かで落ち着いた幸せの気分を維持してくれる。あるいは、その日が特別な日である場合には、道路わきの風景は、期待といくぶんかの懸念《けねん》を私にかりたてるような表情をおびており、私の内面は、いつもはそこまで至ることのない心の奥深くまで、こうした期待や懸念にかられることになる。こうしたときの道路は、それに触れる私に堅固《けんご》に巻きついてくるが、しかし同時に、その巻きつき方がいくぶんかは心許無《こころもとな》いため、ときとして、私の歩みを躓《つまず》かせることもある。他方、行きたくない場所に行かねばならないときには、道路は、私の歩みを重々しいものとするように私の身体に巻きついてきて、私をその場所に行かせることをさまたげるかのような、触覚的な表情を示す。また、その表情に照らされている私の身体的振る舞いや表情も、重々しくなり、私の歩みもおのずと緩慢なものとなる。

このように、風景の表情自体が、これから臨もうとしている学習や仕事に対する私の奥行の生の深さに対応していると同時に、見られたり触れられている物の現われは、私の身体的生起と一体となって、私に巻きついてくるのである。

肉としての身体　物や風景の表情が私の振る舞いや表情と一体となっている、あるいは、両者が相互に反映し合っているのは、メルロ－ポンティのいうように、私の身体が、塊としては物そのものであると同時に、見たり感じたりするからである。このことは、私の右手で左手に触れるという、自分の身体上に生じる、いわゆる二重感覚において顕著となる。こうした二重感覚は、非常に微妙な現われ方と感じられ方をする。たとえば、両方の手のひらを重ね合わせるときには、どちらが触れる手でどちらが触れられる手であるかは、定かには決められない。他方、私が右手のひらで左手の甲に触れるときには、通常、右手が触れる者となり、左手が触れられうる物として感じられる。しかし、触れようとする意識を左手の甲に向ければ、たとえば、左手をわずかに動かせば、右手のひらほどではないにしても、左手の甲も触れる身体として感じられる。しかし、そうはいっても、左手の甲には、物に触れたときと同様の内側からとらえられる、なにかに触れられている感覚も残っている。

すると、私は、なにかに触れることにより、触れている身体の感覚にも直接関わっているが、その関わり方は、非常に不安定であることがわかる。「触れる者は、自分を触れられうる物としてまさに感覚的に把握しようとするが、その把握につねに挫折するという、ぶれをともなった〔自分自身への〕再帰関係」のうちにあることしかできない（p. 313, 三八三頁）。こうしたことから、メルロ－ポンティは、身体とは、「感じられる物であり、また感じる者であるという二重の意味で、感覚的なもの」であるとし、こうした特質をそなえているものを「肉」と呼んでいる（p. 313, 三八二頁）[9]。というのも、肉としての身体は、自分から物に触れることによって、その物のたとえばざらざらした、すべすべした、冷たい、温かい、硬い、柔らかい、といった感覚を、その物に触れられることによって生じる身体上の感覚として、とらえるからである。肉としての私の身体は、触れる者でもありながら触れられうる物であるため、「感覚的〔にとらえられるよう〕な物のひとつでありながらも、そこにおいて他のすべての刻みこみがおこなわれる〔感覚する〕者でもある」(p. 313, 三八二頁)のである。

しかも、すでに例示したように、触れる者としての身体は、私の意識を触れる身体へと向け、その部分を、文字どおりに、あるいは意識のうえで、物を触診するように能動的に動かすことによって、触れる身体となるのであった。こうした仕方で自分を動かすことにより、肉としての身体は、自分の他の身体部分や身体以外の物に触れながら、触れられうる物を感覚する。そうであるかぎり、触れるという自分を動かす運動とその運動によってとらえられる触れられうる物とのあいだには、感覚が相互に侵入し合う、ということが生じていることになる。メルロ゠ポンティも、「感じられる物としての私の身体の感じる者としての私の身体への関係」を「侵入」と呼んでいる(p. 313, 三八二頁)。あるいは、この関係を、「感じる者の感じられる物への、感じられる物の感じる者への肉的癒着《ゆちゃく》」(p. 187, 一九七頁)とか、「触れられる物と触れる者との循環」(p. 188, 一九八頁)、といいかえている。そのうえで、「自分が動くこと(＝自分を動かすこと)と自分〔の身体〕を知覚すること」とは相互に侵入し合うことになり、こうした仕方での「身体の自分自身への到来」を「感応性」と呼んでいる(p. 313, 三八二頁以下)。触れられる物が触れる者になるのと同様に、自分の身体を動かせば、その動きは運動感覚として自分自身に知覚されるため、なにかに触れることによって、触れている自分が自分自身に知覚されることは、自分の身体へともどることを意味しているのである。

すると、メルロ゠ポンティのいうところの感応性とは、本書における感受性のことであることが明らかになる。たとえば、木目《もくめ》が浮きでている彫物《ほりもの》の肌触りは、その木目に沿って手のひらを動かすときのその動かし方に応じて、つまりその彫物を触診する私の身体の動きに応じて、私の手のひらで感覚される。たんなる物が私にとって生気づけられるのも、このときである。同様にして、たとえば、乳児をやさしくなでているときのおとなのなで方に応じて、乳児の肌は異なる表情を示すことになる。乳児を寝かしつけようとする場合であれば、なで方は、乳児の呼吸を反映することになるため、乳児の肌は、なでている手のひらにぴったりと密着するような仕方で現われてくる。泣いている幼児を〈あやす〉ことを試みても、幼児がなかなか泣きやまないとき、幼児の肌は、なでている手のひらに逆らうような、乱れた表情を示すことになる。しかし、いずれの場合にも、子どもの身体に触れる者と触れられる物としての子どもの肌とのあいだで感覚が相互に浸入し合っているため、このときの肉的癒着も、両者のあいだで循環することになる。

あるいは、口の中に入れられた食べ物や飲み物は、舌や顎《あご》などの動きに応じて、その味を異なるものにしてしまう。たとえば、上等の葡萄《ぶどう》酒や吟醸《ぎんじょう》酒を試飲するときと、酒の〈つまみ〉と共にそれらをじっくり味わうときとでは、口の動きなどが異なってくるため、葡萄酒や吟醸酒の表情としての味は、異なって現われてくる。と同時に、そのときの私の身体運動と共に感じられる気分や感情も異なり、それぞれの場合で、私の振る舞いや顔の表情も異なってくる。たとえば、試飲しているときには、できるだけ正しく触診しようとするため、口や舌の動きは、より複雑で微妙な動かし方となる。他方、それを味わうときには、その味を十分に堪能《たんのう》しようと、口や舌の動きは、ゆったりとした落ち着きのあるものとなる。そして、こうした身体運動に呼応するかのように、前者のときの表情は険《けわ》しいものとなるのに対し、後者のときの表情は、穏やかな満足感に満ちたものになるのである。

視覚と触覚との関係　しかも、メルロ－ポンティによれば、以上で探った肉としての身体にそなわる再帰関係は、触覚の場合にかぎられない。たしかに、視覚の場合には、たとえば赤い物を見たからといって、触覚の場合とは異なり、目が赤くなるわけではないし、物の肌触りと同様の肌触りが私の目に生じるわけではない。しかし、物を見る場合にも、上述したが、その形を正確にとらえようとするときに典型的に明らかとなるように、目の運動がその形に対応しなければならない。物の形を正確にとらえようとするのは、私の意識の能動性によるが、実際にその形をとらえるためには、その物の形によって要求される私の目の受動的な運動が必要となる。同様にして、物を正面から見た後、その上面を見ようとすれば、身を乗りだす必要が、右の側面を見ようとすれば、その物の右側へと身体を向け変えなければならない。動いている物を見つめつづけるためには、その物の動きの速さや私からの距離に応じた身体運動が求められる。つまり、視覚においても私の身体は物の形や動きに応じなければならない。メルロ－ポンティも、触覚についていえることは視覚についてもいえることを導き、「物がその物の似姿を私の身体に刻みこみ、私にその似姿を与えるため、私は物に私の身体を貸し与える」（p. 192. 二〇三頁）のであり、見る者と見える物とが、鏡のように互いに映し合う、という。しかも、すでに探ったように、物の質感において典型的となったが、視覚と触覚は同じ世界で生じており、しかも、「すべての見える物は触れられうる物のなかから切りとられ」、「すべての視覚は触覚的空間のどこかで起こっている」かぎり、「触れられうる物とそれによって象嵌《ぞうがん》された見える物とのあいだにも蚕食《さんしょく》とまたぎ越しとがある」(p.177, 一八六頁)。そして、こうした蚕食とまたぎ越しのおかげで、見える物が生身《なまみ》をおびて私に現われてくるのである。

以上のことからは、視覚においても、世界や物の現われと身体運動とは相互に反映し合っているが、そうであるかぎり、見える物に応じて、私の振る舞いや表情も異なっている、ということが導かれる。たとえば、針の穴に糸を通すような細かい作業では、まさに〈食い入る〉ような目つきになるが、そうなるのは、目がその穴に入りこんでそこに飲みこまれるかのような身体運動が求められるからである。サッカーのように、多くの選手が激しく動きまわり、それにともないサッカーボールが縦横無尽《むじん》に飛びかう競技の観客は、それらの動きに合わせて忙しない表情になる。そのため、その観客の振る舞いや表情からだけでも、その観客のひいきのチームがどのような試合を展開しているかがある程度わかるほど、それらは試合の展開を反映している。と同時に、そうした観客の振る舞いや表情が、自分の身体を知覚することとして、自分自身に再帰的に到来し、このことが観客自身の興奮度をよりいっそう高めることになり、ひいては、それが選手のプレーにも反映されることになる。おぞましい物や恐怖や不快感をいだかせる物を見たときには、それから顔や目を思わずそむけるのも、物の私へのこうしたせまり方に対する一種の反映であろう。

あるいは、体育館のなかで活発に動きまわっている大勢の子どもの様子を見守っている教師の表情は、忙しないものとなるのではなく、子どもたちの楽しそうな活動によってかもしだされる雰囲気にひたることによって、むしろ落ち着いたものとなる。他方、いわゆる〈学級崩壊〉においては、教師の振る舞いや表情は、苛々したものとなり、教師のこうした振る舞いや表情が子どもたちに反映されることにより、学級はよりいっそう〈荒れる〉ことになってしまうであろう。

ここまでは、肉としての身体に関するメルロ＝ポンティの記述に導かれて、振る舞いや表情について探ってきたが、そのさいの知覚としては、視覚と触覚に限定されていた。というのも、メルロ＝ポンティ自身は、主として、視覚と触覚について思索しており、聴覚については、前章第1節3のⅱ「実感をともなう他者経験」（八九頁以下）で引用した、自分の発している声を聞く場合について例示しているだけでしかないからである。しかし、振る舞いや表情の感受性についてさらに探るため、聴覚もとりあげたい。というのは、聴覚は、視覚や触覚とは異なり、我々の能動的な作用によっては操作しにくいため、感受性が身体の受動的な次元で生起していることを明らかにしてくれるからである。

ⅱ　聴覚

聴覚の特質　聴覚が、自分の意志で操作しにくいことは、それまではまったく気にならなかった音が、ふとしたことで気になると、それ以後は、この音から注意をそらそうとしても、かなり執拗《しつよう》に私にせまってくる、という我々の日常的な経験からも、よく知られている。人為的に、たとえば耳栓をして、外部の音を遮断すると、今度は、いわゆる内なる声が、つまり言葉にはならない自分の声がどこからともなく聞こえてきたり、頭のなかをかけめぐる、といったことは、我々も日常的に体験している。あるいは、たとえば読書に夢中になっているため、外部の音が聞こえないときには、黙読している声を聞いている。このことは、母語の本を読んでいるときと、外国語の本を読んでいるときとで、異なる言語がどこからとなく聞こえてくることからも、うかがえる。あるいは、物理的にはまったく音がしていない場所では、〈不気味な静けさ〉や〈沈黙の重さ〉がせまってくる。このときには、目を閉じたときにまぶたの裏に見えてくるぼんやりとした暗黒や、それまで見えていた物のぼやけた残像がちらついているときとは異なり、私を包みこむような気分や感情におそわれることからも、〈音を聞かない〉という体験の特異さがうかがわれる。そのため、我々は、いわゆる無音の響きもふくめ、なにも聞かないことが、つまりまったくなにも聞こえてこないようなあり方がほとんどできないのである。

たとえば、子どもたちが授業に集中せず、私語などによって教室がかなり騒がしいため、強く叱ることによって、たとえ教師が子どもたちに騒がしい音をたてないようにさせても、このときの静けさにとっては、子どもたちを授業に集中させることは、かなりまれにしか生じない。というのは、このときの子どもたちは、自分の意志に逆らって教室内に無音の状況をつくりあげるため、彼らは、こうしてつくられた不自然な無音にせまられたり、自分の意志を心の中で呟《つぶや》くことなどによって、むしろ〈心の落ち着き〉を失ってしまうからである。

聴覚のこうした特質から明らかとなるのは、たとえば壁に耳をあてて隣室の様子をうかがったり、耳をそばだてるといった場合をのぞけば、人間の話し声をふくめ、音は耳で聞かれるのではなく、身体全体で、あるいは、〈心に響く言葉〉という言い回しがあるように、心で聞かれる、ということである。

実際、心を癒すために、気持ちを奮いたたせるために、哀しみを深めるために、歓びを倍増するために、注意を喚起するために等々、音が効果的に使われる。映画やテレビドラマでも、〈効果音〉という言葉があるように、音楽をふくめ、音は我々の情感に強く訴えるだけではなく、振る舞いや表情に対しても非常に大きな影響力をともなっている。

たとえば、〈闇を切り裂く悲鳴〉は、あたかも私の身体を切りつけるかのように聞こえる。〈身に詰まされる〉悲しい話は、聞いている私の身体に詰めこまれ、私はその重さを身をもって担うことになる。〈身をのりだす〉のは、聞いている話の内容に引きこまれるからである。〈懐かしい言葉〉は、それを聞いたのがかなり昔である、といった時間の隔《へだ》たりを意味しているだけではなく、その言葉を聞いたり話したりした当時の想いが湧きあがってきて、自分の心に染みこんでくるような言葉である。〈口にするのも憚《はばか》られる言葉〉は、問題となっている事柄や出来事を口外することだけではなく、そうしたことを思いだすことさえ厭《いと》われるほどであることが、この言葉を聞く人の表情に露骨に現われる。

音や声に関連する日常的な言い回しが、これらの他にもかなり多数あることからしても、音や声を聞くことは、それ自体で、我々の振る舞いや表情に直接反映していることが明らかとなる。聞くことは、このことでもって、聞かれている音や声や語られている事柄をまさに身をもって、つまり身体的振る舞いや表情でもって対応することであると、あるいは、身体による照りかえし、ないしは共鳴である、といえるのである。

音や声が我々の身体を共鳴させることが典型的に明らかになるのは、朗読に傾聴したり、語り部《べ》の語り口調に引きこまれるときである。こうしたときには、語られている内容が私を引きつけたり、私の気分や感情といった情感を揺さぶるだけではない。その語り口調そのものが私の身体に響きわたるような仕方で、私はそれに共鳴する。たとえば、朗々とした朗読は私の気分を昂揚させるし、低い声で重々しく語りかける語り部の言葉は、私の心に深く染みこんできて、詩的感受性をともなう憂いの気分に私をひたらせる。あるいは、子どもたちにやさしく語りかける教師の言葉は、子どもたちに安心感と落ち着きをもたらすし、逆に、威嚇的な大声は、子どもたちを委縮させることにしかならない。

さらには、音や声としての外国語も、それがどのように発声されるかによって、その表情が異なってくることは、外国語の初期学習者の経験をメルロ-ポンティの思索に基づいて克明に解明している、福田学による事例研究において明らかになる。

外国語の表情　外国語の初期学習者にとっては、たとえば、テープレコーダーなどに録音されている音声よりも、肉声の方が聞きとりが容易であることは、よく知られている。福田によると、聞き手は、前者の場合には、音源の方を見ないのに対し、後者の場合は、可能なかぎり、話し手の顔を見ることがかなり多い（福田、一三四頁以下参照）。このことからは、声を発する者の顔を見ることは、すでに本節3のi「物の奥行」（一七三頁以下）でメルロ-ポンティと共に探ったように、その顔を触れられうる顔として触診することによって、ひいては、言葉を発している他者の顔の動きがそれを見ている者の顔の動きへと侵入してくることによって、音声をより聞きとりやすくしている、ということが導かれる。すると、たとえ同じ言葉であっても、録音されている音声には欠けているところの、触診できるという特質をそなえているという点で、肉声は録音されている音声とは異なる表情を示していることになる。

同じ外国語でも、それがどのような仕方で発声されるかによって、聞き手にとってその表情が異なることは、発声される言葉の速度の違いにおいて典型的となる。一見すると、外国語の聞きとりは、発声速度が遅い方が容易である、と思われる。しかし、福田によると、発声速度があまりにも遅くなると、「発音は平板なもの」となり、初期学習者にその速度のまま文章を再現させると、「口が重くて、うまく回らない、といった様子をみせ」、ついには、「自分たちの不器用な発声の仕方に自分たち自身がおかしくなったように、笑い出してしまう」(同書、一六〇頁)。そこで、同じ文章を「自然な口調で発声し、生徒たちに繰り返しをもとめる」と、「生徒たちは、個々の発音の正確さはともかくとして、先ほどよりもはるかに軽快に、滑らかな仕方で」発声することができるようになる(同所)。学習者のこうした振る舞いから明らかになるのは、発声速度の変化は、ときにはおかしさをかもしだすほどその表情を変える、ということである。

外国語の表情のこうした変化は、福田によると、さらには、たんなる聞きとり訓練と、聞きとった言葉を再現する訓練との違いにおいても生じる。というのは、再現することが求められているさいの聞きとりにおいては、次のようなことが聞き手に求められるからである。たとえば、フランス語で〈こんにちは〉を意味する「bonjour という語が、男性によって発声されていても、女性によって発声されていても、あるいは、高い音であっても、低い音であっても、さらには、明瞭な音であっても、不明瞭な音であっても」、聞き手は、「それらの違いを捨象して、いずれの音をも〔発音記号で表わせば〕［bɔ̃ʒur］という音として聞きとることができなくてはならない」（同書、一四三頁、［ ］は原文のママ）。福田自身は、こうした仕方で聞きとられることにより、発声された音は「中性的となる」と表現している（同書、一四九頁）。本書の言葉でいいかえれば、中性的となった聞きとられた言葉からは、bonjourという言葉についての福田の上述の引用文で列挙されているさまざまな特徴の総体である、その音の表情が捨象され、そのときの言葉は無表情になる、といえるであろう。

音楽の表情　聞かれた音が以上のような表情をしていることは、音の芸術である音楽において典型的となるだけではなく、その表情もより豊かで深くなる。それどころか、音楽になる以前の楽譜にさえ、表情がそなわっているのである。

楽譜には、さまざまな記号が書きこまれているが、音楽家ならば、それらの記号の意味だけではなく、それらによって表わされる音が、母語や外国語を黙読している場合と同様の仕方で、聞こえているはずである。演奏家が楽譜に自分の解釈や演奏上の注意などを書きこめば、本に書きこむ場合よりもいっそう具体的に、その楽譜を見ている者に固有の音が、独特の表情をおびて聞こえてくることになる。するとここにおいては、メルロ＝ポンティによって視覚と触覚とのあいだにあるとされた蚕食が、視覚と聴覚とのあいだにもなりたつことになる。楽譜は、視覚的表情の奥行として、音をそなえているのである。

こうした表情をそなえた楽譜が、演奏家によって現実の音として発せられると、それぞれの演奏家に固有の音楽になる。こうして奏《かな》でられる現実の音楽もまた、その表情をそなえていることについては、少なくとも日常的に音楽を聞いている者にとっては、説明の言葉はさほど必要がないであろう。そこで、ここで探っておきたいのは、音楽は、聴覚的に知覚されながらも、視覚的な表情をもそなえている、ということである。

音楽は、たとえそれに歌詞がともなっておらずとも、その音楽に固有の風景や情景を聞き手に喚起してくれる。聞き手のそれまでの経験や、音楽に関するそれまでに蓄えられた知識や、それこそ聞き手の音感に応じて、喚起される風景や情景は異なった表情をおびてくる。たとえば、スメタナの交響詩「モルダウ」は、水源から大海へと流れこむまでのモルダウ川の流れとその流れに沿った風景を情感豊かに、それを聞いている者に喚起させてくれる。しかも、音楽に造詣《ぞうけい》の深い者の場合には、そうではない者の場合よりも、喚起される風景はより豊かになるはずである。たとえば、或るフレーズではモルダウ川の水面が滑らかであることが、他のフレーズでは、流れが大きな岩にぶちあたり飛沫をあげている風景が視覚的に喚起されるだけではなく、触覚的にも感じられるであろう。あるいは、目を閉じて演奏を聞いたり、CDを聞いているだけでも、オーケストラの指揮者や演奏家の動きが、それこそ手にとるように見えてくるであろう。

すると、音楽は、その音色やリズムやメロディーなどの表情だけではなく、聞く者の感受性や造詣の深さに応じて、視覚的にも触覚的にも、より多様で奥深い表情をそなえて現われてくることになる。

ここまでは、私が他者や自然や物や芸術作品などと向き合っているときのそれらと私とのあいだで相互に反映し合っている表情について、つまり他者や物との直接的な関係における世界の表情について探ってきた。しかし、世界や私の知覚している物の表情の現われにとって他者が間接的にも非常に大きな影響を与えることも、日常生活におけるさまざまな場面で生じている。このことについては、他者と共になにかを知覚しているときの振る舞いや表情の問題として、次節で探ることにする。その前に、以下で、世界とその世界内の物や物同士が相互に反映し合っているときの世界の振る舞いや表情について、探っておくことにしたい。

4　豊かな反映としての世界

四つのものの反映　ハイデガーは、第1章第1節「現在の根源性」で拠りどころとした『存在と時間』における世界の現われについての思索をしだいにより具体的に展開し、世界や物が我々にどのようにして豊かに現われてくるのかを、明らかにするようになる。そのひとつとして、四つのものが相互に反映し合うことによって、世界は輝き現われてくる、という彼独自の思索を展開している。その思索を詳しくたどることは、本書の趣旨を大きくはずれるので、ここでは、ハイデガーの思索における四つのものの反映についての彼の記述を導きとして、世界の表情の豊かさにせまることを試みたい。

ハイデガーによると、世界が輝き現われるときに相互に反映し合う四つのものとは、大地と天空と神々《こうごう》しきものと死すべき者である人間である。物はこれら四つのものをその物のもとに集めており、そこでは、「四つのもののそれぞれが、それぞれの仕方で、残りのものの本質を反映しかえす」(Heidegger. 1954. S. 172)。たとえば、葡萄酒の壺を神々に献上することは、つまり葡萄酒を壺に「注ぎ入れて〔神々しきものへと〕献上することは、大地と天空、神々しきものと死すべき者とがそこにとどまっているかぎりにおいて、献上となる」(a.a.O., S. 166)。つまり壺には、大地の糧《かて》の上で、天空の恵みの下、死すべき者である人間によって慈《いつく》しみながら育てられた、葡萄からつくられた葡萄酒が注がれている。その壺が神々しきものへと献上されるため、壺は、これら四つが集められた物となっている。そのため、これら四つのものがそのもとに集められた物としての壺は、これら四つのものの表情となっている(vgl., ebd.)。このことは、物にあたる英語やドイツ語の thing や Ding という言葉が、〈集まり〉を含意していることからも、間接的にうかがえる。

あるいは、のどの渇きを癒してくれる大地からの「贈物としての水には、〔その水がそこから汲みとられた〕泉が宿っている」(a.a.O., S. 164)。さらに、「泉には〔そこから水が滲《にじ》みでてきた〕岩が、岩には〔天空から滴《したた》り落ちてきた〕雨や露を受け入れた大地のほの暗いまどろみが宿っている」(a.a.O., S. 164f.)のである。

世界の振る舞い　たしかに、ハイデガーにおいては、こうした仕方で四つのものを集めているのは、壺や橋といった限定された物でしかない。しかし、我々の日常生活においても、物の表情に敏感になるならば、さまざまな物が、世界の表情となっていることに気づけるようになる。たとえば、農作物の値段は、その作物の収穫の程度を反映しているため、その作物の収穫量に影響を与えた天候の表情となっている、といえる。旬《しゅん》の野菜や果物や魚介類は、食生活を介して季節の変わり目を実感させてくれるため、季節の表情ともなっている。こうしたことからは、日々の食卓に供される食材は、自然と一体となった人間をふくんだ、あらゆる生きとし生けるものを支えているところの、四季という世界の移り行きに依存している、ということが導かれる。

たしかに最近は、いわゆるハウス栽培や海外からの輸入などによって、食材を介した四季の移り行きを感じることができにくくなっていることは、否定できないであろう。しかし、特に近年における天候不順は、四季の移り行きを感じられなくなっている我々に、天候が農作物などの収穫にとって大きな影響を与えていたことを実感させてくれるようになってきた。あるいは、農作物や魚介類を育んでくれる大地や海や湖《みずうみ》などが汚染されることを知ることによって、それらが本来我々にどのような恵みを与えていたのかも、実感できるようになってきている。さらには、食材の生産や収穫にたずさわっている人間が、天候不順や災害によってこうむる影響を、さまざまなマスコミを介して我々消費者に語ってくれることからは、我々の毎日の食生活が、こうした人間によってどのように支えられているかも、実感できるようになってきている。こうしたことを実感できるようになると、あらゆる食材の収穫は、天候や大地や海といった自然界の出来事に左右されるだけではなく、それらに関わっている人間に頼らざるをえない、ということが際立ってくる。すると、個々の食材は、自然界の出来事と食材に関わる人間の営みをその奥行にはらんでいる表情となっている、ということが導かれる。

しかし、近年の天候不順からは、人間の振る舞いと同様、やはり世界もそれなりの振る舞い方をしている、といえるようになる。そして、世界のこうした振る舞いが、四季の移り変わりに応じた天候の恵みや、天候不順や天災などとして振る舞った結果、農作物の豊作や不作として、我々に恩恵や災いをもたらしている。そうであるかぎり、世界のこうした振る舞いは、そのつどの現われに応じて、豊作を介して我々に微笑《ほほえ》んでくれたり、天災を介して我々を諫《いさ》めたりするような、そのつどの表情をおびている、といいかえることができる。

ハイデガーも、壺や橋といった「物は、〔四つのものを〕集めながら物となることにより、世界の振る舞いとなる」（Heidegger, 1959, S. 22, 一八頁）、という。〈振る舞う〉と訳したドイツ語の gebären は、ハイデガーによると、それらの古語である「bern や bären」においては、〈ぎりぎりまでこらえて調停しながら決着をつけること〉を意味するドイツ語の Austragen（＝臨月まで懐胎《かいたい》すること）という意味をそなえていた（ebd., 同所）。日本語の臨月という言葉にも、胎児が母体内にとどまれるぎりぎりまで待ちつづけたうえで出産に至る、陣痛という文字通りの意味での〈産みの苦しみ〉を経過する臨界点という意味が含意されているならば、出産は、ぎりぎりまでこらえて陣痛によって決着をつけられる調停なのであろう。

天候不順や災害も、たとえばリンゴやミカンやブドウといった果実の収穫を、その収穫の直前になって台無《だいな》しにしてしまうことがしばしばある。すると、世界の振る舞いは、ときとして、人間と自然との関係が崩れるぎりぎりの状態になるまで待ちながら、この関係の崩れる一歩手前で両者を調停してくれるような表情もおびているのかもしれない。収穫された食材も、ぎりぎりまで待ちたえられた人間と自然との関係を自らのうちに担いつつ、我々死すべき人間へと「世界を添え合わせてくれる」ことになるのであろう（ebd., 同所）。そうだとしたならば、近年の天候不順は、自然に対する我々人間の感受性の喪失に対する警告をも、その奥行にはらんでいる表情なのかもしれない。

状況に応じた表情　それどころか、たんなる物でさえ、我々がそのつどの状況でどのような目的をもって行動しているかによって、異なる表情を示してくる。サルトルのいうように、「或る岩は、もし私がそれを移動させたいのならば、底深《そこふか》い抵抗を示すが、それとは対照的に、もし私が風景をつくづく眺めるためにそれに登りたいのならば、貴重な助けとなるであろう」（Sartre,1943, p. 562, Ⅲ 一二〇頁）。前者の場合であれば、その岩の重さや硬さが、私にとって抵抗を示す表情となるし、後者の場合は、その堅固さが、私に好意的な表情を示し、その上にたっている私をその岩の奥行から支えてくれることになる。あるいは、のんびりと散歩するときには、散歩道をとりかこんでいる風景をふくめ、私が目にするもののすべては、心地良く私の身体と心に溶けこんでくるような、穏やかな表情を示す。他方、約束の時間に間に合わないのではないかと、忙しなく歩を進めるとき、その道は、私の目的のために通過しなければならないだけの長く連なる障害物として、敵対的な表情を示す。それらの物は、その時々の私の目的に照らされて表情を変えるのであり、その表情がそのときの私の状態を反映しているのである。

あるいは、川は、それが発祥した、水路も定かでないか細い水源から、魚やさまざまな水性の生き物たちが泳ぎまわる小川となり、田畑を潤《うるお》す川となり、さまざまな荷物をその生産地から消費地へと運ぶ船が運航する大河となり、最後には、大海へと流れこむことによって、もはや川ではなくなってしまうが、再び雨となって水源に滴り落ちるといった、その川に沿った風景と共に、時間と空間の変化を貫いて、つねに流れ来たり流れ去っている。そのため、川のどのようなときのどのような場所でも、その水面《みなも》は、その水源から大海へと連なる時間的で空間的な変化をそのもとに集めていると、つまりそれらの反映となっている、といえる。また、そうであるからこそ、川の流れは、自分の存在が覚束無い誕生間もない乳飲み子から、ひとりの人間として他の多くの子どもたちと遊ぶことができるようになり、労働によって生産力をそなえた人間になり、子どもを産むことにより、自分が獲得してきたことを子どもという自分とは異なる他者に伝え、最後には葬儀により、大地に還り、新たな息吹の潜在的な能力となる、死すべき者である人間の一生に比喩されるのであろう。そうであるからこそ、川をつくづくと眺める人間のそのつどのあり方が、水面に反映されると同時に、上述したような川の流れの各所が、その流れ方に応じて、それを眺める人間の想いに反映されるのであろう。

川がこうした仕方で人生のいわゆる無常観を反映していることは、鴨長明の『方丈記』の有名な冒頭の次の一節に描かれている。

ゆく河の流《なが》れは絶《た》えずして、しかも、もとの水にあらず。淀《よど》みに浮《うか》ぶうたかたは、かつ消《き》えかつ結《むす》びて、久《ひさ》しくとゞまりたる例《ためし》なし。世中《よのなか》にある人と栖《すみか》と、またかくのごとし。

（鴨長明、一九五七、一三頁、ルビと（　）は原文のママ）

以上、本節では、世界や物の現われと身体とが一体的に生起していることに基づき、世界の表情と人間の表情とが相互に反映し合っていることを探ってきた。ただし、ここまで探ってきたのは、ひとりの人間と世界との関係に限定されていた。しかし、我々人間は、たとえそばに他の人間がおらずとも、どのような場合でも、他の人間と共に生き、活動している。そのため、世界の振る舞いや表情と個々の人間の振る舞いや表情との相互の反映は、他の人間からかなり大きな影響を受けているはずである。そこで次節では、他者と共に日常生活を送っているさいに、世界の表情が他者の存在によってどのように変化するかについて、まず探りたい。次に、他の人間を介することによって世界の表情がより多様で豊かになることを、芸術作品を鑑賞する場合を典型例として、探ることにしたい。

第3節　他者を介した世界の表情

1　私の世界の表情と他者との密接な関係

他者と共に経験すること　私の世界の表情が、他者の存在によって影響を受けたり、他者の世界の表情ともなっていることは、ヴァルデンフェルスが例示している観劇の場合に典型的となる。

演劇やスポーツ観戦や講演などで典型的なように、多くの他者と共になにかを経験しているときには、たとえば、講演会で多くの他者と一緒に講師の話を聞いているときには、或る人の話をひとりで聞いているときとは異なり、次のような聞き方となっている。

ひとりで聞いているときには、笑いを誘わないようなことが話されても、それが多くの聴衆によって聞かれているときには、よりいっそう自然に、また、同時に笑い声があがる。喜劇映画は、観客の多いときの方が、そうではないときよりも、より多くの、そしてより大きな笑い声を発生させる。しかもこうした笑いは、それが同時に起こることから、他の観客の笑い声に誘発される、といったことによって生じるのではない。スポーツ観戦においても、自室でひとりだけでテレビ観戦しているときよりも、競技場で多くの観衆と一緒に観戦しているときの方が、ごく自然に競技に引きこまれたり、ひとつひとつのプレーに対する想い入れや、感激の程度がはるかに高くなる。最近とくに社会問題となっている、集団でいわゆる〈いじめ〉をおこなっているときにも、同様のことが生じていることは、しばしば指摘されている。このように、多くの他者と一緒になんらかの経験をしていること自体が、経験している個々の人間のあり方だけではなく、経験されている物や出来事の現われに対しても、大きな影響を及ぼしているのである。

こうしたときの人間のあり方について、観劇の場合を例として、ヴァルデンフェルスは、次のように記述している。「すでに満席の会場が、次に周囲の注目度が、そして最後に拍手喝采《かっさい》や不満の表示が、舞台俳優がどのように役を上演し、それを観客がどのように受けとめているかについて、〔観客同士がなんら意志を疎通《そつう》することなく〕共に規定している」(Waldenfels, S. 153)。こうしたことが生じるのは、共にその場を共有することによって、「他者の聞く作用や見る作用が、自分が見たり聞いたりする作用へと直接移行すること」(ebd.)が、観客同士のあいだで相互に生じているからである。すると、多数の他者と実際に共になにかを経験しているとき、私と共にその場に居合わせている多くの他者は、経験されている物や出来事の現われに大きな影響を与えているということが、つまりそれらの現われ自体が、より大きな興味や関心を引きつけつつ、我々の経験の仕方を変えるような表情をおびることになる、ということが導かれる。

学校で日常的におこなわれている一斉授業においても、まったく同様のことが生じている。もちろん、一斉授業が教師によってうまく組織されている場合に限定されることだが、このときには、子どもたちが個々に他の子どもと教材などについて自分の考えや意見などを伝え合うことがなくても、彼らは、教師や発言している子どもの解釈などに対して、同じような経験をすることができるのである(10)。

同様のことは、多数の他者と共にではなく、特定の他者と一緒になにかを経験しているときにも生じている。同じ景色でも、親しい友人や家族や恋人と眺めているときと、ひとりで眺めているときとでは、さらには、人間関係がうまくいってない人と眺めているときとでは、異なる表情をおびてくる。同じ食べ物でも、どのような人と共に食事をしているかに応じて、その味わいという表情も異なってくる。他方、孤独におちいっている者には、景色や食べ物は味気ないものとなる。遺稿のなかでフッサールも述べているように、「私は、私の感覚でもってのみ見たり聞いたり経験するだけではなく、他者の感覚でもって見たり聞いたり経験したりするのであり、他者も彼の感覚でもってのみ経験するのではなく、私の目でもって経験する」(Husserl, 1921, S. 12) のである。

他者関係の疎外における世界の表情　一緒にいる他者によって物や出来事などの表情が異なってくることは、他者関係が阻害されて精神の病をこうむっている人間の場合に、典型的に明らかとなる。というのは、そうした人間の振る舞いや述懐からは、他者関係がそこなわれていないときにはあまりにもあたりまえであったために気づかれることのなかった、世界の表情の他者による影響が日常生活において重要な役割をはたしていることが、明らかとなるからである。

たとえば、現象学的精神病理学者であり、現象学に基づいて具体的な人間のあり方を記述しているジャン・ヘンドリック・ヴァン・デン・ベルク (1914-) が事例としてとりあげている患者は、次のようにいう。「街路はとても広く見え、家なみは色あせ、灰色で、ひどく古ぼけ、今にも崩れんばかりに荒れ果てた様子だった」(ヴァン・デン・ベルク、六頁以下)。あるいは、「歩道を歩いていて人びとがたまたま彼に接触したときにも、その距離感は依然として残っていた。あまりにも広すぎる路上を、人びとはまるで命のないあやつり人形のように無感覚に動きまわっている。そうした人びとを見ていると彼は寂しく、落ち着かない気分になり、不安と怒りをおぼえる」(同書、一三頁以下)。この患者の言葉からまず確認されるのは、落ち着かない気分や不安や怒りといった彼の内面のあり方が、彼に出会われる人々を無感覚な振る舞いや表情として色づけしているのではなく、そうした表情の方が、彼の気分や感情に影響を与えている、ということである。ヴァン・デン・ベルクは、こうした患者の言葉は、彼の見たまの風景や他の人を描いている、とみなす。そのうえで、ヴァン・デン・ベルクは、患者の世界がこのように見えるのは、彼の「実存そのものが〈倒れそう〉なのである」（同書、七三頁、〈 〉は原文のママ）、ということを導きだす。というのも、「われわれが人間の存在を理解しようとするならば、対象〔object〕である事物の言葉に耳を傾けなければならない」（同書、五〇頁、〔 〕は原文のママ）から、本書の言葉でいいかえれば、個々の人間にとっての世界の表情をとらえなければならないからである。

しかし、ヴァン・デン・ベルクの考察をこえて、ここでさらに探りたいのは、物や他者が以上のような表情をしているときの人間のあり方である。

上述したように、世界の表情はそこに共に居合わせている他者によって異なるのであった。このことからすると、たとえば、家なみが「今にも崩れんばかり」の表情をおびているのは、ヴァン・デン・ベルクのいうように、患者の実存が倒れそうであるから、本書の言葉を使えば、崩れんばかりの家なみが彼のあり方の反映となっているからである。しかしそうなってしまうのは、この患者が、彼の世界を共に支えてくれる他者が、彼にとっては存在していないからである。というのも、第2章第2節2のⅱ「他者の〈おかげ〉による私の身体の顕在化」（一一七頁）でも探ったが、そもそも一般に、私にとって存在していると思われる世界内のさまざまな物は、その物の私には見えない側面が他者には見えていることを根底において信じていることによって、私にリアルに経験されるからである。他者関係が阻害されて精神の病に苦しんでいる人間にとって、世界内の物事の存在が実感できなくなるのは、彼らにとって信頼できる他者が存在していないからである。ヴァン・デン・ベルクによって描かれている患者においてもそうであることは、彼自身が述べているように、道で出会う他の人の表情が「無感覚」であるという、いわば表情のなさによって特徴づけられていることからも、うかがえる。

しかし、ヴァン・デン・ベルクが事例としている患者ほど極端な仕方ではないとしても、たとえばいわゆる〈人見知り〉をするようになった子どもの場合にも、同様のことが生じる。こうした子どもは、彼にとって見知らぬおとなが自分に近づいてくると、そのおとなに対してのみ恐れをいだくだけではない。さらには、それまでは慣れ親しんでいた自分のまわりの世界さえもが〈よそよそしい〉世界へと変貌する。そのため、その世界内で活動することができなくなり、母親にしがみつくことしかできなくなってしまうのであろう。

他者の存在に応じた世界の表情　しかし、他者の存在によって世界の表情が異なって現われてくることは、ヴァン・デン・ベルクの次のようなまったく日常的なエピソードからもうかがえる。友だちが訪ねてくるためにワインを準備した後、その友だちが来られなくなったことを電話で告げられたときの世界の表情の変化を、ヴァン・デン・ベルクは次のように記述している。友だちからの電話の「受話器を置いたとき、部屋の静けさは少しばかり強くなっていた。時間がずっと長く、ずっと空しく感じられる。

……私がワインのびんを見、そして友だちが来ないことに気がつく。……私は商標が印刷された、白いラベルのついた緑色のびんを見る。……しかし、……私がほんとうに見ていたものは、私の友だちが来ないという事実についての、あるいはその夜の寂しさについての、失望といったような何かなのである」(同書、四〇―四二頁)。つまり、部屋の雰囲気だけではなく、物理的にはなんの変化も起きていないはずのワインのびんの表情さえもが変わってしまったのである。部屋やワインのびんの表情は、このエピソードにおいて典型的となるように、他者がその場にいなくても、その他者との関係が多少変化しただけで、私の意図に関わりなく、容易に変化してしまうのである。

それどころか、探し求めている人間がいないことによっても、世界の表情は変化してしまう。こうしたときの世界の表情の変化を、サルトルは次のように記述している。

カフェで友人のピエールと会う約束をしたが、私が、遅れてそこに到着したため、カフェのなかを見わたしてピエールを探しているときには、次のような仕方でカフェのなかのものが現われては消えていく。つまり、そのカフェは、「そのお客、そのテーブル、その腰掛椅子、その鏡、その光線、その煙った雰囲気、騒々しい人声、皿のふれあう音、店内を満たしている足音」などによって満たされている。しかし、私がそのなかにいるかもしれないピエールを探そうとして、ひとりひとりの客の顔を眺めると、それらの顔は、そのカフェを満たしていた他の物や他の客の顔から「浮かびあがろうとする」が、再びそれら他の物や他の客のなかへと「落ちこんでしまい、……この背景のなかで希薄になってしまう」。「それらの顔は、《ピエールかな?》、と一瞬私の気を引くが、ピエールの顔《ではない》ため、ただちに分解してしまう」。こうした場合には、人や物が、一瞬浮かびあがろうとしては、背景へと落ちこんでしまうという、非常に不安定な現われ方をするので、カフェそのものの表情も非常に不安定になる。そのため、探し求めている者の振る舞いや表情も、やはり不安定なものになる。他方、私がピエールと共にそのカフェでくつろいでいるときには、その同じカフェは安定して現われてくる。

サルトル自身は、以上の記述でもって、この場合は、〈ピエールがいない〉という否定的意識のあり方を解明している。そして、サルトルは、〈～がない〉とか、〈～ではない〉とか、〈～がいない〉といった否定的意識は、なにかを探し求めている者の捜し求められているものへの期待があることによって生じてくる、ということを導きだす。そのため、サルトルは、「不在のピエールは、このカフェにつきまとう」、とさえいう（以上 Sartre, 1943, pp. 44-45, I 七六―七八頁、《 》は原文のママ）。このことは、そもそもこのカフェにいるはずのない人や、架空の人物が〈いない〉という判断をくだす場合と比べてみれば、容易に明らかとなる。そのため、サルトルによる以上の記述からも明らかなように、不在の人間が及ぼす世界の表情の現われの不安定さの程度は、その人間に対する私の関心や私とその人間との関係の深さに応じていることになる。

以上で探ったように、世界の表情は、一緒にいる他者に応じて、それどころか、いるべき他者がそこにいるかいないかによって、異なってくるのは、フッサールの遺稿を引用しながらすでに探ったように、私と他者の経験は相互にふくみ合う関係にあるからである。このことを直接実感させてくれるのは、他者と一緒に遊んでいるときである。

2　他者を間接的に介した世界の表情

i　遊びにおける世界の表情

遊びの特質　遊びそのものについて考察するためには、かなり膨大な論の歩みが必要であろうが、ここでは、世界の表情に関わる範囲に限定して、遊びにおける他者のあり方について探っていくことにする。そのさい、芸術作品を現象学の立場から解釈するため、それが遊びと同様の現われ方をすることに着目した、ハンス・ゲオルク・ガダマー（1900–2002）を手がかりとしたい。

遊びは、たしかに一方では、現実の世界から一時的に身を引くことによって、なんらかの課題をうまくやりこなすために必要な緊張感から、我々を解放してくれる。そのため、遊びは、現実の重さとは対照的に、「軽やかさ」をともなうと同時に、我々を「自分自身に没頭させて」くれる（Gadamer, S. 100, 一五〇頁）。遊んでいる子どもの表情は明るく軽やかなものとなるし、彼らの世界も明るく軽やかなものになる。また、明るく軽やかな子どもの遊びを眺めているおとなの表情も、明るく軽やかなものになる。しかも、遊びが我々を没頭させるのは、ガダマーのいうように、「遊びが遊んでいる者に対する支配者となる」からであり、「遊びとは、遊んでいる者を魅了し、遊びにとりこみ、遊びのなかに引きとどめるものである」（a.a.O., S. 102, 同書、一五二頁）からである。そのため、遊んでいる人間の振る舞いや表情には、明るさや軽やかさが認められる場合があると同時に、他方では、遊びに没頭したり、魅了されることにより、遊びの世界以外のものから遮断された狭隘《きょうあい》さがただよう場合がある。さらには、遊びに特徴的なたんなるくりかえしによって、この狭隘さの度合いが高められ、一緒に遊んでいない人の侵入を許さないほどの頑《かたく》なな鎧《よろい》を着ているかの感を、第三者にいだかせる場合もある。そのため第三者には、遊んでいる人間が遊びにとりこまれ、忘我の状態にあるように思われてしまうときもある。しかし、遊んでいる人間自身は、本当に我を忘れているのではなく、他の人を受けつけないほど自分の行為に夢中になっているため、つまり夢のなかにいるときのように、現実の世界から遮断されているため、現実の世界に残されている人との交流が不可能になっているのである。

遊びの世界　こうしたことから、一方では明るく軽やかなはずの遊びは、他方で同時に、遊んでいる人間に真剣さを要求する。というのは、遊びが遊んでいる人間を魅了するのは、遊びには、たとえほんのわずかではあっても、遊んでいる人間の予想をくつがえす可能性がひそんでいなければならないからである。たとえひとりで遊んでいても、遊びには、その遊びの行為に対応してくれる相手が必要となる。たとえば、ひとりでトランプ遊びをしていても、トランプは遊んでいる人間の予想をこえた現われ方をし、遊んでいる人間はそれにうまく対応することに神経を集中しなければならない。ガダマーのいうように、遊びにおいては、「遊んでいる者と一緒に遊んでくれる別のもの（＝者や物）が、つまり遊んでいる者の一手に対してその方からの逆襲の一手でもって応えてくれる別のものが、つねに現に存在していなければならない」（a.a.O., S. 101. 同書、一五一頁）。そのため、遊んでいる人間の表情は、遊びに集中している真剣なものとなる場合がかなりあるのである。

遊びの相手が人間であるときには、遊びにおける真剣さをもたらすところの、遊びの相手の逆襲の一手がどのようなものであるかが、よりいっそう明らかになる。このときには、一緒に遊んでいる他者がどのようなことをしてくるかに関して予想がつかないまま、実際になされた相手の行為にそのつどうまく対応する真剣さが求められる。と同時に、この真剣さが遊んでいる人間を遊びに没頭させる。そのため、一緒に遊んでいる他者が真剣に遊んでくれないと、その遊びはいわゆる〈台無し〉になる。遊びを支えている基盤がとりのぞかれてしまうことにより、遊んでいる人間は、支えのない状態におちいってしまい、苛々した感情にかりたてられる。ガダマーの言葉を使えば、「遊び〔は〕そこなわれる」ことになる（ebd. 同書、一五二頁）。本書の言葉を使えば、遊びの世界は、一緒に遊んでくれる他者によって、その表情を変える、といえることになる。

このことは、本来、遊びは、遊んでいる人間自身のために遊ばれるものであるにもかかわらず、その遊びを見てくれる観客がいることにより、遊びの本気さの程度が高まることによって、明らかとなる。とくに子どもは、たとえおとなが一緒に遊んでくれなくても、おとなによって自分の遊びが好意的に見守られることにより、いっそう真剣に、あるいは、いっそう楽しく遊ぶことができる。この場合には、上述した、遊びの世界にとりこまれて、現実の世界から遮断されている場合とは異なり、遊んでいる人間は、遊びの世界に閉じこめられておらず、外の世界にも開かれている。こうしたときには、多くの場合、遊んでいる本人だけではなく、それを見ている人間にもいわゆる健全な笑いが生じることからしても、明るい軽やかさがともなう。そして、こうした笑いが両者の関係をより親密なものとすることについては、第4章第3節1「歓びにおける共同性」（二四八頁以下）で歓びの共同性について探るさいに、改めてとりあげることにしたい。

たしかに、遊びの場合よりもかなり間接的な仕方ではあるが、他者のおかげで世界の表情がより豊かに現われてくることが典型的となるのは、芸術作品を介した世界の表情の開示である。このことを言葉によって具体的に描いているのは、ゴッホの「一足の靴」の絵についてのハイデガーの記述である。そこで、表情という観点から、ハイデガーの記述に即して、他者の〈おかげ〉でという事態について探ってみたい。そして、文学は言葉でもって世界の表情を豊かに描いているため、本節の最後に、谷崎潤一郎の『陰翳礼讃』における記述に注目したい。

ii　世界の豊かな表情としての芸術作品

ゴッホ「一足の靴」の表情　ハイデガーは、ゴッホの農作業用の「一足の靴」の絵が、その靴をはいている農婦の生活を語りだしていることを、以下のような表現を使って記述している。というのは、本章第2節1「物の表情への豊かな感受性」（一五八頁以下）で探ったように、物はそもそも表情をそなえているが、それが道具として使われるときには、それを使っている人間の生活が、その道具の表情として、そこに刻みこまれているからである。しかも、以下の引用文でハイデガーのいうように、靴という道具は、人間が大地を踏みしめながら歩いたり、仕事をすることに奉仕しているため、その人間の生活の基盤が、その靴の表情として、そこに刻みこまれるからである。たしかに、この絵には、靴がどこにおかれているかを示すものはなにも描かれておらず、まわりにはぼやけた空間が描かれているだけである。しかし、ハイデガーの言葉を使えば、ゴッホの絵は、その靴をはいている農婦の「農作業の辛苦《しんく》」を語りだしている。たとえば、「無骨《ぶこつ》なまでに頑丈《がんじょう》な靴という道具」は、「烈風がその上を吹きすさび、遠くまで伸びていてどこまで行っても同じような畑の畦道をとおって、ゆっくりと歩いた〔農婦の〕強《きょう》靭《じん》さ」の表情となっている。さらに、「靴皮には、耕土の湿り気と豊穣《ほうじょう》さがただよっている」のであり、「靴底には、黄昏《たそがれ》ゆく夕べに染められた野の道の寂寥《せきりょう》感が忍びこんでいる」。それどころか、「靴という道具のなかには、大地の黙せる呼び声と、実り豊かな穀物を贈る大地の静かな恵みと、冬の野の荒れはてた休閑地《きゅうかんち》では不思議なことに己を拒む、大地の否《いな》みとが揺らめいている」。そして、こうしたことを我々がとらえられるのは、ハイデガーのいうように、「ゴッホの絵が語った」からである。

たしかに、ハイデガー自身も、彼によって記述されていることは、直接感性的に知覚されることがないことは、認めている。しかし、上で引用したような農婦の生活の辛苦は、「靴という道具から滲みだされてくるその内面がぼんやりと開かれて」きた結果であるならば、感性的に見ることができるその靴の表面が、奥行をそなえた内面をたずさえており、そこに隠されている直接には見えないものを、ゴッホは絵でもって我々にも見えるようにしたことになる。そして、ハイデガーは、それを言葉でもって表現したことになる。しかも、我々が、ゴッホの絵から靴のこうした表情をとらえられるならば、我々は、間接的な仕方ではあれ、ゴッホと共にゴッホのおかげでその靴を見ているのであり、また、ハイデガー

ゴッホ「一足の靴」(1888)
Metropolitan Museum of Art, NY/Photo by Michael Weinberg and Clarks Summit

と共にハイデガーのおかげで、その絵を見ていることになる。そのためここにおいても、確かに間接的ではあるが、共に居合わせる他者の〈おかげ〉でもって、物の表情は異なってとらえられる、ということが導かれるのである（以上 Heidegger, 1950, S. 18–S. 21, 三一—三六頁）。

谷崎潤一郎『陰翳礼讃』における表情

多くの文学作品は、ハイデガーと同様、物や風景について、我々には通常は見えないそれらの表情を豊かに記述し、彼らの感受性でもって我々の物の見方を豊かで深いものにしてくれる。こうしたものの典型例である陰翳《いんえい》について、前節3のi「料理の表情」（一七七頁以下）でも引用した谷崎が見事な記述をしているので、多少長くなるが、ここでも引用しておきたい。

われわれは、それでなくても太陽の光線の這入《はい》りにくい座敷の外側へ、土庇を出したり縁側を附けたりして一層日光を遠のける。そして室内へは、庭からの反射が障子を透してほの明るく忍び込むようにする。われわれの座敷の美の要素は、この間接の鈍い光線に外ならない。われわれは、この力のない、わびしい、果敢《はか》ない光線が、しんみり落ち着いて座敷の壁へ沁み込むように、わざと調子の弱い色の砂壁を塗る。……座敷の壁は……めったに光らせない。もし光らせたら、その乏しい光線の、柔らかい弱い味が消える。われらは何処までも、見るからにおぼつかなげな外光が、黄昏《たそがれ》色の壁の面に取り着いて辛くも余命を保っている、あの繊細な明るさを楽しむ。我らに取ってはこの壁の上の明るさあるいはほのぐらさが何物の装飾にも優《まさ》るのであり、しみじみと見飽きがしないのである。……座敷ごとに少しずつ地色は違うけれども、何とその違いの微《かす》かであることよ。それは色の違いというよりもほんの僅《わず》かな濃淡の差異、見る人の気分の相違というほどのものでしかない。しかもその壁の色のほのかな違いに依って、また幾らかずつ各この部屋の陰翳が異なった色調を帯びるのである。

（谷崎、一九三頁以下、ルビは原文のママ）

こうした「陰翳」を谷崎自身は「謎」（同書、一九三頁）と呼んでいることからしても、陰翳自体が、奥行のある世界の現われを可能にしていることが、明らかとなる。また、こうした奥行がとらえられるには、とらえる人間の心が陰翳という奥行をそなえていなければならないはずである。いわゆる陰《かげ》のある人間に心ならずも興味を引かれるのも、その人の陰となっているその奥行に引きつけられるからであろう。また、どのような光もその影をたずさえているからこそ、いっそうその輝きを増すのであろう。

本章では、世界の表情と我々人間の表情とが相互に反映し合っていることを探ってきた。そして、我々はお互いに共通の世界内で関わり合っている以上、表情をおびている世界は、私と特定の他者や他の多くの他者たちとのあいだでも、共同化されており、こうした共同化が、我々のすべての生の営みを、さらには身体的振る舞いや表情を社会的なものとしているのである。そこで、次章では、我々人間の振る舞いや表情を、お互いに向き合っているときの人間間のあり方を出発点として、共同性の観点から探ることにしたい。

注

(1) 本項「雰囲気としての感情」にかぎり、シュミッツの「身体の状態感と感情」からの引用にさいしては、ドイツ語原典と邦訳書の頁数を併記することによって、出典箇所を指示する。

(2) シュミッツ自身は、当該箇所では、本文で記述されている感情を羞恥《しゅうち》（Scham）と呼んでいる。しかし、第2章第2節2のⅳ「他者による私の存在」（一二六頁）でサルトルと共に探ったように、通常の羞恥においては、シュミッツが記述しているようなあり方には追いこまれない。しかも、シュミッツは、当該箇所で、彼がそう呼んでいる羞恥が「とくに激しい」場合には、ニーチェによって恥辱（Schande）と呼ばれている感情状態を引用している（vgl. S. 330, 三六八頁参照）。こうしたことから、シュミッツにおける羞恥は、恥辱であるとみなし、本文では、シュミッツによって羞恥と呼ばれている感情を恥辱と訳すことにした。

（3）シュミッツ自身は、当該箇所で「気分」という言葉も使っているため、気分と感情との違いが明確ではない。しかし、シュミッツは、気分という言葉を使いながらも、「空虚な気分」は、たとえば、「大都会の醜《みにく》く汚《きたな》らしい家なみの海のなかにとおっている街路」において感じられる雰囲気であるとし、それは、この雰囲気に「とらわれた人に、無意味さと支えのなさといった圧力をともなって、たち向かってくる」（S. 332, 三七一頁）、という。すると、シュミッツにおける空虚は、空虚な気分にかなり近いあり方であるとしても、それは、感情が向けられているものと同様、その人に向かってくる、と考えられるため、本書では感情とみなすことにした。

（4）本項「情動と世界の表情」では、サルトルの「情緒論粗描」からの引用にかぎり、フランス語原典と邦訳書の頁数を併記することによって、出典箇所を示す。

（5）サルトルのこの一文は、注意を要する。というのは、すでに第1章第2節1「気分と感情との違い」（三八頁）で簡単にふれたが、サルトルも、たとえば『存在と無』で、不安（angoisse）と恐怖（peur）を峻別し、恐怖は外の世界からもたらされるため、「非反省的把握」であるのに対し、「不安は自分についての反省的把握である」（Sartre, 1943, pp. 66-67, I 一一九頁）、としているからである。つまり、なんらかの危機的な状況におちいり、「《自分はいったいどうしたらいいのだろうか？》」と自問するとき、人は不安におちいる（ibid., p. 66, 同書、一一九頁、《 》は原文のママ）。こうしたことから、本文の当該の引用文中の不安という言葉は、〈不気味さ〉といった言葉で意味されるあり方を指している、と考えられる。

（6）このことが探られる次項「芸術作品の豊かな表情」は、中田（二〇〇八）の第4章Iの二「住まうこと」

（一三七―一四三頁）を、本書の趣旨に基づき大幅に加筆・修正したものである。なお、本項にかぎり、メルロ‐ポンティの「眼と精神」からの引用にさいしては、フランス語原典と邦訳書の頁数を併記することによって、引用箇所を指示する。

（7） 同様のことは、やはり芸術作品である文学作品を朗読しているときにも生じている。というのも、朗読している者は、「朗読という仕方で文学作品に息吹を吹き込みつつ、……作品の息吹を吹き込まれていることに、つまり、作品と共振している……ことになる」からである（大塚・中田、一八二頁）。しかも、「息吹」とは、息を「外へととり出すこと」と、「内へととり込むこと」であるからである（同書、一八〇頁）。

（8） 本項「身体と物との豊かな関係」にかぎり、メルロ‐ポンティの『見えるものと見えないもの』からの引用にさいしては、フランス語原典と邦訳書の頁数を併記することによって、引用箇所を指示する。

（9） メルロ‐ポンティ自身は、外界の物も肉であることについて詳しく言及している。しかし、すでに画家の眼差しについて探ったさいに、身体と物は同じ織物でできていることを探ったので、このこととの対応で、物も肉であるとみなし、これ以上の考察は、本書ではしないことにする。

（10） さらに詳しくは、中田（一九九七）を参照。

第4章　共同性の反映としての豊かな表情

第2章では、〈今現在〉の〈今いるここ〉での私のあり方が、他者との出会いを介してより豊かにとらえられるようになることについて、探った。しかも、私の振る舞いや表情は、世界の表情と密接に関わっているが、第3章では、世界の表情は、他者の存在によって異なってくることが、明らかにされた。これらのことからは、私の世界の表情が、他者と共同化されている、ということが導かれる。

そこで、本章では、人間同士のあいだで生じていることを中心に、人間の振る舞いと表情が、他者と共同化されていることによって、どのような豊かさと深さをそなえているかを、探ることにしたい。第1節では、ふたりの人間がお互いに向かい合っているときに、両者のあいだで生じていることについて探ることにより、表情が外界を反映していることを明らかにしたい。というのは、このときには、一見すると、両者は外界から切り離され、いわゆる〈ふたりだけの世界〉に閉じこめられている、と思われてしまうからである。第2節では、人間の表情がそれまでの日常生活で身についてきたものであることを、身体的振る舞いや表情のスタイルという観点から探ることにしたい。このことによって、身体的振る舞いは、〈今現在〉をこえた時間的な広がりをそなえていることを、明らかにしたい。そのうえで、第3節では、こうした振る舞いや表情が、日常生活を共に送っている他の多くの人間と共同化されているため、社会的に影響を受けていることを明らかにし、我々の生の社会性を間接的に反映していることを探ることにする。このことによって、我々人間は、自分の誕生から死後までも、他者に自分をたくすという仕方で、他者と共に生きていることを、明らかにしたい。

第1節　向かい合いにおける反映

1　他者の身体への住みこみ

身体的に向き合うことによる相互の反映　まずは、ふたりの人間がお互いに身体的に向き合っているとき、両者の振る舞いや表情が相互にどのように関係しているのかについて、探ってみたい[1]。というのは、このときには、物の表情の知覚の場合とは異なり、他者が私と同様、私の身体的振る舞いや表情を知覚しているため、両者の知覚と身体運動との一体的生起は、私と他者とのあいだで相互に影響を与えつつ展開していくからである。そのため、表情の感受性について探るためには、新たな観点と記述の仕方が求められることになる。

少し離れたところで私と向かい合っている他者に、こちらへ来るようにと合図を送っているにもかかわらず、その他者が私の方に来ないため、私が自分の表情や振る舞いを変えているときに生じていることについて、まず探ることにする。このときには、メルロ－ポンティのいうように、相手の不従順さに私が気づいていることと、相手に合図を送っている私の振る舞いとのあいだには、「明確に区別されるふたつの意識の行為があるのではなく、私が相手の頑固《がんこ》な意思を見抜くと、なんらかの思考を介することなく、この状況から私の苛々《いらいら》の振る舞いが湧きあがってくる」(Merleau-Ponty, 1945, p. 129, 一九二頁)。

このことからまず導かれるのは、自分の振る舞いを変えているときの私の身体においては、「私の知覚と運動とがひとつの体系を形成し、それが全体として変容していく」（ibid., 同所）ことが生じている、ということである。しかも、このときの私の振る舞いや表情は、相手が私に従いたくないことと一体となっている。メルロ－ポンティの言葉を借りれば、私が送った合図に対する「相手の同意や拒否は、私の振る舞いのなかに直接読みとれる」（ibid., 同所）。同様にして、私の合図が私の相手をして、私に従いたくないという振る舞いと表情を生じさせるかぎり、私の合図がたずさえていた意図も、相手の振る舞いや表情から直接読みとれることにもなる。そうすると、このときには、通常そうみなされがちな、次のようないわゆる刺激と反応との連鎖が生じているのではない。つまり、私の合図が刺激やきっかけとなって、その反応として相手になんらかの気持ちが生じ、この気持ちが相手のなんらかの振る舞いや表情として現われる。そのうえで、この現われが今度は私に対する刺激やきっかけとなって、苛々している私の気持ちを反応として生みだし、この気持ちが私の合図の仕方を変えるようにうながす、ということが生じているのではない。そうではなく、私の意図がうまくいかないことを、私は相手の表情のうちに読みとっているのである。そうであるからこそ、相手の表情は私の意図の反映でもあると同時に、私の振る舞いと表情は、相手の意図の反映でもあるという仕方で、両者の振る舞いと表情は相互に反映し合いながら、一体となってひとつの体系を形成していくことになる。

お互いに自分の意図が相手の振る舞いや表情のうちに読みとれる以上、メルロ－ポンティのいうように、「すべては、あたかも他者の意図が私の身体に住みこんでいるかのように、あるいは、私の意図が他者の身体に住みこんでいるかのように、おこなわれている」(ibid., p. 215, 同書、三〇四頁)はずである。そして、こうしたことが生じることにより、身体的に向き合っている人間間の関係は生き生きとした豊かなものになる。なぜならば、合図を変えているときの私自身の苛々した振る舞いと表情は、相手の頑固な意思を私が知覚していることと一体となっているかぎり、しかも、当初の私の意図が相手の振る舞いや表情から直接読みとられるかぎり、私の知覚作用と相手の振る舞いや表情とは一体となって生じるからであり、私の振る舞いは、相手と切り離されている私の内的感情のたんなる外在化ではないからである。

他者の道筋を共にたどること　それどころか、両者の意図が相互に相手の身体に住みこんでいるかのように、両者が関わり合っているかぎり、私と私の相手は、それぞれ、〈そこ〉にいる相手の身体的振る舞いから、〈今いるここ〉での自分の身体的振る舞いと自分の感情をとらえていることになる。そうである以上、たとえば、ふたりの人間が事柄や物事について語り合っているときには、相手の言葉をたんに理解したり、相手の内面をとらえるだけでは、対話は非常に表面的なものにしかならない。というのは、相手の「振る舞いは、私にとっては、ひとつの問いかけのようなものであり、それは、世界を感性的にとらえるための〔視〕点を指し示し、それらの〔視〕点と一体になるようにと、私をうながし」、私が、「世界をとらえている他者の道筋のなかに自分自身の道筋を発見したとき、コミュニケーションが仕上げられる」(ibid., p. 216, 同所)ことになるからである。つまり、対話の相手は、その対話で問題となっている事柄や物事が存在している〈そこ〉へと向かっており、相手の身体的振る舞いは、彼がどのような意図でもって〈そこ〉へと向かっているかを、私に指し示している。そして私が、その指し示しに従い、相手にとっての〈そこ〉への向かい方と同じ道筋をたどることによって、私は、他者と共に当の事柄や物事に関わることができるのである。

たとえば、私に向かい合って食事をしている他者が、ハシの動きをとめ、視線を向け変えると、そうした他者の振る舞いは、〈どうしたのだろう?〉という問いかけを私に引き起こす。そしてその他者が、私のそばにおいてある醤油さしへと視線を向け、たんに〈それを!〉としか言わなかったとき、私が彼のこの言葉の不完全さを思考を介して補足することによって、対話が成立するのではない。そうではなく、思考を介することなく、彼の振る舞いが指し示している醤油さしを使うためにたどらなくてはならない彼の道筋のなかに、私が私の道筋を見つけたとき、両者のあいだで対話が成立する。つまり、醤油さしに手を伸ばしてそれを手にとるという彼の意図に応じた彼の身体運動を、彼の代わりにそれをとってあげるという私の身体運動でもって私が実現するとき、両者のあいだで対話が生き生きと成立することになる。他方、私が、たとえば、〈それってなに?〉とか、〈醤油さしでなにがしたいの?〉といったことを他者に聞きかえすならば、私は、醤油さしをとらえている他者の視点をとらえそこない、たとえ一瞬のあいだであっても、対話は展開しなくなるのである。

こうしたことを考慮したうえで、メルロ-ポンティは、医師と患者とのあいだで本来営まれるべき対話をとりあげ、次のように述べている。病気の「治療と同様、その症状も、客観的意識の水準ではなく、……その下で仕上げられる」(ibid., pp. 190–191, 同書、二七〇頁)。すると、医師やセラピストに求められるのは、精神療法のための知識や技術だけではないことになる。さらにまた、両者の人間関係を考慮するだけでも、治療は十分でないことになる。治療や症状が、患者と医師との関係のなかで生じる以上、たとえば、患者のなにげない振る舞いが、病んでいる患者にとって独特の世界を指し示しているならば、医師もまた、患者のそうした指し示しと一体となって、患者の振る舞いがたどる道筋を、共にたどることが求められる。病気の回復のためには、患者の方もまた、治療のために医師がたどる道筋を、医師への信頼を頼りに、自分でもたどらなければならなくなる。そのためには、本書で問題としているところの、患者の振る舞いや表情を豊かにとらえる感受性が、医師やセラピストに求められることになるはずである。

しかし、人間同士が向き合っているときには、上述したように、両者の身体のあいだだけで、振る舞いと表情を介した一体的生起が生じているだけではない。さらには、以下で探るように、両者が生きている世界や両者のまわりにいる人間さえもが、両者の振る舞いや表情に反映されている、ということも生じているのである。

2　反映としての豊かな表情

面《おも》としての顔の表情　まず、写真①を見ていただきたい。(2)

写真①

出所：川島浩・撮影、斎藤喜博・文『写真集 未来誕生』一茎書房、1984年（p. 98）より。

この写真の少女の表情からは、彼女がなにかを懸命《けんめい》に訴えていることが、容易に読みとれる。たしかに、この写真からだけでは、彼女が訴えたいことがなんであるかは、とらえることができない。しかし、彼女の懸命さは、この写真を見ている者に強くせまってくる。

そして、我々へのせまり方の程度が、この写真を見ている人間の感受性の豊かさに対応しているはずである。しかし、このことに加えて、上述したメルロ＝ポンティの言葉を使えば、彼女が彼女の世界をとらえている道筋のなかに我々自身の道筋を発見するような仕方で、我々は、彼女の振る舞いをとらえることもできるはずである。

すると、彼女の表情や振る舞いから我々にせまってくるのは、彼女の内面で生じている強く訴えたい想いだけではないことになる。さらに我々は、彼女が向かっているものをも、彼女の振る舞いや表情から読みとることができるはずである。

日本語で顔《かんばせ》（＝顔ばせ）や面《おもて》とも呼ばれる顔《かお》の表情は、〈面《おもて》を向かう〉という言葉が、たんに顔を向けることだけではなく、「敵対する、抵抗する」、ということを意味していることからもうかがえるように（広辞苑）、内面の世界の身体への外在化であるだけではない。ドイツ語にも、顔や身体の表情を意味する言葉はいくつかあるが、そのなかでも、Antlizは、顔という意味だけではなく、語源によれば、まさに日本語の〈面《おもて》を向かう〉と同様、「〔なにかに向かって〕眼差しを向けているもの」（Duden）、「〔なにかに〕面《めん》した眼差し」、なにかに「照らされて」いること（Heidegger, 1959, S. 46, 四六頁）を含意している。すると、面《おもて》としての顔の表情は、他者や事柄といった外界へと向かいつつ、それらによって照らされていることにもなる。水面《みなも》がまわりの風景を映しだしているのと同様、面《おもて》は、顔の表情が向かっているものを映しだしている、つまりそれらの反映なのである。

以上のことからすると、写真①の少女の顔の表情は、彼女がなにかを懸命に訴えている相手の表情や振る舞いをも映しだしているはずである。つまり、彼女の相手は、彼女と同様の真剣さでもって、彼女に敵対、ないしは抵抗していることになる。

他者の世界を共に生きること　この写真は、以下の写真も含め、川島浩撮影・斎藤喜博文『写真集 未来誕生』のなかの「授業のなかのたたかい」から、一莖書房と川嶋環さんのご好意によって、再掲載させていただいたものである。そのため、この少女の表情が向かっており、その反映となっているのは、おそらく教師の表情であろう。そうであるならば、この写真は、授業中の少女が教師の解釈と対立しているときのものであることになる。すると、すでにメルロ－ポンティと共に本節の冒頭で探ったように、この少女の表情と教師の表情は、どちらかが原因となり、結果として他方の表情が生みだされているのではないことになる。そうではなく、両者の表情は、相互に反映し合っているという仕方で、一体となっているはずである。

そうであるかぎり、この写真からは、この写真を見ている者の感受性に応じて、少女の内面の激しい想いだけではなく、彼女が授業のなかでたたかっているところの、教師の想いもが、我々に同時にせまってくることになる。この少女の面《おもて》としての真剣な表情は、やはり彼女の発言を真剣な表情でもって聞いている教師の面《おもて》を反映していることになる。すると、彼女と教師は、お互いに向かい合いながらも、教材によって描かれている世界を共に同時に生きていることになる。そうである以上、この少女と教師は、お互いに相手の言葉をふくめた身体的振る舞いに集中しているにもかかわらず、両者が生きている教材の世界は、両者にとって背後へと消え去っているのではない。そうではなく、この少女は、教師の解釈を聞くことにより、たとえそれに納得することができず、真剣に反論を試みていたとしても、反論できる以上、教師の教材解釈によって、それまでとは異なった仕方で、教材の世界を生きざるをえなくなる。すると、このときのこの少女の表情は、彼女にとって、彼女の世界内のたんなる一対象としての教師の身体をとらえているだけではなく、彼女と共に教材の世界を生きている教師の世界をもとらえている表情でもあることになる。

同様のことが、彼女に向き合っている教師にとってもいえるならば、なにかについて対話しているふたりの人間のあいだでは、他者の言葉や表情や振る舞いへと注意を集中していたとしても、感情移入によって、他者の内面だけをとらえているのではないことになる。両者は、共に教材の世界へと向かう同等の立場で、対話を生きていることになる。

お互いに向き合いながらふたりの人間がこうした仕方で対話を生きている以上、授業における対話にかぎらず、日常的な対話においても、同様のことが生じているはずである。通常そう思われているのとは異なり、こうしたときの人間の表情は、たんに内面の身体的な表示ではなく、つまり内面の外在化ではなく、その人間が生きている世界をも間接的に開示している、といえる。たとえば、或る人の「臆《おく》

写真②
出所：写真①と同書（p. 99）より。

病《びょう》な眼差しは、脅《おびや》かすものとして〔その人に〕受けとられているまわりの世界について、なにかをあばきだしているのであり、支配的な振る舞いは、或る人が物や人間をいかに自由に処理しているかを指し示している」(Waldenfels, S. 312)。このように、我々人間の表情は、その人間が生きている世界と一体となっているのである。

まわりの人間の反映としての表情　同様のことは、写真①のように、彼女が直接他者に向かっている場合にのみいえるだけではない。写真②では、たしかに、彼女がなにかを真剣に考えていることが、つまり自分の考えに向かっていることが、この写真を見ている者にまずせまってくる。

しかし、自分の考えに向かっていることが彼女の表情に現われているだけではない。上述したように、彼女の顔の表情は面《おもて》である以上、彼女が向かっているものの反映でもある。すると、このときの彼女が向かっているのは、彼女の内面で湧きあがってくる思考内容のみではないはずである。我々は、たとえば〈頭で考える〉というように、なんらかの考えをめぐらしているとき、その考えは自分のなかに閉じこめられている、とみなしがちである。しかし、そのときに考えられているのは、多くの場合、外界で生じていることである。しかもこの写真の少女の表情が授業中のものである以上、彼女が考えていることは、教師をふくめた学級全員にとって学習課題となっている事柄であるはずである。

そうであるかぎり、この少女は、学級全員が課題としている教材という事柄へと、つまり外界へと向かっていることになる。この場合にも彼女の面《おもて》は、学級全員の想いを映しだしている。そのため、ここにおいても、写真①の場合と同様、この写真②を見ている者の感受性によっては、この写真からせまってくるものは、学級みんなの想いでもあることになる。つまり、彼女の表情は、まわりの人間の反映でもあることになるのである。

たしかに、写真②からだけでは、彼女だけが当の問題に真剣に向かっているだけであり、他の子どもたちはそれほどでもない、という可能性は否定できないであろう。しかし、こうした疑いは、この写真を見ることによって、湧きあがってくるのであろうか。というのも、感受性は、我々の能動的な思考や認識といった知的な活動の次元で生じるのではなく、それらによっては完全に操作できない次元で、まったく受動的に生じるからである。

しかも、ただ写真を眺めるだけでまず我々がなにかを感じる、あるいは、なにかが我々にせまってくるということは、たとえば、この写真に関するここまでの記述を読んだうえで、思考を働かせたり、感情移入をする以前に生じているはずである。そうであるかぎり、感受性とは、思考や認識だけではなく、感情移入も介することなく、受動的に感じられる能力であり、これらの写真を眺めた瞬間に、それ以後になされる思考や認識や疑いなどがどのようなものとなるのかを、すでにある程度決めてしまうほどの、個人的な潜在能力のことになる。

写真②の少女の表情から、彼女のまわりの子どもたちもが授業の課題へと真剣に向かっていることを、間接的にではあるが受動的にとらえられるとしても、このときの少女がまわりの子どもたちの真剣なとりくみに影響された結果、こうした真剣な表情をするようになった、と考えることはできない。というのは、前章第3節1「他者と共に経験すること」（一九九頁以下）で観劇における観客の場合で探ったように、多くの人間が共通の事柄を経験しているときには、それら多数の人間のあいだではそれぞれの経験が受動的に相互に浸入し合い、それら多数の人間が、同時に経験を共有するからである。このことは、観劇においてだけではなく、多くの一斉授業においても、たとえば、子どもたちの笑い声や、教師の要求に対する不満の振る舞いや表情が同時に生じることからも、明らかである。[3]こうしたことから、ヴァルデンフェルスは、私に向き合っている「唯一無比の〔〈わたし〉にとっての〕〈あなた〉は、その〈あなた〉のまわりに〔多数の人間の〕匿名性という後光（＝オーラ）をまとっている」（Waldenfels, S. 313.〔 〕は引用者）、という。写真②の場合でいえば、この写真と向き合っている私にとって唯一無比のこの少女は、この写真からだけでは私には直接見えていない、匿名的なクラス全員の子どもたちの後光をまとっている、といえる。

面《おもて》としての自分の顔の表情　では、この写真に向き合っている我々自身の表情についての感受性は、以上のことからすると、どのようになっているのであろうか。このことを自分自身に引きつけて具体化するため、写真③を見ていただきたい。

この写真を見ている者にまずせまってくるのは、屈託《くったく》のない、晴れやかで嬉しそうな少女の感情である。また、この表情が、上述の写真①と②の後の表情であるならば、見る者に自然にせまってくるのは、彼女の嬉しそうな感情に加え、なんらかの問題が解決した歓びの感情でもあろう。

写真③
出所：写真①と同書（p. 101）より。

しかし、面《おもて》として表情をとらえるならば、写真③を見ている我々自身の表情も面《おもて》となっているはずである。それぞれの感受性に応じて多少の違いはあるだろうが、この写真③を見ている者の表情も晴れやかな表情になっているのではないだろうか。あるいは、こうした屈託のない、汚《けが》れのない子どもの笑顔に接して、すでに失われてしまった自分のかつての純真さへの憧憬《どうけい》や回顧や悔恨《かいこん》の表情となっているのではないだろうか。

いずれにしても、このときの我々の表情は、写真①や②の場合よりもいっそう直接的に、この少女の面《おもて》に向かっていると同時に、この少女の面《おもて》によって照らされているはずである。そして、こうしたことが自分の表情においても生じていることに敏感になることこそが、感受性とはどのようなことであるかを実感することになるはずである。

感受性は、この場合に典型的となるように、いわゆる頭のなかで生じるのではなく、身体の次元で育《はぐく》まれるのである。そのため、感受性は、一般にそう思われているのとは異なり、感情的に他者との一体感にひたれる能力のことでもなければ、他者の感情の動きに敏感になることでもない。感受性が豊かになるということは、こうしたことを、自分自身でも感じることができるようになることなのである。もちろん、こうしたことは、感受性を育むために必要なことでもあろうし、感受性が豊かに育まれれば、こうしたことも豊かに育まれるであろう。そして、ここで探られている感受性が、面《おもて》としての表情が外界へと向かいつつ、それの照りかえしであることを感受することである以上、表情についてのこうした感受性は、我々の日常生活のささやかな場面でつねに発揮されているはずである。というのは、日常生活における我々のあり方は、他の多くの人間と共同の世界を生きることによって、共同性をおびているため、我々の表情は、他者の表情の反映となる可能性をあらかじめそなえているからである。

そこで、我々のあり方が共同性をどのような仕方でおびているかを本章第3節「社会性の反映としての表情」（二四八頁以下）で探るため、まず次節では、〈今現在〉の〈今いるここ〉での我々の身体的振る舞いや表情が、それまでの日常生活をとおして身につけてきたもののそのつどの個別的な現われであることを、探ることにする。このことを探っておくことによって、身体的振る舞いと表情が社会性の反映であることを第3節で探るため、それらが他者と共同化されている世界で自然に身につけられたことを、明らかにしておきたい。

第2節　表情のスタイル

1　象徴としてのスタイル

スタイルが身につくこと　すでに第2章第1節1「表情の豊かさ」（六六頁）でふれておいたように、身体的振る舞いや表情には、その人間のこれまでの生き方が刻みこまれている。というのは、人間のそのつどの振る舞いや表情には、これまでの生き方によって自然に身についた、その人間に固有の一定のスタイルがそなわっているからである。ヴァルデンフェルスのいうように、人間の行動の「このように身についたスタイルは、……動的には身振りに、静的には表情に、直接はっきりと刻みだされているのであり、そうした表情の上に、……身振りの痕跡が刻み現われている」(Waldenfels, S. 328)。個々の人間の行動様式は、その時々の状況に応じて生じるだけのいわば瞬間的なものではなく、内面的な心の働きは、身体的に外在化されて表現されることによって、持続をえるようになる。たとえば、いまだ言葉に表わせるほど明確な気分や感情に至っていない心のありようは、非常に移ろいやすく、それが過ぎ去ってしまえば、当人にも、それがどのようなものであったのかは、痕跡《こんせき》を残すことなく、潜在的な過去となってしまう。ところが、こうした移ろいやすさと儚《はかな》さをともなっている心のありようは、たとえば、突然涙がでてくるという表情としてはっきりと刻みだされることにより、当人にとっても、悲しい感情として、明確に自覚されるようになる。その時々の心のうちが身体的表情になるという意味での、心の「身体化」(4)は、そのつどの心のありようの「瞬間が持続を獲得する」ことを可能にしてくれるのである(a.a.O., 328f.)。

以上のように、心のありようが表情としていったん身体に刻みだされて身体化されることによって、持続を獲得すると、持続に関連する一連の動的な身体的身振りは、以後、同様の心のありようの静的な表情として、容易にくりかえされる。たとえば、家族のだれかの死にはじめて直面し、理由もわからないままただ涙が流れてとまらなくなり、そのときの心のありようが悲しみの感情として自分自身に受けとめられる。すると、再び同様の状況に臨んだとき、当時の身体的身振りが刻みこまれている身体は、かつては涙がでるまでに要したかなりの時間の経過とそのあいだの一連の動的な身体的身振りを介することなく、〈悲しくて涙がとまらない〉、という感情に容易におちいることになる。いったんカタルシスを体験した人間は、以後、比較的容易にカタルシスを体験できるようになるのも、同様の事態からであろう。

同じことは、楽しい感情の場合についてもいえる。たとえば、いったん落語の面白《おもしろ》さを体験した人間は、それ以後、落語に通じていない人間よりも、より容易に落語の奥義《おうぎ》に敏感に反応できるようになる。また、その表情は、より多様に、またより豊かになる。というのも、この場合にも、多種多様な落語を何度も聞いていると、そのつどの身体的身振りがしだいに確固とした刻み現われとしての持続を獲得し、その結果、明確な笑いの表情として身体化されることになるからである。そして、かつてはそこまで至るために必要であった一連の動的な身体的身振りを通過することなく、落語家のささいな振る舞いや表情や話し方によってだけでも、〈おかしくて笑いがとまらない〉といった感情にかられるからである。しかも、落語家のわずかな身体的振る舞いや表情にこうした仕方で敏感になった人間は、それらの現われの奥行にある落語の妙技へと開かれ、落語家の噺《はなし》はその人間の奥行のかなり深いところまで揺さぶることになる。その結果、表情もより質の深い笑いによって綾《あや》どられることに、つまりかなり上品な笑いとなるはずである。

以上のことから、振る舞いや表情を人間のスタイルとしてとらえることは、その人間の〈今現在〉の〈今いるここ〉でのあり方だけではなく、これまでの生き方さえをもとらえることになる。スタイルについて探ることは、振る舞いや表情を〈今現在〉の〈今いるここ〉という限界をこえて、より豊かにとらえるための視座を与えてくれるのである。

類型化されたものとしてのスタイル　しかし、一連の身振りをともなう振る舞いや表情は、それが身体に刻みこまれたスタイルとなったとしても、まったく同じものとしてくりかえされるのではなく、そのつど、微妙に変化しながら刻み現わされることになる。そして、こうした微妙な変化にもかかわらず、それらに共通するものが、スタイルと呼ばれることになる。たとえば、或る人間の歩き方は、アスファルトの上であれ、土の上であれ、あるいは皮靴をはいているときであれ、サンダルをはいているときであれ、その人間の日常生活における特有のスタイルをそなえている。そのため、近づいてくる足音を聞くだけで、それが馴染《なじ》みのものであれば、我々はそれがだれの足音であるかがわかるほどである。しかも、我々はその人間の歩き方から、その人間の性格やその人間のまわりの世界や他の人に対する身の処し方さえをもとらえることができる。たとえば、ハイヒールの音を響かせながら廊下を闊歩《かっぽ》している女性の足音からは、ハイヒールによって甲高《かんだか》く響きわたる音により、会議などをさまたげていることに対するその女性のいわゆる〈デリカシー〉のなさや、こうした無神経さを気にかけない彼女の自信のほどをとらえることができる。しかも、この例で典型的となるのは、こうしたことがとらえられるのは、思考や認識によってではなく、聞いている者の身体にその音が響いてくることからもうかがわれるように、その女性の歩き方が私の身体に共鳴することによってである。「とおり過ぎる女性は、私の身体に、あるいは、私の生活上の感情に語りかけるしかない」（p. 84, 八六頁）のである。[5] 彼女のこうした歩き方は、他の場面でも他者の身体に共鳴し、その他者の感情に語りかけるため、「ひとつの類型的な物腰《ものごし》」となって、つまり或る様式をそなえたスタイルとなって、他者の感情を「喚起」することになるのである（p. 84, 八七頁）。

しかもこの例が典型的なように、自分のスタイルと共に与えられているところの、他者の感情への喚起は、他者には明確であっても、スタイルとなっているのが自分自身の身体的振る舞いであるため、第1章第1節1「自分自身のとらえ難さ」（三頁以下）で探ったように、当人には非常にとらえにくい。他方、行動のスタイルは、人間の生き方やあり方の象徴として、他者には容易にとらえられる。メルロ－ポンティのいうように、スタイルがとらえられるのは、「……潜在的なままにとどまっていた〔身体的身振りの〕意味が、さまざまな象徴をみいだし、これらの象徴が……他者によって近づけるようになる」（p. 82, 八四頁）からである。

しかし、こうしたスタイルとしてとらえられる身振りには、上述した足音の場合にもそうであるように、それがどのようなときと場所で生じるか、とか、そのときのその人間の気分や感情や目的などに応じて、微妙な、あるいはときとして、かなり大きな違いがある。上述の例でいえば、彼女には、突然急用が生じ、しかもそれが彼女にとって由々しい出来事のため、まわりを気遣うだけの余裕がなかったのかもしれない。すると、一方では、足音だけでそれがだれのものであるかが他者には容易に認めうるにもかかわらず、同時に他方では、状況などの違いも、その足音に反映されていることになる。上述の例でいえば、〈あの甲高い足音からは彼女であることはまちがいないが、しかし、いつもよりも忙《せわ》しないことからすると、彼女にはなにか緊急事態が生じたのではないか〉、ということが他者には容易にとらえられる。すると、現実にはそのつど多様な身振りをともなって現われる振る舞いは、それがスタイルとしてとらえられると、その意味に応じて類型化されることになる。と同時に、そのつどスタイルとしてとらえられるものには、未規定さがつきまとうことになる。上述の例でいえば、〈今日の足音からすると、彼女にはなにか由々しいことが起こったのかもしれない〉、という未知の出来事を予測させることになる。

同様のことが、表情の場合にもいえる。悲しみや歓びや怒《いか》りの表情と名づけられるものには、そのつどの状況や、そのときの感情がなにに向けられているのかや、その程度などに応じて、微妙な、あるいは大きな違いがある。それにもかかわらず、或る表情を悲しみの表情としてとらえられるのは、振る舞いと同様、個々の表情の違いにもかかわらず、それがスタイルとして類型化されているからである。と同時に、表情がこうした仕方でスタイルとしてとらえられる一方で、個々の表情は、たとえば、〈今日のあの人の笑顔はいつもと違って、心から笑っているようには見えないから、なにか心配ごとでもあるのか〉とか、〈いつもの泣き方とは違うから、今日はあの子にはよほどのことがあったのではないか〉、といった未規定さをともなうことも多々ある。そして、スタイルとしてとらえられている振る舞いや表情が、そのつどこうした未規定さをふくんでいるということが、以下で探るように、振る舞いや表情の感受性における豊かさや深さの問題と密接に関わっているのである。

2　豊かな余剰をともなうスタイル

感受性における豊かさの程度　身体的振る舞いや表情がスタイルとしてとらえられるかぎり、そのつどの振る舞いや表情と一体となっている移ろいやすく儚い気分や感情も、それがスタイルとして類型化されると、その時々の自分のあり方が、一定の様式へと変容されることになる。たとえば、突然の出来事によって自分がこうむったことがどのようなことだかわからないため、いわば茫然《ぼうぜん》とした状態が、しばらくして、訳もなく涙が流れてくることによって、それは悲しみの感情に変容される。思わず笑顔となることによって、どれほどの幸運が自分の身に起こったのかが自覚させられる。泣くことによってカタルシスが生じるときには、カタルシスが、悲しみの感情や状況への対処の仕方をいくらかでも安定したものにしてくれる。それどころか、たとえば、死を宣告された患者やその家族へのインタビューによって、死についての研究を基礎づけたエリザベス・キューブラーロス（1926–2004）が克明に描いているように、患者は次のような境地に至る。自分の「死の受容」へと至った患者は、「すさまじい課題《タスク》を通過」した後に到達することになる、「漸進的デカセクシス（周囲対象からの執心の引き離し）」によって、死への不安や恐怖から解放され、穏《おだ》やかな振る舞い方と表情を身につけ、まわりの人たちへの気遣いが濃《こま》やかになる（キューブラーロス、一九七一、一五五頁、（　）とルビは原文のママ）。あるいは、怒ることによって、よりいっそう興奮し、怒りの程度がますます高まることがあるが、結果として怒りをおさめることができるのも、怒りがそれに相応した類型的なスタイルをとることにより、自分の怒りに対処することがいくらかでも容易になるからである。

しかし、振る舞いや表情が、そのつどの気分や感情やそれらが湧きあがってくる状況に応じた個別性をそなえているかぎり、一定のスタイルをそなえた象徴的なものとして類型化されても、それらの振舞いや表情には、一連の身振りなどをふくめ、類型化されたものにはおさまらない多くの側面がそなわっていることになる。そのつどの振る舞いや表情は、その担《にな》い手である人間の感受性に応じて、つまり個別の身振りや表情にともなう未規定なものや、類型におさまらないものにどれだけ敏感であるかに応じて、その豊かさと深さの程度の違いをそなえている。上述のハイヒールの音の例でいえば、こうした類型におさまらない未規定なものは、思考や認識のうえで気遣うことによってではなく、自分がたてている音に対して当人の身体がどれほど敏感に自己触発されているかに応じて、当人へのいわゆる警告の度合いを異なるものにする。たとえば、廊下の静けさがかもしだす雰囲気に自分の足音がコントラストをなして際立ってきて、その結果、静けさの雰囲気にひたるような仕方で歩き方を静かなものに変えるか、あるいは、このコントラストの際立ちが、その場における自分の存在感を彼女自身に確信させてくれるものとなり、むしろ自分への自信を高めてくれることになるか、といった違いが身体のレベルで生じているのである。

あるいは、かけがえのない愛《いと》おしい人を喪《うしな》った遺族たちの集まりのなかで、だれかが激しく慟哭《どうこく》しだしたため、自分も涙をこらえることができそうもなかった他の人間が、慟哭した人を慰める立場になったときには、慟哭している人の振る舞いや表情は類型化されているのに対し、その人を慰めている人間の気分や感情は、かなり微妙で複雑なものとなる。そうした人間は、自分も涙が流れそうになるほど悲しんでいるにもかかわらず、こうした振る舞いや表情をとることができないため、それらはかなりアンビバレントなものとならざるをえない。こうした人間は、慟哭している人と悲しみを共有していない人が慟哭している人を慰める場合とは異なり、自分の深い悲しみをおさえながら慰めることになる。そのため、こうした人間の振る舞いや表情は、自分自身の悲しみと他者を慰めようとする励ましや同情とによって二重化され、二重のあり方を自分自身に課すことになる。しかし、自分の悲しみと慰めや励ましといったふたつのあり方を同時に象徴的に生きることはできなくなっている。そして、こうした不完全さが、振る舞いや表情の類型化にはおさまらない、そのつどの個別性に対する敏感さを保証してくれることになるのである。

こうした例から明らかになるのは、類型化されている振る舞いや表情の感受性にも、その豊かさと深さの程度がある、ということである。

類型化におさまらない余剰　人間の行動が類型化された象徴としてのスタイルをとることができないということは、そのつどの個々の振る舞いや表情が、象徴化されることなく、それらの類型化におさまらない余剰をそなえている、ということを意味する。このことは、同時に、人間の個々の行動は、スタイルとしてこれまでに身についた振る舞いや表情のたんなる再現ではない、ということを意味している。たとえば、すでにかわされた対話を、テープレコーダーに録音しておき、それを後から一字一句のがさずにプロトコルとして文字記録にしたとしても、それを読む者は、文字記録となった言葉の意味に従って、つまりその意味によって象徴されるところの、話し手の思考内容や、それらの言葉によって描かれている出来事などを想像したとしても、それだけでは、その対話が実際に生きられていたときの微妙なニュアンスは、とらえられない。たとえば、話し方の抑揚や、アクセントのおき方、ちょっとした言い淀《よど》みや、それどころか、聞き手の振る舞いや表情などによって影響される話し手の躊躇《ちゅうちょ》や、逆に、聞き手のうなずきによる話し方の勢いなどは、プロトコルに記載されている言葉の意味によって象徴的に指示されるだけの、話し手の思考内容や話されている出来事などにおさまらない、その対話にのみ固有の一回性と個別性をそなえている。メルロ－ポンティのいうように、「正確に再現された対話は、我々がそれを生きていたときにそうであったものではもはやない」のであり、「そこには、……振る舞いや表情が与えてくれる意味の余剰が、なによりも、……次々になされる創意と即興的な対応の際立ちが与えてくれる意味の余剰が、まったく欠けている」（p. 92, 九三頁）のである。

他方、自分は遺族ではないため、遺族と同じ悲しみを共有できないまま、遺族を慰めたり励ましている人間は、慰めや励ましとして類型化された象徴的な振る舞いや表情をすることになる。それらに対応する遺族も、やはり類型化された振る舞いや表情をすることになる。〈このたびはご愁傷様《しゅうしょうさま》でした〉とか、〈○○の葬儀のために遠路はるばるお越しくださいまして……〉といった、葬儀のさいにかわされる決まり文句は、遺族と弔問客の振る舞いや表情や言葉が、類型化されていることを典型的に示している。

しかし、ここで例示しているところの、自分の悲しみを振る舞いや表情に現わさず、慟哭している人を慰めたり励ましている人間は、慟哭している人と同じ悲しみを背負いながら慰めたり励ましたりしているため、言葉が淀んだり、言葉を発する前にかなりの躊躇がはさまれたり、語尾が不明瞭になったりする。あるいは、うなずくことも控えめとなったり、ときにはうなずくことさえ憚《はばか》られるほどの、完全な受容に徹することもある。また、本当は深い悲しみのうちにあるのに、その悲しみをおさえようとするため、その表情には皺《しわ》が色濃く刻みこまれることにもなる。

二重化された豊かなあり方　そのため、このような振る舞いや表情をしている人間は、深い悲しみを生きつつも、同時に、慟哭している人の深い悲しみの感情をも配慮しているため、自分と他者の意識にょって二重化されているあり方をしている。こうした人間は、フッサールのいうところの〈あたかも私が〈他者の今いる〉そこにいるときのように〉といった、私から他者への感情移入をしているのでも、また、他者の感情によって受動的に影響をこうむり、その他者と同じ感情状態に引き入れられているのでもない。そのため、二重化されている人間の他者経験においては、能動的な他者経験と受動的な他者経験とが一体化されている。つまり、自分のあり方を能動的に保持しながらも、他者の気分や感情をまさに身に染《し》みるような仕方で、受動的に感受しているのである。

同様のことは、歓びのあまり、まわりの者への気遣いがおろそかになったり、その歓びをもたらした事態がいわば台無《だいな》しにされかねないほど、有頂天《うちょうてん》になりすぎている当人とは異なり、当人の歓びを自分自身の歓びとしながらも、まわりの者へも濃やかな配慮をしたり、当の事態が以後も順調に進展していくようにと、陰《かげ》でその当人を支えている人間の場合にもいえる。こうした人間の振る舞いや表情は、歓びとして類型化されるものや、まわりの者を冷静に気遣うなどの配慮として類型化されるものとも異なり、やはり、いずれのあり方にも象徴化されることのない、そのつどの個々の状況に固有の余剰に満ちあふれたものとなっているはずである。そのため、こうした人間の振る舞いや表情には、歓んでいる当人の行為を冷静に判断している第三者とも異なり、歓んでいる当人と同様、生き生きとした活力があり、目にも輝きが見られるなど、表情も歓びに満ちあふれている。と同時に、こうした人間の感受性は、有頂天になって歓んでいる当人のそれまでの苦労だけではなく、当人を支えてきた多くの人の陰の支えや苦労にも思いをめぐらしているため、思慮深さもそなえることになる。そのため、このときのあり方も、やはり自分と他者の意識によって二重化され、能動的な他者経験と受動的な他者経験とが一体となっているのである。

こうした微妙で二重化されているあり方が身体化を介してくりかえされると、以後は逆に、身体的振る舞いや表情がこうした人間の心のうちをより豊かな感受性をそなえたものとしてくれるようになる。というのは、こうした仕方で二重化されているあり方は、類型化されているものには欠けている余剰をふくんでいるだけではなく、ふたつのあり方を同時に生きてもいるからである。しかも、それが意図的につくりあげられたものではないかぎり、自然に発せられる表情がより豊かな人間の方が、より繊細《せんさい》な内面をそなえているということは、日常的にも我々によく知られていることである。

意図的につくられた表情と自然に発せられた表情　以上で探ったような仕方で、身体化が心のうちで生じていることに持続を与えることによって、感受性が身についていくため、意図的につくられた表情と自然に発せられた表情との違いについて探っておくことが必要であろう。というのも、これらふたつの違いが、日常的に多く語られているほどには、明確ではないからである。

生まれたばかりの乳児は、いわば呼吸の延長としての泣くという身体表現しかできない時期から出発して、笑顔をみせたり笑い声をあげる、といった身体表現の時期を経過して、さまざまなニュアンスをともなった多様で複雑な表情を身につけていく。

では、こうした表情はどのようにして身についていくのだろうか。このことを探るために筆者にとって示唆となるのは、筆者自身が体験した三年間のドイツ滞在である。その当時はまわりに日本人はおろか、東洋人もほとんど見かけなかったため、筆者の他者関係はほとんどドイツ人とであった。そのためか、さほど意識してそうなったのではないが、身振りや振る舞いだけではなく、筆者の顔立ちさえもが、自分では、どこかドイツ人風になっているような、奇妙な感覚におそわれるようになった。

筆者自身がいだいたこうした感覚は、上述したように、顔の表情が面《おもて》でもある以上、当然のことである。表情が、自分が向き合っている人間の表情の反映でもあるかぎり、文化的に或るスタイルをそなえた人間の表情と対面することが日常的となれば、自分の顔の表情もしだいにそうした人間の表情に似てくる、ということは十分に起こりうる。経験的にも、また、本章第1節2「面としての自分の顔の表情」（二三二頁以下）の写真③にさいして探ったように、他者の表情に面《めん》することにより、我々の表情は他者の表情を自然に反映するようになるのである。

子どもの発達過程においてもこうしたことが生じることにより、彼らの表情が多様で豊かなものとなるならば、そのさいに生じていることは、自分の身体の振る舞いや表情をまず意図的につくることではない。そのつどの他者関係のなかで、その場の雰囲気や状況に応じて、心のうちでの移ろいやすく儚いありようが、たとえば、いわゆる〈もらい泣き〉や他者の笑いに誘われるような仕方で、他者の振る舞いや表情を反映しながら、自分の振る舞いや表情として身体化されるならば、それらは、これまでは獲得されることも経験されることもなかったようなものであっても、意図的につくられたものではないはずである。

他方で、意図されてつくられる振る舞いや表情は、心のうちと身体的表情との不一致を生みだす。その結果、上述したように、我々の表情をアンビバレントで豊かなものにしたり、逆に、こうした不一致に対する感受性を失うことにより、誠実な生き方ができなくなる、といったことが生じるであろう。しかし、いずれにしても、つくられた身体的表情は、自然に身体化された表情とは異なっているはずである。そして、以上のことは、次節で探ることになる、表情が社会性を反映していることと密接に関係しているのである。

そこで次節では、まず、表情の共同性について探っておきたい。そのうえで、我々人間は、すべての経験の主体として自立した生を営んでいるように思われても、じつは、共同体によって支えられていると同時に、規定されていることを探りたい。このことを探ったうえで、本書の最後に、読み手に向かって文章を書くことについてとりあげ、こうした文章には書き手の想いが読み手にたくされていることを明らかにし、そもそも我々人間は、自分のあり方を他者にたくさざるをえないことを、明らかにしたい。

第3節　社会性の反映としての表情

1　表情の共同性

歓びにおける共同性　表情が他の人間と相互に反映し合う以上、笑顔や歓びの表情においても、本章第1節1「身体的に向き合うことによる相互の反映」（二一九頁以下）で探ったような、一方の意図が他方の振る舞いや表情に住みこむことが相互に生じているはずである。この場合には、互いに相手の身体に住みこむことによって、両者の身体やそれに外在化されている一方の歓びは他方の心にも住みこむ、という仕方で、歓びはいわゆる相乗《そうじょう》効果をうけ、よりいっそう高められると同時に、両者の心理的距離は、よりいっそう近くなったり、ときには両者の感情が一体化することもあろう。ボルノウも、歓びや笑いが共同性を形成する力をそなえているとし、次のようにいう。歓びの感情にともなう「楽しさには、自分の方から共同性を要求する傾向がひそんでおり、たとえ人間が〔そうした傾向に〕逆らおうとしても、決して逆らえないような不可避性をともなっているのである」(Bollnow, S. 104, 八〇頁)。たとえば、微笑《ほほえ》ましい出来事に接したとき、我々は、親しい人とであれば当然のごとくに、あるいはたとえ見知らぬ人とであっても、隣の人と思わず目を合わせて微笑み合ったりする。もちろん、質の低い駄洒落《だじゃれ》や下品な話題によって引き起こされる刹那《せつな》的な笑いは、たとえまわりの人に苦笑《にがわら》いを生じさせても、次の瞬間には、共同性を形成する力は消え去り、むしろ後味の悪さが、一時的に形成された共同性の結束力の低さを各人に自覚させてしまう。他方、たとえば、質の高い古典落語が名人によって演じられると、観客からは、観劇の場合と同様、笑い声が同時に生じる。その笑い声は、ひとりで当の落語を聞いているときよりも、かなり大きなものとなる。こうしたことが、まわりの観客に憚りなくできるようになるのは、その寄席から出るまでは、見も知らずの観客のあいだでも、お互いに対する信頼感が生じ、楽しい雰囲気にひたれるからである。

他方、私の意図が相手に受け入れてもらえないために生じる怒りや憤《いきどお》りの振る舞いや表情は、相手に住みこんでもらえず、また、私の意図が住みこんでいない相手の振る舞いや表情は、多くの場合、私自身にも受け入れ難いものでしかなくなる。こうした場合には、両者の振る舞いや表情は、相互の反目《はんもく》を反映し合うことになり、そのため両者の心理的距離は大きくなり、ときには相互の拒否につながるのも当然であろう。

共同体の代表者の表情

我々の振る舞いや表情は、以上で探ったように、他者とのあいだで相互に反映し合っているにもかかわらず、日常生活では、こうした相互の反映はほとんど自覚されず、多くの場合、個人の内面の外在化としてとらえられるだけである。しかし、ヴァルデンフェルスのいうように、お互いが自分の属している共同体を代表して、自分が属していない共同体の代表者と出会う場合には、自分がどのような共同体に属しているかが主題化される。たとえば、会社の会議で私が属している部署を代表して他の部署の代表者と対話するとき、本来、両者は、自分の個人的な関心や利害に基づいてではなく、自分がそこに属していながらも、それまでは潜在的であった共同体がどのような目的や義務などに基づいて活動しているのかを主題化しつつ、他の共同体の代表者と対話することになる。「一方の代表者が個人的にしたいことや承認することが相手にとって問題となっているのではなく」、自分が属している部署のために「承認することが問題となっている」(Waldenfels. S. 361)。そのため、「こうした対話では、個々の代表者は、彼が代表している〔自分の部署での〕立場に結びつけられており、こうした立場を他方の代表者と分かち合ったり、論争しながら変えられるだけであり、……自分のために変えることはできない」(ebd.)。同様のことは、学校においても、自分の属するクラスの代表者同士が対話するときにもいえる。

代表者のこうした場合の振る舞いや表情は、もはや個人の内面の外在化ではなく、個人的なことはむしろ背景に退去してしまうため、ときには、いわゆる表情のないものとなることもあろう。あるいは逆に、自分が代表している人々の歓びや怒りを代表するかのように、振る舞いや表情が、非常に大げさなものとなる場合もあろう。それどころか、いわゆる〈腹の探り合い〉が生じるため、内面と外観との不一致もしばしば生じるであろう。こうしたことから、多くの人たちの想いや利益を代表することを職業としている政治家の場合には、政治家に特有の振る舞いや表情がしだいに身についていき、それに応じたスタイルが形成されることになる。同様にして、よくいわれるように、人間の振る舞いや表情は、どのような職業についているかを象徴的に示してくれるようなスタイルをとるようになり、このことが他人にも容易に感じられるようになる。

さまざまな象徴化　スタイルのこうした仕方での象徴化は、たとえば歌舞伎において典型的となるような、それが様式美といわれるものへと昇華《しょうか》されると、たんなる類型化とは異なる様相をおびてくる。というのは、一定の仕方で演じられるため、伝統とまでなっている演技にそなわる様式美は、我々の日常生活から切り離されたその演目《えんもく》に独自の世界をつくりあげているからである。そのため、歌舞伎役者の振る舞いや表情は、未規定な余剰の入りこむ一分の隙《すき》もないほど、彼らに演じられる世界によって徹底的に支配されている。ガダマーの言葉を使えば、演劇において「もはや存在しなくなるのは、……我々自身の世界としてそのなかで我々が生きている世界である」ため、「演劇の所作は、……それ自身のうちで落ち着きどころとなっているものとして、現に全《まっと》うされている」(Gadamer, S. 107, 一六一頁) のである。

そのため、歌舞伎役者が〈大見得《おおみえ》を切る〉のは、いわゆる大げさな振る舞いや表情によって、観客の注意を引きつけるためではなく、大見得自体が、その演目においては他の演じ方が許されないほど、すべての比較を凌駕《りょうが》することによって、「その究極の理想形を獲得する」(a.a.O., S. 105, 同書、一五八頁)。こうした「演技が演出されると、あるものが〔あるがままの姿で〕出現し」、「こうした演出において、それ以外の場合にはつねにおおわれており身を引いていたものが、とりあげられ、明るみへともたらされる」(a.a.O., S. 107, 同書、一六二頁)。そうであるからこそ、歌舞伎役者は、日々のそれこそ血の滲《にじ》むような稽古によって、自分の演技に磨《みが》きをかけ、上述した意味での一分の隙もない所作を身につけるのであろう。

したがって、こうした様式美の対極にあるのは、現実的な日常生活におけるスタイルとしての様式ではなく、マンガやアニメーションである。マンガやアニメーションで描かれている身体的振る舞いや表情は、視覚的表現としては、いわゆる〈生身《なまみ》〉の人間の振る舞いや表情そのものには近づけないため、それらにふくまれている余剰が捨象されて象徴化され、非常に簡素なものになるか、逆に、誇張されたものになり、感性的に知覚するだけでは、奥行のある生へと至ることがかなり難しくなる。こうしたことから、すでにふれた前衛芸術の場合と同様、マンガやアニメーションにおいては、振る舞いや表情の多様性や豊かさによってではなく、登場人物などの台詞《せりふ》やストーリーの展開やいわゆる〈効果音〉などによって、それらを鑑賞している人間の心を引きつけるための工夫が必要となるのであろう。

他方、歌舞伎やアニメーションにおいてとは異なり、現実の日常生活においては、上述したように、一方では、振る舞いや表情のスタイルが象徴化されると同時に、他方では、それにはおさまりきれない余剰がつきまとっている。そして、こうした余剰が当人に十分に感じられていれば、その人間は、類型化されたものから逃れていることになる。こうした人間は、状況やその人間に与えられている役割などに応じて、いくつかのスタイルを身につけているだけではない。同じ一人の人間でも、たとえば、特定の組織においてなんらかの役割を担っている社会人として活動しているときと、家庭人としての役割を担っているときとで、振る舞いや表情が異なってくるだけではない。いずれの場合にも、そのつどの個別の状況に応じた即興的な対応の仕方が身についている。こうした人間とは異なり、象徴化されたスタイルをいわば型どおりに身につけているだけで、そこになんらかの余剰のない人間は、固定したスタイルしか身につけていないことになる。そして、前者は状況に応じて活動できるいわゆる柔軟性をそなえたあり方として、後者はいわゆる堅苦しいあり方として他の人にとらえられることは、我々が日常的に経験していることでもある。また、こうした柔軟性と堅苦しさといったとらえ方や、その違いの程度の感覚自体が、スタイルに対する感受性の豊かさに対応しているのである。

しかし、いずれの場合にも、どのような人と共に場を共有しているかに応じて、人間の振る舞いや表情のスタイルが違ってきたり、こうした違いが或る人間には感じられないことが、スタイルが社会化されていることの間接的な証《あかし》ともなっている。そこで次に、振る舞いや表情の社会化という観点から、それらに対する感受性について探ってみたい。

2　共同体にたくされた表情

i　時代背景としての社会性

表情の社会性　表情が社会性をおびていることは、本章第2節2「意図的につくられた表情と自然に発せられた表情」（二四六頁以下）でふれたような、子どもの発達から間接的に導かれるだけではない。すでに探ったように、個々の人間の表情が匿名的な他者の後光をおびているかぎり、人間のそのつどの表情は、その人間が存在している世界だけではなく、他者と共に存在しているために他者と共同化されている世界の反映ともなっている。このことについては、本章第1節2「まわりの人間の反映としての表情」（二二九頁以下）で写真②について探ったさいに、すでにふれておいた。そこで、以下では、このことを表情の社会性という観点から、さらに探ってみたい。

写真②は、授業中の少女の表情であるかぎり、彼女は、当然のことながら、学校制度のなかで教材について学んでいる子どもたち一般の役割を担っている。この写真が授業中のものであることをたとえ知らされていないとしても、この写真の背景などからある程度うかがえるほど、学校教育に馴染みのある者は、この少女が授業でなにかについて真剣に考えていることを、容易に読みとることができる。そうである以上、この少女の表情は、すでに述べたような、このクラスのまわりの子どもたちの真剣な表情を反映しているだけではないことになる。このことをこえて、この少女は、学校で授業を受けている無数の匿名的な子どもたちの表情をも、この写真に限定すれば、授業で真剣に教材に関わっている子どもたちの表情をも、代表していることになる。彼女の表情は、ヴァルデンフェルスのいうように、他の人間にも「転移可能な特徴を示し、これらの特徴は、必要な変更を加えれば、他の人間……にも当てはまるはずである」(Waldenfels, S. 313)。我々は、この少女の写真を介して、彼女が代表している多くの子どもたちとも間接的に関わっていることになる。そして、このことは、写真の場合にかぎられたことではなく、現実の人間の表情に出会っているときにも、いえるのである。

しかし、これが写真であることによって、現実の人間の表情に出会っているときにも生じている、たとえば次のようなことも容易に読みとれる。この少女の髪型や服装が、現在のこの年齢の少女と比べ、かなり昔のものに属することや、背景の壁が現在の多くの教室とは異なり、板張りであることなどから、この少女が生きていた時代は、かなり昔であることなどが読みとれる。(6) こうしたことが読みとれることから明らかとなるのは、人間の姿や表情だけではなく、身につけているすべてのものや背景のすべてが、その人間が生きている時代や場所をふくめたその人間のまわりの世界を反映しているという意味で、社会性をおびている、ということである。どのような人間も他者と共同化されている世界へと投げこまれているかぎり、「他者そのものは、彼自身がそうであるところの〔個性的な〕ひとりの人として、たち現われてくるが、それは、彼が〔社会から受動的に〕受けとる役割においてだけではなく、さらには、彼が自分からそこに投入しながらみいだす〔彼によって能動的に選択された〕役割においても、彼の個人名に見合った可能性をそなえているような、そうしたひとりの人としてなのである」(a.a.O., S. 339)。その人間がなにをめざそうとも、また、職場や学校であれ、家庭であれ、そこでどのような役割を受けとったり、自分から演じようとも、その人間は、現実の他者との出会いにおいて、その人間の名前に即したあり方からは逃れられない。たとえば、振る舞いや表情が、他の人から見ると、たとえ〈Kさんらしくない〉とみなされても、そうみなされるのは、〈Kさんらしい〉スタイルからの逸脱としてである以上、KさんはKさんという個人名をそなえたあり方からは逃れられない。「比喩的に述べれば、髪の毛の一本一本が〔Kさんのそうしたスタイルを〕物語っている」(a.a.O., 339f.)のである。

このことは、子どもに関わるおとなのスタイルが子どもに反映される場合に、とくに顕著となる。たとえば、自分で選択したのではない子どもの服装には、服装についての、流行を背景とした、親のスタイルが反映している。子どもの名前には、時代の流行が反映していることは、よく知られているが、それでも、そこには親の想いが強く反映している。最近はそうでもないが、筆者が学生時代に関わってきた重障児には、恵子とか幸子といった名前が多かったのも、こうした命名に親の想いがたくされていたからであろう。

文化的共同性　以上で探ってきたことが、ひとりの人間の姿や身につけているものや、時代や風土といった背景から読みとれるのは、すべての人間は、その人間が生まれた社会や文化や時代を共に生きている他の人によって、色濃く特徴づけられているからである。個人としてどのように振る舞おうとも、「我々は、一定の社会的な布置のなかであらかじめお互いをみいだしている」という仕方で、「社会的な関係のなかにたっている」(a.a.O., 320)。たとえば、現在の日本の子どもたちは、年齢に応じて、さまざまな学校で学ぶべく定められており、生徒として振る舞うべく社会的に存在している。こうした社会的な状況のなかで活動するかぎり、そこにおいて我々が活動的となる状況が、たとえ当人には明確に意識されていなくても、我々の生活を規定している。そして、こうした規定そのものが他の多くの人間と共有されているため、我々の個々の活動は、社会的に共同化されている。そのため、我々の振る舞いや表情は、こうした社会性の反映でもあることになるのである。

こうしたことにならざるをえないのは、我々は、そもそも特定の文化的共同性をそなえた社会に生まれるからである。我々は、食事や挨拶《あいさつ》の習慣や、それどころか育児の仕方などがある程度の共通性をそなえている社会や親族や家庭のもとで育てられるし、またそうした社会で子どもを育てるからである。挨拶の仕方も、日本の場合はお辞儀をするのが普通であるのに対し、西欧では、握手をしたり、抱き合ったり、頬に口づけをする、といったことが一般的である。こうした身体的振る舞いやそれにともなわれる表情は、身体の次元ですでに社会的に共同化されている。ヴァルデンフェルスのいうように、我々の生は、その「出自《しゅつじ》」(a.a.O., S. 326) によって、身体的にすでにある程度刻印されているのである。

ii　誕生と死

すでに述べたように、私の誕生は、私が生まれる社会や親族や家庭の文化によってあらかじめ規定されているのであった。それどころか、私の誕生は、一方では、きわめて個人的な出来事であるにもかかわらず、他方で同時に、そもそも私がその出自においてどのような人間であったのかは、他者に依存するしかない。ヴァルデンフェルスのいうように、「私がその人の証言に依存しつづける他者によってのみ、私の誕生は、〔私自身に〕体験可能な出来事である」（a.a.O., S. 334）ことになる。事実、大塚によると、両親についての記憶がまったくない、あるいは両親による養育をそもそも受けたことのない、児童養護施設で育てられている子どもたちは、思春期になると、職員の退職などにより、彼らが子どものころにはどのようなあり方をしていたかがわからなくなるため、不安におちいる（大塚、一八六頁以下参照）。

同様にして、自分の死については、生き残った人によってどのように語り継がれるかを想定することによってしか、とらえられない。自分自身の死をどのようにとりはからってくれるかは、他者に依存せざるをえない。こうしたことから、ヴァルデンフェルスは、「私の誕生が他者によってのみ期待されたのと同様、私の死は他者によってのみ思いだされるしかない」（Waldenfels, S. 344）、という。

すると、誕生が両親や親族から期待された子どもの場合は、子どもの誕生を期待している人たちとの出会いから、他者関係が展開することになる。たとえば、彼らの笑顔は、そのまま、両親らの期待を満たす表情として、両親らの笑顔に反映されることになる。はじめて〈つかまりだち〉ができたときや、はじめてひとりで歩けるようになったとき、さらには、はじめて言葉を発したときなども、同様のことが生じる。こうしたことのくりかえしによって、親子のあいだで、気分や感情をともなった振る舞いや表情が他者と共同化されることになるかぎり、子どもの振る舞いや表情の豊かな発達は、両親や養育者の振る舞いや表情や語りかけの反映ともなっているはずである。それどころか、妊娠が判明したときから、出産を経過して産後のある程度の時期までに医学的な観点から書きこまれているだけの母子手帳でさえ、子どもの出産の前後の時期における母親をはじめとする多くの他者との関わり合いをその奥行にたずさえている表情となっているはずである。

あるいは、自分の死という出来事は、多くの場合、それがいつ自分の身に起こるかもふくめ、自分自身ではとりはかりえないため、我々は、遺言や遺書を認《したた》めるのであろう。すると、遺言や遺書は、残された者に対する書き手の想いが反映されているだけではなく、それまでに書き手と他者とのあいだで生じたことさえをも反映していることになる。遺言や遺書は、それを読む者にとっては、読み手が書き手にとってどのような人間であったのかを、書き手を介して知らさせるだけではなく、書き手によって書かれているところの者と、つまり他者にとっての私となる。こうしたことからも、遺言や遺書は、それを読む者にとっては、読み手自身のそれまでの振る舞いなどが反映されている表情ともなっているのである。

ⅲ　書かれたものの表情

文章の表情　読み手のあり方が以上で述べたような仕方で書かれたものに反映されていたとしても、こうした反映において、書き手と読み手は、実像と鏡のなかの虚像と同様の対照をなしているのではない。たしかに、遺言や遺書の書き手は、残された者に自分の想いをたくそうとし、読み手は生前の人間にとって自分がどのようなあり方をしていたのかを、知らしめられる。しかし、書き手は、自分の死と同様、遺言や遺書にたくした自分の想いが読み手にとってどのように読まれるかに関しては、自分の自由にはならない。そして、同様のことは、人間によって書かれたもの一般についてもいえるのである。

それどころか、書き手は自分の能動的な意図をもって文章を書いているつもりであっても、じつは、すでに書かれた文章によって以後の文章の書き方が規定される。或る一文を書き終えた後、次の一文へのつなぎの言葉として、たとえば、〈なぜならば〉とするか、〈したがって〉とするかに関して書き手が逡巡《しゅんじゅん》するときには、これらふたつの言葉が、書き手にとって「相克しはじめる」(Sartre, 1965, p. 42, 三〇二頁)。それまではスムーズに書かれていた文章は、私にとっては文章を書きつづけることに対する抵抗となる。私は、こうした抵抗を受動的にこうむりながら、逡巡している状況をなんとかして脱したいと、もがくことになる。つまり、私の書いている文章が抵抗するような表情をおび、私の表情もそれを反映して、苦しい表情になる。そのため、こうした場合には、書き手は、なにをどのように書くかに関して自分の態度をはっきりと決めながらも、書かれた文章によって拘束されているという意味で、自分の書いている文章に自分の意志をもって巻きこまれている、といえる。

それどころか、すでに書かれた文章は、書かれつつある文章よりも、それの読み手によって、より強く拘束されているのである。このことを探るためには、小説家の立場から文章を書くとはどういうことかを思索しているサルトルによる、作家と読者との関係についての記述が、貴重な手がかりとなる。

作家と読者との関係　『文学とは何か』でサルトルが記述しているように、作品を書いているとき、「作家が至るところで出会うのは、彼の知識や彼の意図や彼の計画、要するに彼自身以外のなにものでもない」（p. 92, 五一頁以下）ことは、文章を書いたことがある人ならば、だれにでもうなずけるであろう。[7]作家は、どれほど冒険をしようとも、彼自身が構想した以上のものには至ることができない。たしかに、作品を書くということは、作家の創造による。しかし、作家が作品を書きあげたからといって、作家の創造がそこで完結するわけではない。作家は、彼の小説で描こうとする登場人物の想いや感情や、登場人物がおちいるそのつどの状況でその人物の内面にどのようなことが生じているかを、どれだけ克明に記述しようとも、そうした想いや感情などに「生気《せいき》を与える」のは、読者によって再創造される感情などでしかない（p. 95, 五五頁）。たとえば、登場人物によって愛情をいだかれている人間が、読者のなかでも愛すべき人間として再創造されなければ、登場人物にとっての想いは、読者には伝わらない。サルトルのいうように、「読者の意識を介してしか、作品のエッセンスとして自分が〈作品のなかへと〉抽出されていることを感じることができないため、芸術家は彼がはじめた仕事を完成することを、他者にたくさなければならない」（p. 96, 五五頁）。

そのため、作品の世界を生きている読者は、作品に描かれている登場人物の想いや気分や感情などを想像しているのではない。というのも、読者がそうしたことを想像するだけでは、作家がその登場人物に与えた想いや感情などは、読者のなかで再現されることがないまま、登場人物は、読み手にとっては想像上の世界内の人物として、眺められるだけでしかないからである。他方、たとえば、第2章第2節2のｉ「ドストエフスキー『罪と罰』における〈私が思われる〉こと」（一一一頁）でも引用した、ドストエフスキーの『罪と罰』の主人公である、ラスコーリニコフが、金貸しの老女を殺害する場面で克明に描きだされている彼の内面の葛藤は、読者によって再創造されなければ、完全犯罪をめざしながらも、実際の犯行においては多くの誤りを犯して怯《おび》えている彼の惨《みじ》めさや弱さは、生気を失ってしまう。三島由紀夫の『金閣寺』の主人公が、放火の決行直前におちいる焦燥《しょうそう》についても、同じことがいえる。それを読んでいる読者が、彼に放火を首尾よく実現させたくなるほど、その場面で描かれている彼の行動にやきもきしたり、じれったさを感じることによって、読者は、主人公の焦燥を想像しているのではなく、三島が主人公に与えたあり方を、読者自身が再創造しているのである。

そして同様のことが、遺言においてもいえるはずである。自分の死後のことを考え、遺族間で諍《いさか》いが生じず、みんなが仲良く暮らしていけるようにと、遺産相続の仕方が認められている遺言には、遺族に対する遺言者の愛おしい想いがどれほどこめられていようとも、その想いが遺族によって再創造されなければ、遺言は、遺産相続のための法的根拠としかならないであろう。

高潔さ　サルトルは、「書くこととは、言語を手段として私が企《くわだ》てたところの、それまではおおわれていたものの露見を客観的な現実存在としてくれるような、そうした読者へと呼びかけをすることである」(p. 96, 五五頁)、という。まったく同様のことは、なんらかの想いをもって他人に読んでもらう文章の場合にもいえるはずである。たしかに、作家のたてた道筋は、読者の向かう方向をある程度は導くとしても、その道筋を実現するのは、読者なのである。こうしたことから、サルトルは、「読者が作品の制作に協力するようにと、作家は、読者の自由に呼びかける」(p. 97, 五六頁)、という。

するると、作家は、作家の方で、自分の作品を完成する配慮を読者にたくさなければならないが、読者もまた、読者の方で、作家からたくされた、作品を完成させる「責任を自分で引き受ける」(p. 98, 五七頁)。そのため、読者は、自分の自由の名において、「自分をして〔作家のことを〕信じやすいようにさせ、信じやすさのなかへとおりていく」(pp. 99–100, 五九頁) ことに、つまり作品の世界のなかへと入っていくことになる。読者は、自分の自由によって読書に参加しながらも、作品によって拘束されることに身を委ねることになるのである (cf. p. 97, 五七頁参照)。

こうして、作家と読者の両方において、「それぞれが他方を信頼し、他方をあてにし、他方が自分自身に要求するのと同じだけ、他方に要求する」(p. 105, 六四頁)、ということが生じる。サルトルは、こうした要求を高潔《こうけつ》さと術語化し、次のようにいう。「読書とは、作家と読者とのあいだで〔かわされる〕高潔さの契約である」(p. 105, 六四頁)。そして、こうした仕方で読者が高潔さに浸透されるため、読書の自由は、読者の「感受性のもっとも人に知られていないほど暗い痼《しこり》さえをも変貌させる」(p. 101, 六〇頁)。なぜならば、サルトルにいわせると、「読書とは、高潔さを鍛錬することである」(p. 100, 六〇頁) からである。事実、我々は、登場人物と共に愛したり、悲しんだり、憤ったりしながら、現実の自分にはけっして実現されえないような出来事に接したらそうなるであろう感受性を豊かにしたり、それまでの自分が頑《かたく》なに拒否していた感情にさえおちいる、といったことを経験しているはずである。それどころか、先にふれた、『罪と罰』において典型的となるように、殺人を犯すさいの内奥の痼さえ、つまり、もっとも人に知られたくない暗い痼さえもが、ラスコーリニコフが最後に至った次のような心境によって、柔らかく溶けるのも、やはり読書によってなのである。そして、遺言は、まさに書き手の高潔さの現れの典型なのであろう。

彼（＝ラスコーリニコフ）はよみがえった。彼はそのことを知っていた。新しいものとなった自分の全存在で、完全にそのことを感じていた。そして彼女（＝ソーニャ）は、いや、彼女は、ただ彼の生だけを生きていたのだ！

（ドストエフスキー、四〇一頁以下）

小説や遺言や遺書において典型的となる、書き手と読み手とのこうした関係とは、本書の言葉でいえば、書き手の呼びかけが読み手に反映しているかどうかが、書かれている文章を生気のあるものにしうるかどうかに対応するような関係のことである、といいかえることができる。このことは、書き手の〈顔が見える文章〉という比喩的表現があることからも、十分にうかがえる。たしかに、この比喩は、手書きの文章の場合にもっとも典型的にあてはまることは、いわゆる筆跡学という学問があることからだけではなく、我々の日常的な経験からも、十分にうなずけうる。しかし、ここまで探ってきたことからすれば、印刷されているため、個々の文字には書き手をうかがわせるものはなんらふくまれていない文章の場合にも、その文章のスタイルだけではなく、そこに書かれていることを書き手の想いに即して再創造するならば、それらの文章も、書き手の〈顔が見える文章〉として、やはりその文章に固有の表情をそなえているはずである。

それどころか、文章の読み手と書き手とのあいだでかわされる高潔さの契約と同様のことは、文章を書く場合ほど明確ではないとしても、我々の日常生活における他者関係においても、生じているはずである。そして、本書で探ってきたことは、自分を他者に〈たくす〉ことにつながっているのである。そこで、最後に、本書で探られたことを、自分を他者に〈たくす〉という観点からとらえなおしたい。

自分を他者へと〈たくす〉こと　第1章で探られたことは、文字どおりの意味では、たしかに、自分を他者に〈たくす〉ことではないが、なにかを〈たくす〉という観点からとらえると、次のようにいいかえることができる。

自分へとふりかえる反省によっては〈今現在〉の自分自身をとらえることができないため、私は、私の〈今現在〉のあり方を感知するためには、それを照らしてくれる未来の光にたくさなければならなくなる。また、〈今いるここ〉のとらえ難さゆえに、私は、私の〈今いるここ〉を、〈そこ〉にあるものの、たとえば道具の現われにたくすことによって、〈今いるここ〉での私のあり方を感知するしかない。しかも、私の日常生活において私に現われてくるものは、表面の生と隠れた奥行の生とのあいだの拮抗《きっこう》作用の程度に応じて、私にとって、より近くにあったり、より遠くにあったりするかぎり、物事に深く関わるためには、その関わり方を奥行の生にたくさざるをえなくなる。しかも、私によって関わられていることは、そのつどの気分や感情をともなって、私にとっての必然性や逼迫《ひっぱく》度やかけがえのなさなどの色合いをおびさせられているかぎり、日常生活において、他のだれでもない私自身こそが物事に本当に関わっているという充実感の程度の差は、私が私の気分に対してどれほどの感受性をそなえているかに、たくされることになる。

第2章で探られたことは、他者に自分をたくすという観点からとらえると、次のようにいいかえることができる。

ブーバーにおける〈わたし－あなた〉の関係においては、〈わたし〉が〈あなた〉に作用するように、〈あなた〉は〈わたし〉に作用することが生じているかぎり、私がどのように他者に作用するかは、他者にたくされていることになる。それどころか、現実の日常生活でなされる他者経験においては、感情移入によって他者をとらえることでさえ、以後の他者関係に大きな影響を及ぼすかぎり、他者にたくされる、といえるはずである。たとえば、第2章第1節2のⅱ「豊かな感情移入」（八〇頁以下）で引用した児童養護施設での大塚の事例の子どもが、未知なる未来へと開かれた他者との人間関係をつづけられるのも、浸透的な感情移入によって、この子どもが他者に自分の未来をたくすことができることの証であろう。この観点からすれば、第2章第2節2のⅰ「私が思うことと私が思われることとの一体性」（二一〇頁以下）で引用した、児童福祉施設での遠藤の事例の少女にいだかれている、〈母親から思われているような悪い子であるから、母親からきびしくしつけられた〉という想いも、母親にたくされていることになる。それどころか、〈あたかも私が〔他者の今いる〕そこにいるときのように〉という仕方でなされる感情移入においてさえ、そこで述べたように、感情移入に本来的にそなわっている間接性により二義的なあり方となるのも、感情移入の結果が他者にたくされるからである。サルトルやメルロ－

ポンティにおける間隙や空隙が他者と私とのあいだでずれていることによって、私の間隙《かんげき》や空隙《くうげき》がより奥行の深いものとなるのも、そのずれを私が他者にたくすことによって、私の間隙や空隙がどこにあって、どのようなものかが、明らかになるからである。不意討ち的な他者との出会いも、その出会いの結果を他者にたくすならば、他者にさらに不意討ち的に出会える可能性へと私を導いてくれる。語りかけや挨拶は、それ自体が他者に私のあり方をたくす行為である。友好的な見る‐見られるの関係において、私は、自分に負わされた責任を他者にたくすことになる。他者への通路を開いてくれる自分の弱さは、この弱さを実際に他者にたくすことによって、現実のものとなり、私は他者へと自分をさし向けることになる。他者に触れられることによって、自分の身体を顕在化してもらうためには、自分の身体を他者にたくさなければならない。共犯的な反省を脱して自分を本当に変えるためには、アリスがそうであったように、たとえ他者に翻弄《ほんろう》されるようなことになったとしても、他者にとっての私となることを、あえて私は他者にたくさなければならない。サルトルのいうところの主観他者の眼差しにさらされることや、他者を前にした羞恥《しゅうち》におそわれることは、自分の意志に反してであるが、自分のあり方をあますところなく、他者にたくすことになるのである。

第３章で探られたことは、次のようにいいかえることができる。世界の表情を豊かにとらえるためには、メルロ‐ポンティのいうように、物の現われに私の身体を貸し与えるという仕方で、私の身体をその物の現われにたくさなければならない。フッサールも述べていたように、私は、他者の感覚でもって見たり聞いたり経験したりするためには、私の感覚を他者の感覚にたくさなければならない。遊びに夢中になるためには、その方からの逆襲の一手でもって応えてくれる別のものへと、私の一手をたくさなければならない。絵画や文学といった芸術作品が私の感受性を豊かにしてくれるならば、私は、私の感受性を豊かにすることを芸術作品にたくさなければならない。

第４章に関しては、次のようにいえる。

身体的に向き合うことによって私と他者とのあり方が相互に反映するようになるためには、私の身体的振る舞いと表情を読みとってくれることを、私は他者にたくさなければならない。他者の道筋を共にたどるためには、私が実際にたどった道筋を他者にたくさなければならない。そのため、メルロ゠ポンティのいうように、患者やクライエントだけではなく、医師やセラピストも、自分のたどるべき道筋を、患者やクライエントのたどる道筋にたくさなければならない。自分の顔の表情が他者の顔の表情の反映となるためには、自分の面《おもて》を他者の面《おもて》の現われにたくさなければならない。そのさいに、たとえば、授業で教材解釈に関して他者と真剣に〈たたかう〉ためには、まずは、自分の解釈を他者にたくさなければならないはずである。自分のスタイルは、自分では非常にとらえにくいため、それがどのように類型化されるかは、他者にたくすしかない。それどころか、きわめて個人的な出来事であると思われている私の誕生や死は、それが体験可能となったり、なんらかの仕方でとりはからってくれるためには、他者にたくすしかないのである。

こうしたことが本書で探られたことによって、次のことが導かれるのではないだろうか。

第１章「現実の生への豊かな感受性をめざして」（二頁）で述べたように、自分のことは自分がもっともよく知っているという、素朴な自己理解が、じつは支えのないものでありながらも、そうであるからこそ、本書で一貫して探ってきたように、我々人間の感受性は、自分自身のあり方を他者にたくすことによって、より豊かで深いものとなるのではないだろうか。そうであるならば、我々人間が自分自身のあり方を感受性豊かに育めるかどうかは、自分のあり方をどれだけ他者にたくすことができるかどうかにかかっているのではないだろうか。そうだとしたら、「はじめに」でふれたように、一見すると自分ひとりではなにもできないように思われてしまう、重障児や乳児のあり方は、我々おとなにはもはやできにくくなっている、自分の生を他者にたくすあり方の、ひいては感受性豊かなあり方の典型である、ということになる。

すると、ここにおいて、子どもをどのように教育するかについての学問であるように思われている教育学は、ひとりではなにもできなかったあり方にはもどれなくなってしまった我々おとなが、かつてのあり方を子どもから学びなおす学問でもあるということが、それゆえ、我々人間の生の発祥へとさかのぼらなければならない学問でもある、ということが導かれるのではないだろうか。

注

（1）「身体的に向き合うことによる相互の反映」は、「現象学における『いま、ここ』について」（『人間性心理学研究』二五巻第二号、二〇〇八）の一部を、本書の趣旨に沿って大幅に加筆・修正したものである。

（2）本項「反映としての豊かな表情」は、『教育と医学』（慶應義塾大学出版会）二〇一〇年一月号で「表情の感受性」と題して掲載したものを、大幅に加筆・修正したものである。

(3) 授業において、話し手の話を聞いているときのクラスの子どもたちが、こうした仕方でみんなで考えているときのあり方に関しては、中田(一九九七)第8章第3節を参照。

(4) さらには、言葉がこうした持続をさらに容易にすることについては、中田(二〇〇八)第4章2を参照。

(5) 本節「表情のスタイル」にかぎり、メルロ‐ポンティの『世界の散文』からの引用は、フランス語原典と邦訳書の頁数を併記することにより、引用箇所を指示する。

(6) ちなみに、これらの写真が掲載されている写真集の初版は一九六〇に発行されており、撮影された島小学校は、群馬県内の利根川沿いにある小規模校である。

(7) 「書かれたものの表情」にかぎり、サルトルの『文学とは何か』からの引用は、フランス語原典と邦訳書の頁数を併記することにより、引用箇所を指示する。

結語にかえて

本書では、感受性の名のもとに、日常生活における我々人間の振る舞いや表情が多様な豊かさと深さをそなえていることを、それぞれの現象学者の言葉や記述を手がかりとして、探ってきた。そのさい、「はじめに」でも述べたように、彼らの記述それ自体が我々の感受性を豊かに育《はぐく》んでくれることから、それらから導かれたことを最後にまとめることは、本書の趣旨に反するであろう。

むしろ、本書で引用したり、本書を導いてくれるものとして、筆者が現象学から共通して学んだことは、人間は弱い存在者である、ということである。サルトルは、「人生の歴史は、それがどのようなものであれ、挫折《ざせつ》の歴史である」(Sartre, 1943, p. 561, Ⅲ一二〇頁)、という。また、本書で探ってきたように、人間はひとりで生きていくことができないだけではなく、自分自身の存在さえ完全にはとらえられず、また自分の存在の根拠さえ定かではない。しかし、そうであるからこそ、我々人間にそなわる本質的な弱さが、私と他者とのあいだの浸透を可能にするため、強さになりうるのであった。また、こうした弱い人間であるからこそ、人間は奥行のある陰《かげ》の部分をたずさえているのであろう。神谷も、苦悩が「自己に対面する」ことを可能にしているとし、「人間が真にものを考えるようになるのも、自己にめざめるのも、苦悩を通してはじめて真剣におこなわれる」(神谷、九八頁)、としている。

そして、陰の部分やこうした苦悩が、振る舞いや表情を一定のスタイルにおさまらない微妙な余剰をふくんだ豊かで深みのあるものとし、我々の気分や感情を微妙な綾《あや》どりをそなえたものにしてくれるのであった。こうした我々自身のあり方に応じて、世界も豊かで奥行をそなえた表情をしてくるのであった。

そうであるかぎり、我々人間には、強さを求めながらも、強さをあえて求めなければならない自分自身の弱さを認め、この弱さと向き合い、なおかつその弱さを自分自身で引き受けることが求められているのではないだろうか。そして、サルトルがいうところの高潔《こうけつ》さは、こうした弱さを潔く受け入れることにより、我々弱い人間に気高《けだか》くあることを可能にしてくれている、と筆者には思われてならない。

以上のことから、谷崎にならい、〈弱さ礼讃《らいさん》〉という言葉でもって、本書を終えることにしたい。というのは、本書で一貫して探ってきた感受性は、人間の弱さにおいて、もっとも豊かに育まれるからである。だからこそ、かなうならば、読者の方々の高潔さでもって、弱い人間の世界に自分から参加しつつ、そこで自分を良い意味で拘束することを、さらには、弱い人間にも自分をたくすことを、読者の方々の感受性にたくしたい。

中田基昭著　感受性を育む　現象学的教育学への誘い　四六判・三二〇〇円

中田基昭著　現象学から授業の世界へ　A5判・一一〇〇〇円

西平直著　教育人間学のために　四六判・二六〇〇円

西平直著　世阿弥の稽古哲学　四六判・三〇〇〇円

矢野智司著　贈与と交換の教育学　A5判・五四〇〇円

遠藤野ゆり著　虐待された子どもたちの自立　現象学からみた思春期の意識　A5判・六四〇〇円

大塚類著　施設で暮らす子どもたちの成長　他者と共に生きることへの現象学的まなざし　A5判・七五〇〇円

ここに表示された価格は本体価格です.
御購入の際には消費税が加算されますので御了承ください.

著者略歴
1948 年　東京に生まれる.
1974 年　東京大学教育学部卒業.
東京大学大学院教育学研究科教授を経て
現　在　岡崎女子短期大学特任教授, 東京大学名誉教授.
教育学博士

主要著書
『重症心身障害児の教育方法』(1984 年, 東京大学出版会)
『授業の現象学』(1993 年, 東京大学出版会)
『教育の現象学』(1996 年, 川島書店)
『現象学から授業の世界へ』(1997 年, 東京大学出版会)
『重障児の現象学』(編著, 2003 年, 川島書店)
『感受性を育む』(2008 年, 東京大学出版会)
『現象学から探る豊かな授業』(編著, 2010 年, 多賀出版)

表情の感受性
——日常生活の現象学への誘い

2011 年 7 月 21 日　初　版

[検印廃止]

著　者　中田基昭《なかだもとあき》

発行所　財団法人　東京大学出版会

代 表 者　渡辺　浩

113-8654 東京都文京区本郷 7-3-1 東大構内
http://www.utp.or.jp/
電話 03-3811-8814　Fax 03-3812-6958
振替 00160-6-59964

印刷所　中央精版印刷株式会社
製本所　牧製本印刷株式会社

ISBN 978-4-13-051319-7　Printed in Japan

索　引

あ　行

挨拶 Gruß　106-107, 267
Austragen（＝臨月まで懐胎すること）　194, →調停する
飽き飽き überdrüssig　22, 25, 50-51
遊び Spiel　41, 206-207, 268
——〔は〕損なわれ verspielt　208
あたかも私が〔他者の今いる〕そこにいるときのように wie wenn ich dort wäre　71, 75, 80-81, 90, 95, 266
集まり Versammlung　193
厚み épaisseur　117, 173
あなた Du　78-79, 103, 124, 131, 231, 266
安心 Sicherheit　40-41, 60, 101, 117
安全 Geborgenheit（＝守られていること）　40, 117
Antliz（＝顔）　225
アンビバレント ambivalent（＝対立感情並存的）　94, 97-98, 242, 247
威嚇的 intimidant　149
怒り colère　148-150
息苦しい dumpf　137
生きられた関係 die gelebte Beziehung　78-79
畏敬の念 Ehrfurcht　49-50
居心地の悪さ Unzuhauses　54
委縮させる verkümmern　49
異他性 Fremdheit　103-104, 124
異他的な fremd　103, 118
板ばさみ Zwickmühle　57
息吹 Hauch　215
今いるここ Hier　14-21, 25, 27-30, 34-37, 99, 125-126, 265
今現在 Jetzt　3-4, 6-10, 12-14, 18-25, 29-30, 34-37, 99, 125-126
苛々 impatience（＝長く立っているときの支え（patience）がない（in-）こと）　219-221
——した impatient　150
苛立ち Gereiztheit（＝刺されるような感覚による立腹）　45
色どられ coloré　163
陰鬱 Verdüsterung　23-24, 49
——となる verdüsternd　134
——な verdüstert　24
——なもの le Morne　152
陰気な düster　144
インスピレーション inspiration　171
ヴァルデンフェルス Waldenfels, B.　5, 32, 84-88, 105, 107-109, 112-113, 124, 199, 229, 231, 235, 249-250, 254-258
ヴァン・デン・ベルク van den Berg, J. H.　201-203
うさんくさい louche　156-157
疑う zweifeln　57
打ち当てられ betroffen　129
打ちこむ hingeben　62, 87-88, 131

内へととり込むこと Einholen 215
映し合う miroir 176, 182–183
裏打ちされる se doubler 168
憂い Trübsinn 44–47
——に満ちた betrübt 37
——をおびた trüb 142
エッセンス essentiel（＝作品へと抽出されたもの） 261
援助する Beistand geben（＝傍らに寄り添う） 74
厭世感 ennui 142
厭世的 ennuyant 49
遠藤野ゆり 96–97, 110, 129–130, 266
大塚類 80–81, 258, 266
おかげで dank 64, 113–114, 118, 209–211
奥深い abgründig 88
奥深さ Abgrund 29, →深淵
奥行 Tiefe, profondeur 30, 33–34, 89, 99, 159, 165, 173–175, 177, 195, 210, 212
——の次元 Tiefendimension 31
——の生 das Tiefenleben 31–35, 48, 81, 83, 129, 265
隠れた——の生 das latente Tiefenleben 32
押しつぶされた状態 Niedergeschlagenheit 44
落ち着き Ruhe 55, 60
——のなさ Unruhe 138
慄き Erzittern（＝恐れ震えること） 43
怯えた gescheut 141
脅かすもの Drohendes 139
思う cogito
——こと Cogitare 109
私が——こと Cogito 108, 110
私が思われること Cogitor 110
重々しい〔く〕lastend 113, 139
面 225, 229, 233, 268
織物 texture 169, 215
温和な zart 139

か 行

外在化 Veräußerung（＝〔私の内面の他者への〕譲渡） 30, 34–35, 48, 67–68
開示する erschließen 21, 27, 60
開示性 Erschlossenheit 25
垣間見られた entrevu 156
ガダマー Gadamer, H.-G. 206–208, 251
語りかけ Anrede 105–107, 267
——る parler 238
悲しみ 37, 140–141
哀しみ Traurigkeit, tristesse 37, 42, 44–48, 153
受動的な—— la tristesse passive 152–153
重層で繊細な—— 45, 47–48, 52
静かで落ち着いた—— die stille und ruhige Traurigkeit
神谷美恵子 50, 271
鴨長明 197
軽やかさ Leichtigkeit 24
川島浩 224–226
感覚的なもの〔物〕le sensible 180
喚起 évocation 238
間隙 vidage 98, 100–101, 266
感受する empfinden 59
感受性 Empfindlichkleit, sensibilité iii–iv, vi–viii, 68, 79, 101, 104, 219, 225, 230–

231, 233, 239, 241–242, 245, 263, 268–269, 271–272
詩的―― das dichterische Empfinden　45
感情 Gefühl, sentiment　35–39, 136–146, 157, 235
感情移入 Einfühlung　64, 70–72, 74–76, 80–82, 130, 266
感じられる sensible　179–181
感じる sentir　179–181
間身体性 intercorporéité　117, 132
間接性 Mittelbarkeit　68, 82, 102, 266
感嘆事 un admirable　156
感知する innewerden　139
感応性 sensorialité（＝感覚への感受性）　181
気おくれ Verzagtheit　44
気候 Klima　137–138
刻み現われる aufprägen　161, 163, 166, 235–237
刻みこまれた eingeprägt　48
刻みこまれる s'inscrire　176, 237
刻みこみ inscription　180, 183
刻みこむ einprägen　13, 34, 48, 66, 106, 119, 131, 160, 174, 209
刻みだす ausprägen　235
帰趨中心 centre de référence　18–19, 30, 96
気遣わしげな inquiétant（＝懸念のある）　156
拮抗作用 Antagonismus　32–34, 265
気分 Stimmung, affectivité　2, 35, 38–47, 50, 52, 59–61, 146
希望のないこと das Hoffnungs-lose　56
逆襲の一手 Gegenzug　207
キャロル Carroll, L.　123–124
究極の理想形 Idealität　251
キューブラーロス Kübler-Ross, E.　240
共苦 Mitleid, Mitleiden　73, 112
凝固させられ figé　95
強靭さ Zähigkeit　210
共振する mitschwingen　213
共同化 Vergemeinschaftung　218, 255, 257–258
共同性 Gemeinsamkeit　234, 248–249, 257
恐怖 Frucht, peur　38, 53–55, 214
共鳴 Einklang　44, 46–48
気楽な満喫 Behagen　40, 61
緊張 Spannung　139–141
空虚 Leere　214
空虚な leer　142
空隙 lacune　98, 100–101, 267
苦痛 Schmerz　38
軽蔑的なもの Verächtliches　49
顕在化 Aktualisierung　29–30, 65, 114, 117, 267
顕在性 Aktualität　117
顕在的 aktuell　9, 67–68
現実存在 existence　262
厳粛な feierlich　139
現象学 Phänomenologie, phénoménologie　ii – viii, 18, 21, 27, 31, 33, 59, 62, 71, 75, 89, 98, 102, 118, 166, 271
倦怠感 Überdruß　142
高潔さ générosité（＝潔い気高さ）　131–132, 263, 272
格子 grille　93, 98–99, 101
昂揚 Gehobenheit　24

――した gehoben　39, 41, 44, 60–61
呼吸 respiration　171
刻印される s'imprimer　162
後光 Aura　231
心地良さ Behagen　137–138
固執する insister　52
個人名に見合った namentlich　255
ゴッホ Gogh, V. v.　209–210
根拠 Grund　ii–iv, 29, 124
根源的 ursprüglich　9

さ　行

再帰関係 le réfléchi　180–181, 183
斎藤喜博　224–226
苛む nagen　49
作品 ouvrage　26
支えのない状態 impatience　208, →苛々
さし向け Zuwendung　113–114
挫折 échec　271
サルトル Sartre J.-P.　v, 17–18, 25, 38, 94–99, 107, 120–121, 125–129, 131, 135, 137, 146–157, 163, 196, 204–206, 213–214, 260–263, 266–267, 270, 272
蚕食 empiétement（＝蚕が桑の葉を食べつくすように侵蝕すること）　184, 190
散乱状態 Zerstreutsein　58
死 Tod　240, 258, 259, 268
幸せ Glück　37, 40, 42–43
　ガラスのような―― das gläserne Glück　42–43
　静かで落ち着いた―― das stille und ruhige Glück　40–41, 43, 48, 155
シェークスピア Shakespeare, W.　43
シェーラー Scheler, M.　112
自我 Ich　5, 10, 85–86
視覚 vision　171, 173, 181–183, 190
自己疎外 Selbstentfremdung　87–89
痼 masse　263
静かな still　41
静けさ Stille　139–140
持続 Dauer　232, 235–236
質感 qualité　167–169, 182–183
至福 Seligkeit　43
自分にとってのあり方のまま（＝自己存在）Selbstsein　108
自分を動かすこと SICH-bewegen　181
自分を切り詰める se mettre en veilleuse（＝細々と夜を過ごす）　153
自分を知覚すること SICH-wahrnehmen　180
自暴自棄 das Desperate　56
締めつける drückend　40
社会性 Sozialität　247, 254, 257
邪魔をする widersprechen（＝〈逆らえ〉と言う）　57
重圧 Schwere　23
羞恥 Scham, honte　126, 128–129, 131, 213
主観他者 autrui-sujet　129–131, 267
呪術 incantation　154
主題化 Thematisierung　107
主題的 thematisch　109
　非―― unthematisch　109
出自 Woher（＝出所）　257
シュミッツ Schmitz, H.　136–146, 157, 213

循環 cercle　182
情感 Affekt　37-39, 137
――的 affectif　136
傷心 Leid　49
焦燥 impatience　262, →苛々
象徴 emblème　238, 242
――化 Symbolisierung　251-252
消沈 accablement（＝押しつぶされて衰弱させられること）　141, 143-144, 152
――した gedrückt（＝押し下げられた）　39, 44, 61, 134
意気―― Bedrückung　23
情動 émotion　146-157
微妙な―― émotion fine　156
消耗 usure　162
触診 palpation　173, 179-182, 188-189
触発 Affektion　10
自己―― Selbstaffektion　11-14, 34
――され affiziert　10
所作 Handlung　251
触覚 toucher　181-183
支離滅裂になる aus den Fugen geraten（＝たがを外される）　53-54
深淵 Abgrund（＝底なし）　29, →奥深さ
――な abgründig（＝根拠をとり去られた）　124
真価を発揮する可能性 Bewährungsmöglichkeit　84
呻吟する stöhnen　144
辛苦 Mühsal　210
信じやすさ crédulité　262
侵蝕する envahir　91-93
人生の裏面 l'envers de la vie　162
身体化 Verleiblichung　235, 247
心痛　Kummer　144
――している bekümmern　144-145
――でいっぱいになって kummervoll　144
浸透 Osmose, osmose　113, 122-123, 271
――する pénétrer　92, 159-160
侵入 immersion　181-182, 188
信憑 croyance（＝信念に憑りうつられていること）　151
辛抱できない impatient（＝支え〔patience〕のない）　149, →苛々
森羅万象 univers　30, 95, 152
吸いこみ inspiration　171
スタイル Stil, style　218, 235-240, 251-253, 255, 268, 272
住みこむ habiter　169, 220, 248-249
スメタナ Smetana, B.　191
ずれ écart（＝ 偏差）　93, 98, 100, 267
生気 âme　116, 261-262, 264
――づけられ animé　163
――を与える animer　256
制御し難さ Unverfügbarkeit　23
静寂の声 die Stimme der Stille　52
生成流転 panta rhei　22
精をだす sich sammeln（＝集中する）　42, 62, 87
世界の振る舞いとなる Welt gebärden　195
石化 pétrification　127-128
寂寥感 Einsamkeit　210
セザンヌ Cézanne, P.　166

接触 contact　34
絶望 Verzweiflung　55-59
繊細な fein　113
戦慄 frisson　126
爽快 Frische（気分としての）　24
爽快感 Frische（感情としての）　142-143
象嵌された incrusté（＝嵌めこまれた）　184
相克 conflit　260
相貌的知覚 physiognomic perception　134
添え合わせる austragen　196, →調停する
疎遠 fern（＝遠い）　5
底なしの grundlos　54
そこにいること être-là　117
即興的な対応 improvisation　239
外へととり出すこと Ausholen　215
空恐しい effrayant　152

た　行

退屈 Langeweile（＝長々とぐずついていること）　50-52
　深い—— die tiefe Langeweile　52
対象他者 autrui-objet　95, 129
代表する repräsentieren（＝再現する）　249-250, 254
対話 Dialog, dialogue　90, 159-161, 221-222, 227, 242, 250
たくす auftragen　218, 265-268
谷崎潤一郎　177, 210, 272
楽しさ Vergnügen　247
誕生 Geburt　257-258, 268
鍛錬すること exercice　263
恥辱 Schande　141, 213
聴覚 Gehör　185-186, 190
調停する austragen　195
調律されていること articulation　116
調和的 concordant　91
沈滞 dépression　156
使い古す en user　162
つきまとう hanter　205
強さ Stärke　113
デカルト　Descartes, R.　108
敵意 Aufsässigkeit　164
適切さ Bewandtnis　25-26, 164
手もとに zuhanden　25-26
照らされて beschienen　225
テレンバッハ Tellenbach, H.　55-59
同化させる assimiler　159-160
道具 Zeug　25-28, 161-164, 209-210, 265
当事者 der Betroffene　129
同調する sympathisieren（＝パトスに共振する）　120
独我論 Solipsismus　72-75
匿名性 Anonymität　87-88, 231
匿名的 anonym　12, 15, 30
どこにもない nirgends　53
ドストエフスキー Достоевский, Ф. М.　111, 261
特権を与えられている patent　32
とりこむ verstricken　206

な　行

内出血 une hémorragie interne　96
内面化 intériorisation　18-19, 121
　——する intérioriser　18
内面性 Immanenz（＝内在）　5
馴染んで nah（＝近くに）　5, 17

なにもないもの Nichts　53
生身をおびて leibhaftig　116
二義性 Zweideutigkeit　83, 89
二義的 zweideutig　75, 82-83
肉 chair　180, 183, 215
——づけされた charnel　168
——的癒着 une adhérence charnelle　181-182
滲みだされて ausgetreten　209
二者択一の交替 Alternieren　56-57
二重化する redoubler　79, 116, 242, 244-245
ニーチェ Nietzsche, F. W.　21-22, 24, 213

は 行

背景 fond（＝奥）　205
ハイデガー Heidegger, M.　iv, 16, 25-26, 28, 38, 50, 52-54, 161, 164, 191-193, 195, 209-210, 225
配慮 Fürsorge　73-74
吐だし expiration　171
はらんで prégnant　139
罵詈雑言 injure　78, 148
反映 Spiegelung　75, 86-87, 157, 197, 220, 229
——し合う se réfléchir, sich spiegeln　137, 165, 192, 220, 248-249
——しかえす wiederspiegeln　193
——する réfléchir　162
反響 écho　168, 171-172
反省 Reflexion, réflexion　8, 10-13, 28-29, 85, 118-121, 129
共犯的な—— la réflexion complice　120, 122, 262
道徳的な—— die moralische Reflexion　7, 10, 13, 28, 119-122
ふりかえる—— die zurückblickende Reflexion　3-4, 7, 9-12, 28, 62, 87, 119, 122, 265
悲哀 Trauer　22, 49, 143
ピカソ Picasso, P.　169-170
引きかえすこと reflux　17
引き裂かれている状態 Zerrissenheit　57
引きちぎる reißen　57
悲嘆 Gram（＝恨みがましい嘆き）　38, 49
批判 Kritik　60-61
響く存在 être sonore　89
皮膚感覚的 esthésiologique　116
微妙な情動 émotion fine　157
表情 Physiognomie, physionomie（＝おのずからなる生成（physis）が知られること（gnomia））　vii-viii, 2-4, 29, 48, 55, 58, 65-70, 72, 74-76, 83, 86-88, 119, 122, 134-136, 138-145, 149-150, 152, 154-156, 159-165, 173-178, 180-183, 188-190, 193-196, 199-201, 203-206, 208-210, 219, 225, 227-231, 234-235, 240-242, 245-252, 254-255, 258-260, 264, 271-272
世界の—— die Physiognomie der Welt　vii, 134, 136-137, 157, 192, 194, 197, 201-205, 209, 267, 271-272
表情の知覚 perception physionomique　158, 160, 163
疲労感 Müdigkeit　142-144
敏感な susceptible　121
不安 Angst, angoisse　38, 53-55, 214

不意討ち Überraschung　23, 103-104, 266
不意におそいかかる surprendre　148
不吉 sinistre　156
——な sinistre　146
不気味さ Unheimlichkeit　38, 54, 128
不気味な unheimlich　86, 89, 139
福田学　188
不幸せ Unglück　22, 49-50
不調和 dissonance　94
フッサール Husserl, E.　iv, 10-11, 15, 31, 62, 64, 69-73, 75-76, 83, 92, 102, 120, 201, 267
ブーバー Buber, M.　73-74, 78-79, 103-104, 124, 131, 266
不満 Mißmut　143
不愉快 Verdrossenheit, un déplaisant　45-47, 156
——な verdrossen　143
振る舞い Gebärde, geste
ぶれ bougé　180
触れられうる tangible　172, 174-176, 178-180, 183, 188
触れる toucher　172, 174, 181-182
雰囲気 Atmosphäre　137-139, 141-142, 144-146, 214
分節化 Artikulation　99, 106, 110, 165
分節化され artikuliert, articulé（=区切りや起伏をつけられ）　99
文脈 contexture　169
平安 Zufridenheit（=無事であること）　103
併合する annexer　117
隔たり Distanz　5, 28, 34
ヘラクレイトス　22
ヘルト Held, K.　5, 23
変貌させる transformer　148
忘我 Ekstase（=外に〔ek-〕に立っている〔sistere〕こと）　44, 90, 207
崩壊 désintégration　95, 97
放下 Gelassenheit（=あるがまま）　60
——し（gelassen =執着せずに）　60
方向づけ Orientierung　15
放埒 Ausgelassenheit　39-40
没頭する aufgehen　6, 41-42, 131, 206-208
ボルノウ Bollnow, O. F.　2, 35, 37-45, 49-51, 53-55, 60-62, 248
ぼんやりとした直感 une intuition obscure　156

ま　行

巻きつき enroulement　176-177, 179
魔術 magie　151, 155
またぎ越し enjambement　183
またぎ越す enjamber　170
待ちきれない状態 impatience　154, →苛々
眼差し regard　94, 113, 125, 127, 130-131, 166, 169, 173, 267
満足 Befriedigung（=気分としての満たされた平安〔Befriedung〕）　38-41
——感 Befriedigung（感情としての）　38
——させる befriedigen　39
見える visible　171-176, 183
三島由紀夫　262
惨めな elend　49
満ち足りた satt　40

身にこうむられる subi　148
身振り Mimik　235–238
魅了する im Banne halten　206–207
見る voir　5, 172, 174–176, 182
見る–見られる Sehen-Gesehenwerden　107, 111–112, 267
身をかわす se détourner　154
無 Nichts　22
むかつき Ekel　142
無活発 Mattigkeit　143
無関心 Gleichgültigkeit（＝同等の妥当性・どうでもいいこと）　52
無気分 Ungestimmtheit　50
無気力 Mutlosigkeit　44
無思慮 Albernheit（＝ばかげたこと）　39–40
胸苦しく beklommen　144
ムンク Munch, E.　86, 88–89
明確に artikuliert　106, 110, → 分節化
メルロ–ポンティ Merleau-Ponty, M.　v, 34, 89, 91–93, 98–99, 113–117, 122, 157, 159–160, 163, 165–176, 178–185, 214–215, 219–226, 233, 238, 242, 267, 270
面した眼差し Gegenblick　223
もどかしさ impatience　154, → 苛々
物 chose　117, 165–175, 178–183, 193, 195–196
物となる dingend　195
もはや–ない ne-plus　135

や　行

遺言 testament　259, 262, 264
憂鬱 Schwermut（＝重苦しい気持ち）　22, 25, 137, 143
遊戯 Spiel　47
揺動 Regung　137
欲望 désir　154
横目 Seitenblick　85–88
余剰 surplus　242, 251–253, 272
四つのもの Geviertes　192–193, 195
呼びかけ Anruf　105–105, 264
　——をする faire appel　262
歓び Freude　37, 140–141, 153–155
　感情としての—— la joie-sentiment　153–154
　情動としての—— la joie-émotion　153–154
喜び Fröhlichkeit　37, 43
弱さ faiblesse, Schwäche　113–114, 118, 122, 267, 271–272
弱々しい kümmerlich　49

ら　行

立腹 Verärgerung　45
理論（＝セオリー）$\theta\varepsilon\omega\rho\iota\alpha$　59
類型化 Typisierung　239–245, 268
類似者 Analogon　75
類似性 Ähnlichkeit　69–70, 74
類比的推論 Analogieschluß　70, 76, 91–92
連帯性 solidarité　173
露見 dévoilement　262
ロダン Rodin, F.-A. R.　66

わ　行

我がものにする s'approprier　162
わたし Ich　78–79, 124, 131, 231, 266

引用文献

Bollnow, O. F. 1956 *Das Wesen der Stimmungen*, Vittorio Klostermann. 藤縄千艸訳『気分の本質』筑摩書房 1973

Buber, M. 1962a Ich und Du, *Werke Erster Band,* Kösel-Verlag Lambert Schneider. 田口義弘訳『我と汝・対話』みすず書房 1978

Buber, M. 1962b Das Problem des Menschen, *Werke Erster Band,* Kösel-Verlag Lambert Schneider. 児島洋訳『人間とはなにか』理想社 1961

キャロル，L. 1975『不思議の国のアリス』福島正実訳，角川文庫

ドストエフスキー，Φ. M. 2000『罪と罰（下）』江川卓訳，岩波書店

Duden 1989 *Das Herkunftswörterbuch,* Dudenverlag.

遠藤野ゆり 2009『虐待された子どもたちの自立』東京大学出版会

遠藤野ゆり 2010「授業における教師の子ども理解」中田基昭編著『現象学から探る豊かな授業』多賀出版

福田学 2010『フランス語初期学習者の経験解明』風間書房

Gadamer, H.-G. 1975 *Wahrheit und Methode,* J. C. B. Mohr (Paul Siebeck). 轡田収他訳『真理と方法 I』法政大学出版局 1986

Heidegger, M. 1927 *Sein und Zeit,* Max Niemeyer. 原佑・渡邊二郎訳『存在と時間 I・II』中央公論新社 2003

Heidegger, M. 1950 Der Ursprung des Kunstwerkes, *Holzwege,* Vittorio Klostermann. 菊池栄一訳『芸術作品のはじまり』理想社 1961

Heidegger, M. 1954 *Vorträge und Aufzätze,* Günther Neske Pfullingen.

Heidegger, M. 1959 *Unterwegs zur Sprache,* Günther Neske Pfullingen. 亀山健吉他訳『言葉への途上』創文社 1996

Heidegger, M. 1969 *Was ist Metaphysik?,* Vittorio Klostermann. 大江精志郎訳『形而上学とは何か』理想社 1961

Held, K. 1966 *Lebendige Gegenwart,* Martinus Nijhoff. 新田義弘他訳『生き生きした現在』北斗出版 1988

Held, K. 1981 Phänomenologie der Zeit nach Husserl, *Perspektiven der Philosophie, Bd.7.* 小川侃・梅原賢一郎訳「フッサール以後《ナッハ》の（フッサ

ールに拠《ナッハ》る）時間の現象学」『理想』理想社 1980, 12, No. 571
Husserl, E. 1921 Gemeingeist II（Ms. M III 31X）〔ケルン大学フッサール文庫所収の遺稿〕
Husserl, E. 1933 Ms.AV5〔ケルン大学フッサール文庫所収の遺稿〕
Husserl, E. 1950 *Cartesianische Meditationen und Pariser Vorträge,* Martinus Nijhoff. 浜渦辰二訳『デカルト的省察』岩波書店 2001
Husserl, E. 1952 *Ideen zu einer reinen Phänomenologie und phänomenologischen Philosophie Zweites Buch,* Martinus Nijhoff. 立松弘孝・別所良美訳『イデーンII－1』みすず書房 2001
Husserl, E. 1959 *Erste Philosophie (1923/1924) Zweier Teil,* Martinus Nijhoff.
Husserl, E. 1976 *Die Krisis der europäischen Wissenschaften und die transzendentale Phänomenologie,* Martinus Nijhoff. 細谷恒夫・木田元訳『ヨーロッパ諸学の危機と超越論的現象学』中央公論社 1974
鴨長明 1957「方丈記」西尾實校注『方丈記　徒然草』日本古典文學大系 30，岩波書店
神谷美恵子 1966『生きがいについて』みすず書房
川島浩 撮影・斎藤喜博 文 1986『写真集 未来誕生』一莖書房
広辞苑（第二版改訂版）1977 新村出編 岩波書店
キューブラーロス，E. 1971『死ぬ瞬間』川口正吉訳 読売新聞社
Merleau-Ponty, M. 1945 *phénoménologie de la perception,* Gallimard. 竹内芳郎・小木貞孝訳『知覚の現象学 1』みすず書房 1967
Merleau-Ponty, M. 1960 *Signes*, Gallimard. 竹内芳郎監訳『シーニュ 2』みすず書房 1970
Merleau-Ponty, M. 1964a *L'Œil et l'Esprit*, Gallimard. 滝浦静雄・木田元訳「眼と精神」『眼と精神』みすず書房 1966
Merleau-Ponty, M. 1964b *Le Visible et l'Invisible*, Gallimard. 滝浦静雄・木田元訳『見えるものと見えないもの』みすず書房 1989
Merleau-Ponty, M. 1969 *La prose du monde,* Gallimard. 滝浦静雄・木田元訳『世界の散文』みすず書房 1979
中田基昭 1993『授業の現象学』東京大学出版会
中田基昭 1997『現象学から授業の世界へ』東京大学出版会

中田基昭 2008『感受性を育む』東京大学出版会
Nietzsche, F. W. 1980 *Sämtliche Werke Bd.1 Unzeitgemässe Betrachtungen*, Walter de Gruyter. 大河内了義訳「生に対する歴史の功罪」『ニーチェ全集第二巻（第Ⅰ期）』白水社 1980
大塚類 2009『施設で暮らす子どもたちの成長』東京大学出版会
大塚類・中田基昭 2010「文学の授業における朗読」中田基昭編著『現象学から探る豊かな授業』多賀出版
Sartre, J.-P. 1938 *Esquisse d'une théorie des émotions*, Hermann. 竹内芳郎訳「情緒論粗描」平井啓之・竹内芳郎訳『哲学論文集』人文書院 1957
Sartre, J.-P.1943 *L'être et le néant*, Gallimard. 松浪信三郎訳『存在と無Ⅰ・Ⅱ・Ⅲ』人文書院 1956, 1958, 1960
Sartre, J.-P. 1948 *Qu'est-ce que la litérature? Situations, II,* Gallimard. 加藤周一他訳『文学とは何か』人文書院 1998
Scheler, M. 1974 *Wesen und Formen der Sympathie,* Franke. 青木茂他訳『シェーラー著作集 8　同情の本質と諸形式』白水社 1977
Schmitz, H. 1974 Das leibliche Befinden und die Gefühle, *Zeitschrift für philosophishe Forschung, Nr. 28.* 武市明弘他訳「身体の状態感と感情」新田義弘他編『現象学の根本問題』晃洋書房 1978
谷崎潤一郎 1985『谷崎潤一郎随筆集』篠田一士編 岩波文庫
Tellenbach, H. 1974 *Melancholie*, Springer Verlag. 木村敏訳『メランコリー』みすず書房 1978
ヴァン・デン・ベルク，J. H. 1976『人間ひとりひとり』早坂泰次郎・田中一彦訳 現代社
Waldenfels, B. 1971 *Das Zwischenreich des Dialogs*, Martinus Nijhoff.